JN011123

戦国時代の地域史①

歴塾ビブリオ

摂津・河内・和泉の戦国史

●管領家の分裂と天下人の誕生

天野忠幸 編著

宇野千代子・新谷和之 著

法律文化社 歴塾舎

はしがき

本書で取り上げる摂津・河内・和泉は、現在の大阪府全域と兵庫県の神戸・阪神地域に該当する。戦国時代に「天下」とされた畿内のうち、首都京都と南都奈良の玄関口にあたり、淀川と大和川の下流に大阪平野が広がる。日本の中央部でありながらも、兵庫津と堺を擁し、倭寇の隆盛と大航海時代を迎えた東アジアと繋がる。

この地域には、足利将軍家を擁することなく京都を支配し、江戸時代初期には約二〇年にわたって「天下」を治めたと評された三好長慶や、武家で初めて関白となり、足利義昭を将軍から解任して、全国統一を果たした羽柴秀吉の本拠が置かれた。そのため、一つの地方でありながら、首都圏を構成する特殊な地域として位置づけられる。

摂河泉は室町幕府が所在する京都の防衛と吉野の南朝との戦いの最前線という二つの役割を担うことから、足利一族にして管領家の細川氏と畠山氏が配置された。しかし、畠山義就は嶽山城に籠り、足利義政に反旗を翻して、応仁・文明の乱の遠因を作り出した。そして、乱後も反幕府の旗を降ろさない。細川政元は正覚寺に在陣する足利義稙を捕らえ、将軍の座から引きずり下ろし、明応の政変を断行する。堺公方と称された足利義維は、足利義晴を中心に幕府再建を夢見る細川高国を尼崎大物に滅ぼした。

そうした将軍家や管領家の分裂の中から台頭した三好長慶は、芥川城と飯盛城を本拠に近畿と四国を治める。大坂本願寺が三好一族と結び、織田信長と戦い続けたことで、信長の畿内支配はわずか二年に終わった。織田家の内紛を収拾した羽柴秀吉が、日本初の石垣造りの平城である大坂城を築き、全国統一を成し遂げる。

このように、室町幕府の衰退から統一政権の形成へと向かう原動力は、大阪平野にあった。「天下」の中心は、京都盆地から大阪平野に移りつつあったが、それは政治的な動きだけではない。戦国時代に人々の心をとらえた宗教、すなわち、浄土真宗の本願寺は山科から大坂へ本山を移し、法華宗諸本山も比叡山延暦寺との対立の末に、京都から堺へ避難した。キリスト教も京都で迫害されると、飯盛城の三好長慶に庇護を求める。本山と末寺を繋ぐ人や物の動きは、経済や流通にも密接に関わっていく。そして、多くの人々が大阪平野に集い、日本最大の寺内町（じないまち）である大坂、多くの豪商が集住する自治都市の堺や平野（ひらの）、複数の寺社がそれぞれ都市核となった尼崎をはじめ、多様な都市や村落、城郭を生み出した。

そこでの生活は、たびたび戦災や自然災害に脅かされたが、人々は祭りで騒ぎ、歌を詠み、新しい文化を生み出していく。

目次

第Ⅱ部　大阪平野に張る活力

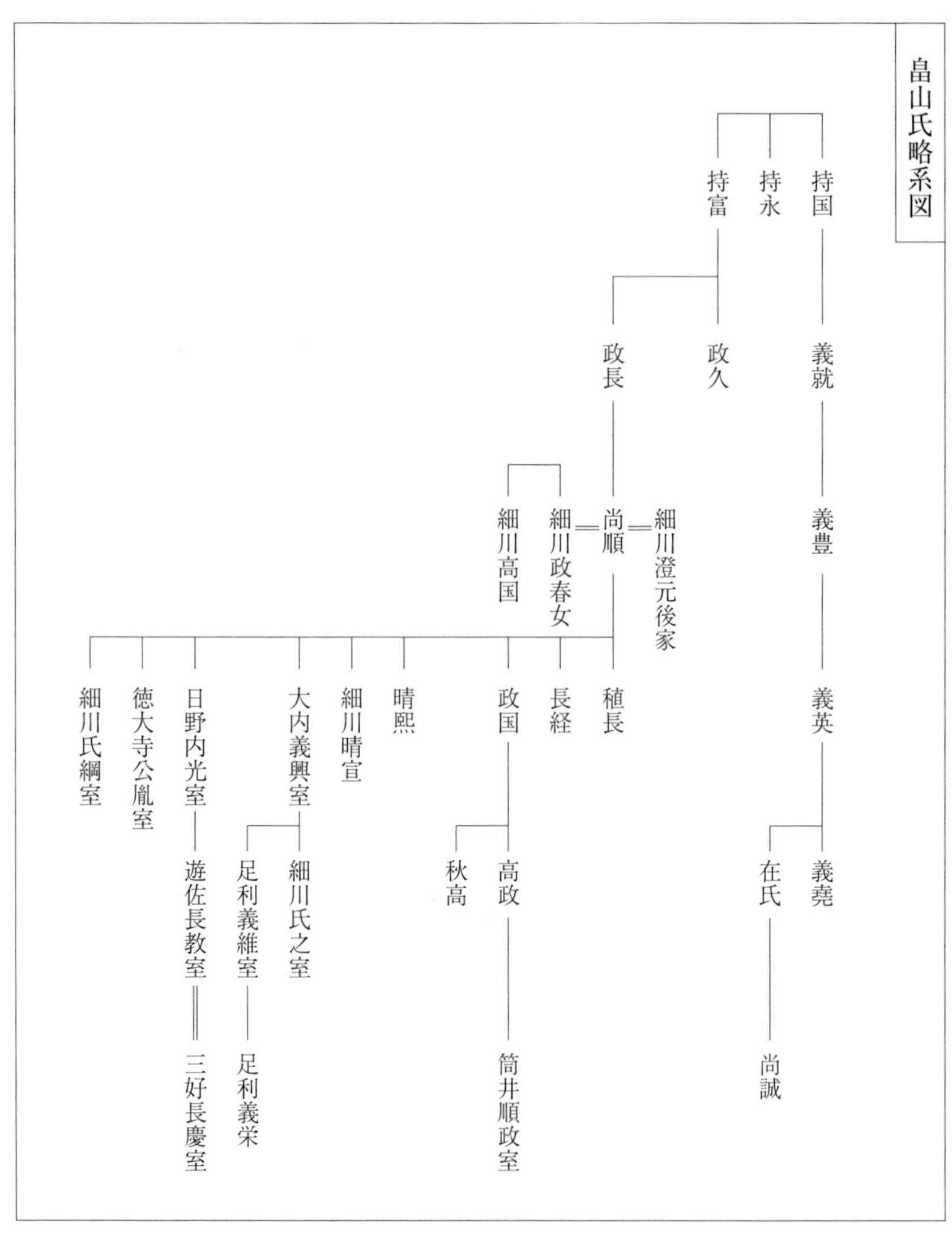
畠山氏略系図
持国
持永
持富
義就
政久
政長
義豊
細川澄元後家
尚順
細川政春女
細川高国
義英
稙長
長経
政国
晴熙
細川晴宣
大内義興室
日野内光室
徳大寺公胤室
細川氏綱室
義堯
在氏
高政
秋高
細川氏之室
足利義維室
遊佐長教室
尚誠
筒井順政室
足利義栄
三好長慶室

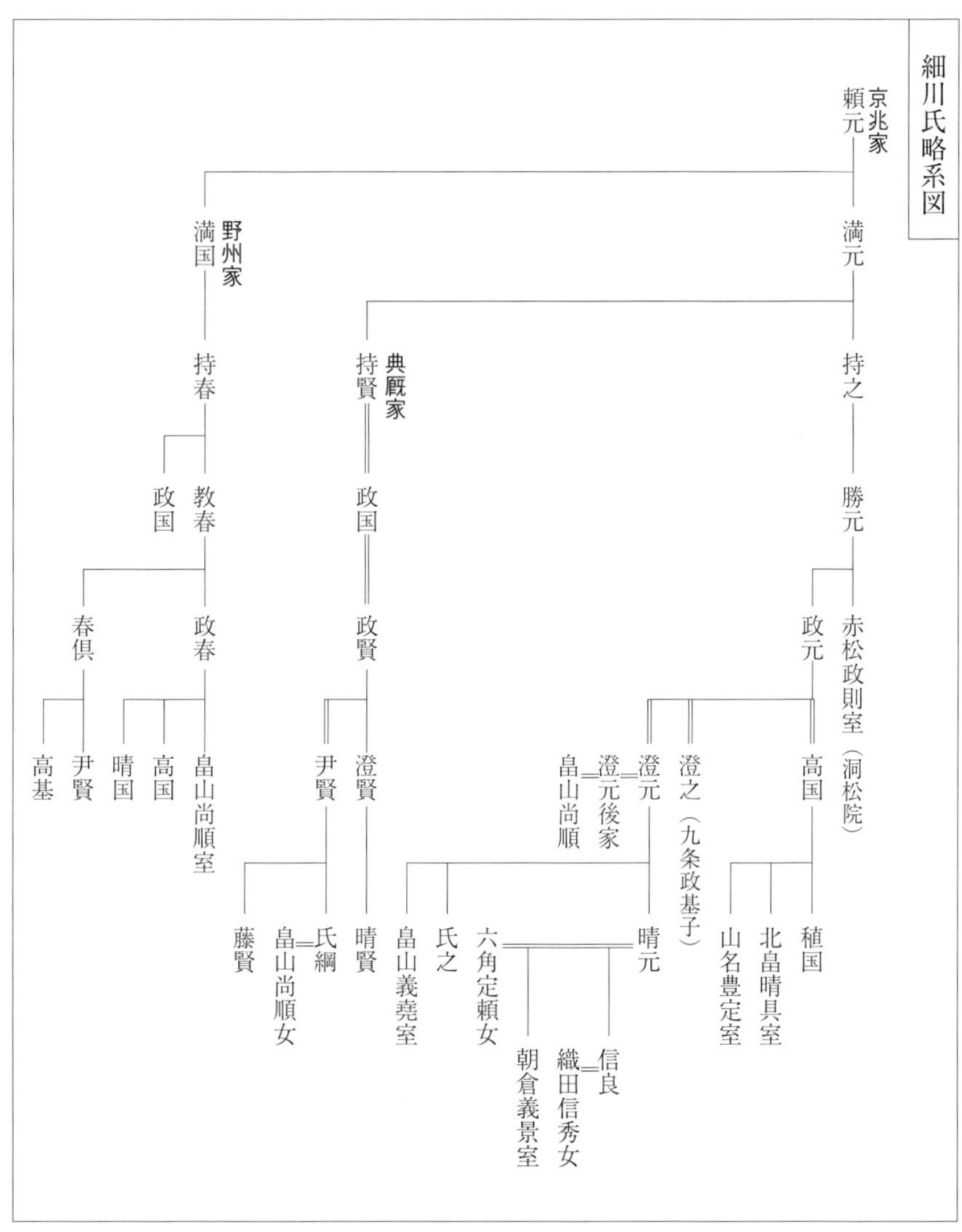

細川氏略系図
京兆家
頼元
満元
持之
勝元
赤松政則室（洞松院）
政元
高国
澄之（九条政基子）
澄元
澄元後家
畠山尚順
稙国
北畠晴具室
山名豊定室
晴元
六角定頼女
信良
織田信秀女
朝倉義景室
氏之
畠山義堯室
典厩家
持賢
政国
政賢
澄賢
晴賢
尹賢
氏綱
畠山尚順女
藤賢
野州家
満国
持春
教春
政国
政春
畠山尚順室
高国
晴国
春倶
尹賢
高基

三好氏と遊佐氏の略系図

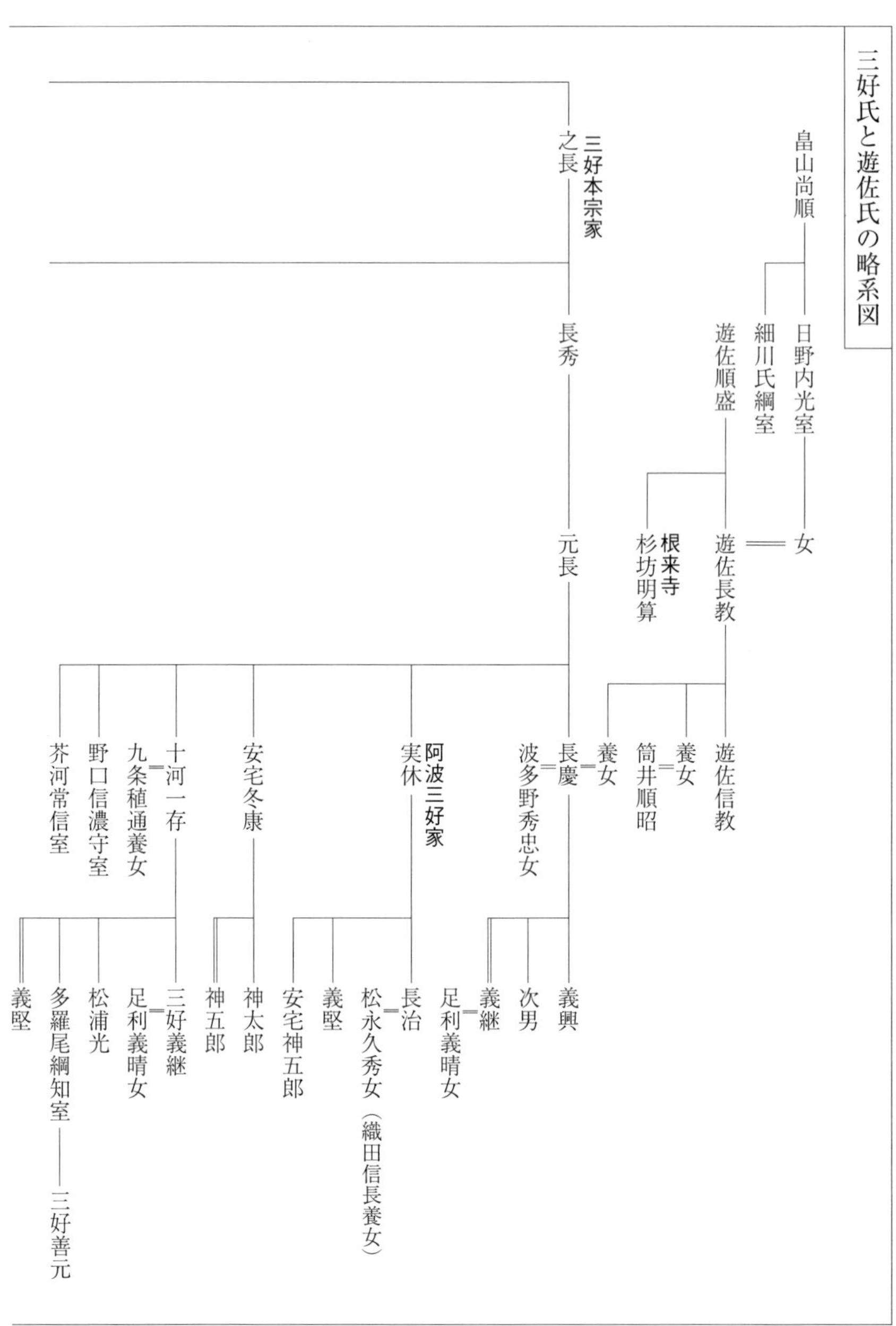

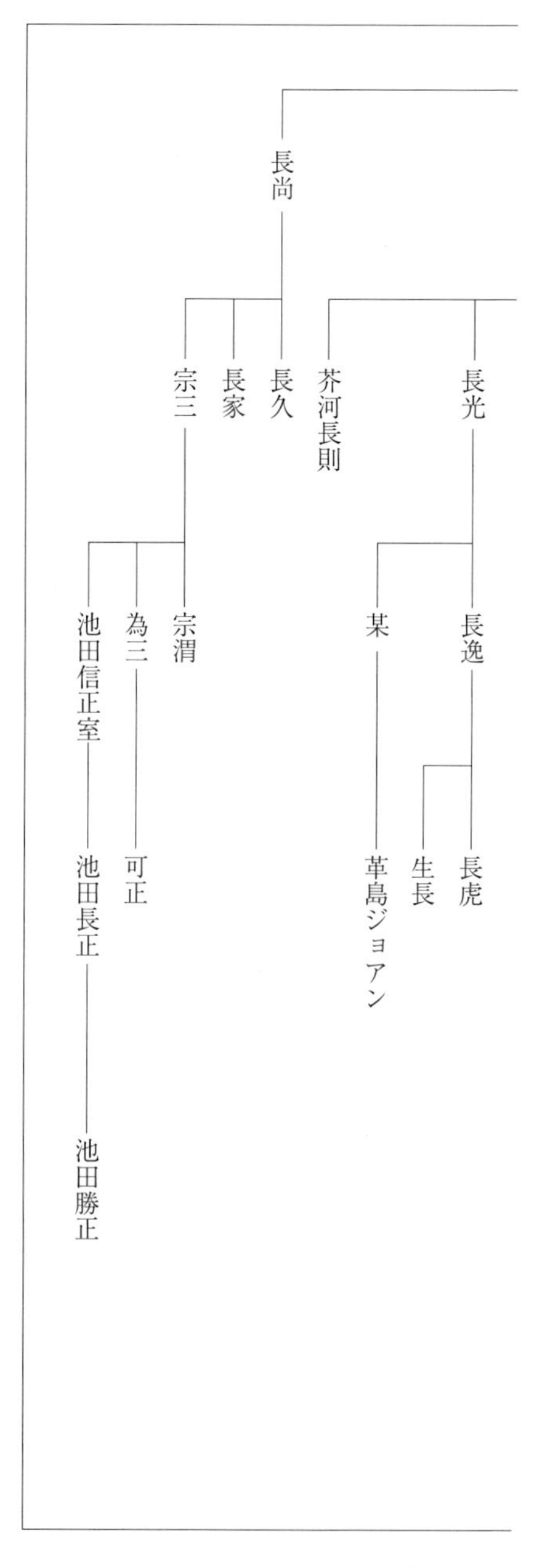
長尚
長久
長家
宗三
宗渭
為三
可正
池田信正室
池田長正
池田勝正
芥河長則
長光
長逸
長虎
生長
某
革島ジョアン

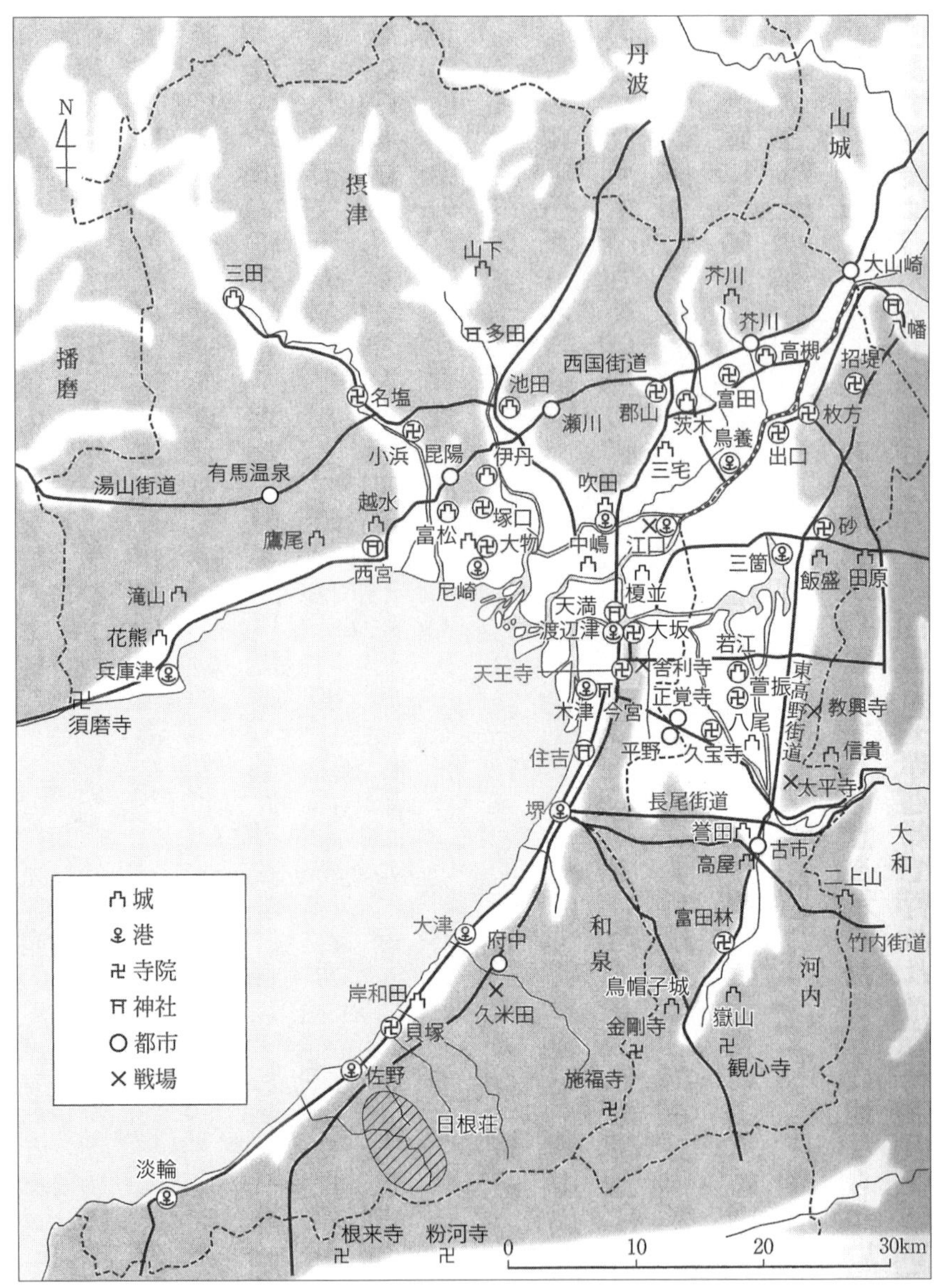

戦国期の大阪平野周辺図（天野忠幸『三好長慶』所載図に加筆）

第Ⅰ部　再構築される新たな「天下」の舞台

「大坂城図屏風」左扇（大阪城天守閣所蔵）

第一章　畠山氏と応仁・文明の乱

足利一族のうち細川氏と畠山氏のみが、畿内で恒常的に守護職（しゅごしき）を有した。細川氏は摂津と和泉、畠山氏は河内である。山城の守護職は世襲が許されず、大和には守護が設置されなかったことを踏まえれば、いかに両家が重んじられていたのかが分かろう。

そうした両家に支えられてきた室町幕府を揺るがせ、戦国時代の幕開けとなったのが、応仁・文明の乱である。様々な要因が複雑に絡み合い、乱が起こったのだが、直接の原因は畠山氏の内紛である。畠山義就と畠山政長（まさなが）の家督争いは、将軍足利義政や管領細川勝元（かつもと）らが介入したこともあり、目まぐるしく情勢が移り変わった挙句、長期化した。

将軍の御敵、天皇の朝敵となった義就は河内南部に籠り、畿内・中国・四国の諸地域から動員されてきた幕府軍を迎え撃つ。室町時代で最悪とも言われる長禄（ちょうろく）・寛正（かんしょう）の大飢饉とも重なり、応仁・文明の乱が始まる前から、畿内は混乱していた。

1　摂河泉の地域構造

二つの管領家

現在の大阪府は、おおむね摂津・河内・和泉の三つの令制国（りょうせいこく）から構成される。そのうち、大阪湾に面する摂津と和泉は細川氏が、南朝の本拠地があった大和に接する河内は畠山氏が守護であった。細川氏も畠山氏も足利一族で、室町幕府の創業に尽力したことから、枢要の地である畿内に守護職を獲得し、戦国時代末期まで世襲する。また、三管領に名を連ね、幕政に重きを成した。

足利尊氏が後醍醐天皇と対立し九州へ敗走した際、細川一族は四国の武士を糾合し、尊氏の京都奪還を助けた。その後、細川頼之が管領となり、三代将軍足利義満を補佐し、将軍権力の確立に尽くした。これらの功績により、細川氏は本宗家（歴代当主が右京大夫を名乗ることから、その唐名にちなみ京兆家という）が摂津・丹波・讃岐・土佐の守護を兼ね、庶流の阿波守護家、淡路守護家、和泉上守護家、和泉下守護家、備中守護家と共に強力な同族連合体制を築き、大阪湾や瀬戸内に睨みを利かせることになった。

一方、畠山氏は家格では細川氏よりはるかに上で、鎌倉幕府に対して足利氏とは別に御家人役を務めるなど、独立した存在であった。しかし、南北朝の戦いでは足利尊氏に従って転戦した。初代鎌倉公方となった足利基氏のもとで活動していたが、二代将軍足利義詮の求めにより上洛し、楠木氏を中心とする南朝勢力との戦いに従事する。その後、畠山基国が足利義満を支えて、明徳の乱で山名氏を破るなどの武功を挙げた。その結果、畠山氏は本宗家が河内・紀伊・越中の守護職を世襲するだけでなく、世襲が認められない山城守護職もたびたび務め、大和の宇智郡も支配した。庶流家も能登守護職を得ている。こうして畠山氏は、近畿南部や北陸に大きな基盤を有することになった。

摂津

摂津は、およそ大阪府の淀川以北と大阪市、および兵庫県の阪神地域と神戸市（西区と垂水区を除く）である。西国街道（山陽道）沿いに展開し、国名どおり、兵庫津（神戸市兵庫区）や西宮（西宮市）、尼崎（尼崎市）といった海港や、渡辺津（大阪市中央区）や江口（大阪市東淀川区）、吹田（吹田市）といった川港が存在した。古代より十三の郡が存在していたが、室町時代になると、政治情勢や自然環境に応じて、新たな「郡」が成立する。

まず、南北朝時代の十四世紀半ばに「上郡」が現れる。千里丘陵より東側の島上郡と島下郡を指し、現在の高槻市・茨木市・摂津市などが該当する。芥川（高槻市）や茨木（茨木市）には細川氏がたびたび京都より下向するなど、守護の支配拠点となった。

十五世紀になると「下郡」が見える。千里丘陵より西側の平野部、豊島郡・川辺郡南部・武庫郡・菟原郡・

八部郡南部を指し、現在の吹田市から神戸市須磨区が該当する。この地域では池田氏や伊丹氏など、国人と呼ばれる地元の有力領主が勢力を伸ばした。

同じ十五世紀には、「闕郡」も現れる。これは東成（東生）郡・西成郡・百済郡・住吉郡から成り、現在の大阪市域を指す。淀川（現在の大川）以北の西成郡は「中島」や「中島郡」と呼ばれ、細川京兆家の庶流でその宿老となった細川典厩家が領有した。闕郡は細川氏と畠山氏の争奪戦の場となるだけでなく、日本最大の寺内町である大坂寺内町（大阪市中央区）が建設され、その跡地には羽柴秀吉が大坂城下町を築いた。

また、織豊期の茨木城主で、後に豊後岡藩（大分県竹田市）の藩主となった中川氏の記録によると、川辺郡北部と能勢郡は「北郡」と呼ばれたようだ（中西 二〇一九）。現在の川西市・猪名川町・能勢町・豊能町などに該当し、摂津源氏発祥の地である多田荘が展開する。領主の多田院（川西市）は源氏の祖霊を祀ったため、歴代足利将軍が遺骨を分骨して納めるなど信仰も篤く、塩川氏や能勢氏を中核とする多田院御家人が奉仕した。

これらの四地域に対して、細川京兆家の支配が及ばなかったのが有馬郡、現在の神戸市北区の一部や三田市である。有馬郡は、播磨・備前・美作の守護家で侍所所司を務める四職の一家である赤松氏の庶流家が領有した。後に郡名を名乗り、有馬氏と称する。

河内

河内は、大阪府の淀川以南で生駒・金剛山地の西麓にあたる地域である。京都と高野山（和歌山県高野町）を繋ぐ東高野街道が南北に貫き、淀川水系や大和川水系が広がる。十六の郡が存在していたが、十六世紀には南北の二つの地域にまとまっていく。

『興福寺大般若経（良尊一筆経）奥書』によると、「上郡」は高屋城（羽曳野市）を、「下郡」は飯盛城（大東市、四條畷市）を中心とした地域であった。用例が少ないため、その範囲はあまり判然としない。ただ、摂津とは異なり、京都から遠い地域、つまり河内南部が上郡と呼ばれたのは、高屋城が畠山氏の本拠地であったためであろう。逆に京都に近い淀川左岸には、河内八箇所（大東市、門真市、大阪市鶴見区）、河内十七箇所（寝屋川市、門真市、守口市）、そして、摂津の榎並荘（大阪市旭区、都島区、城東区、鶴見区）と大荘園が存在した。幕府は河内十七箇所を直轄支配する御料所とし、河内八箇所や榎並荘は足利将軍家が尊崇する北野天満宮に寄進した。また、大和川流域の橘島荘（八尾市、東大阪市、大阪市平野区など）はほぼ渋川郡に相当し、幕府が直轄するなど、その影響力が強かった。畠山氏や細川氏は、こうした利益の大きい巨大荘園の代官職を望み争った。

河内北部では、淀川沿岸の湿地帯を「嶋中」、大和川流域の平野部を「国中」、生駒山地の麓の東高野街道沿いを「中筋」と呼んでおり（『湯河家文書』）、個別領主の支配関係を超えて、自然環境に規定された共通の利害関係に対処する地域秩序が形成されていた。

さらに十六世紀後期になると、淀川水系と大和川水系が合流して大阪湾に注ぐ大坂の地も河内とする認識があった（『柴田合戦記』『日本教会史』）。

和泉

和泉は、大阪府の西南部で大阪湾沿岸の地域である。渡辺津から熊野（和歌山県田辺市、新宮市、那智勝浦町）への参詣道である熊野街道が南北を貫く。古代より大鳥・和泉・日根郡の三つの郡が存在していたが、十三世紀頃に和泉郡より南郡が分立した。

戦国時代に最も繁栄した堺はよく和泉と記述されるが、堺北荘は摂津国住吉郡に、堺南荘は和泉国大鳥郡に属していた。現在の南海本線堺駅と南海高野線堺東駅を結ぶ大小路が摂津と和泉の国境となる。近郊の三国ヶ丘という地名の由来は、河内の国境も近かったためである。

堺を抱える重要性から、和泉上守護家と和泉下守護家という二つの守護家が設置され、共同統治する支配体制が採用された。堺北荘は細川京兆家が管轄し代官を設置したが、堺南荘は足利将軍家の菩提寺である相国寺の塔頭の崇寿院が支配していた。しかし、十五世紀末には堺南荘にも細川京兆家が進出し、その被官に与えられることになった。河内の畠山氏や紀伊の根来寺の侵攻をしばしば招き、和泉上・下守護家は衰退していく一方、大津（泉大津市）や佐野（泉佐野市）を新たな拠点として挽回を図る。また三好氏の時代になると、根来寺に対する拠点として、岸和田城（岸和田市）が成立する。

2　幕府宿老たちの抗争

幕府の基本構造

室町幕府は、それまでの日本史上に類がない、約六〇年という長い内乱を経て確立した。足利氏は地方に下向した南朝の皇子に対する即応力を高めるため、有力一族を各地に派遣し、遠国では大幅な権限を分与する。その結果、関東には鎌倉公方（後の古河公方）足利氏と関東管領上杉氏を置き、奥州探題には大崎氏、羽州探題には最上氏、九州探題には渋川氏と足利一族を任命した。現在の東北・関東・九州地方の武士は在国して、彼らに仕えることになった。

それに対し、中部・近畿・中国・四国地方は「室町殿御分国」と呼ばれ、足利将軍家が直轄した。「室町殿」とは必ずしも征夷大将軍を意味せず、足利将軍家の家長を指し、三代将軍足利義満の時に公家（朝廷）・武家（幕府）・寺家（宗教）に君臨するようになる。そして、三管領・御相伴衆・国持衆といった幕府の有力者は「大名」と呼ばれ、京都で室町殿や将軍を支える一方、守護職を世襲して、管国で武士に軍勢催促を行い、税を徴収し、幕府の命令を執行した。

彼らは常時在京していたので、細川氏も畠山氏も摂津や河内には住んでいなかった。将軍の許しを得ずに勝手に守護任国に下向したら、謀反とみなされ討伐される恐れすらあった。足利将軍家と主に足利一族を出自とする宿老たちが協力し合って、幕政を運営していた。

嘉吉の変

幕府の運営体制をかき乱し大きな転換点となったのが、六代将軍足利義教（義円、義宣、義教）である。父は義満であるが、兄の義持が四代将軍を継承したため、義教は出家し青蓮院門跡となった。しかし、義持・義量親子の死後に行われた籤引きにより将軍に選出される。将軍候補から外れていた義教は、宿老や将軍直臣の奉公衆との間に有力な回路を持っておらず、籤を引いた畠山満家との協調関係を基本政策としてきた。ただ、満家が亡くなった頃から、義教は父義満が土岐氏・山名氏・大内氏を討伐したように、反抗的な大名家の家督に介入し弱体化させる強権政治に傾いていく。

畠山満家の子の持国は、義教が元服する際に烏帽子親として加冠役を務めるほどの間柄であった。しかし、大和永享の乱や関東で結城合戦が勃発すると、出陣を命じる将軍義教に反対して宥和策を主張したため、両者の対立は深まった。永享十三年（一四四一）正月、将軍義教との対立を危惧した畠山氏の有力内衆である遊佐国政と斎藤祐定は持国を廃して、その弟の持永を家督に就けると、将軍義教はこれを承認した。これによって、持国は八尾木（八尾市）に没落する。

こうした恐怖政治は他の宿老にも及んでおり、半年後の嘉吉元年（一四四一）六月二十四日、赤松満祐は将軍義教を殺害した。いわゆる嘉吉の変である。管領細川持之は赤松討伐を指揮するだけでなく、義教に弾圧され失脚した者の復権を決定し、赤松方を孤立させようとした。

その結果、畠山持国は持永を滅ぼし家督を奪還した。一方、持之は赤松氏を滅ぼした一年後に心労がたたったのか死去している。家督は少年の細川勝元が継ぎ、持之の弟の持賢（典厩家）が後見することになった。持賢は赤松討伐の軍功により、幕府が赤松氏から没収し御料所となった摂津の中島を与えられ、赤松満祐が崇禅寺（大阪市東淀川区）に打ち捨てていった義教の首を祀り、寺を手厚く保護した。

七代将軍に就任した足利義教の子の義勝は、八か月後にわずか一〇歳で病死した。そのため、弟の義政（義成、義政）が八代将軍に選出されたものの、将軍の夭折が続くと武威が低下すると憂慮され、就任は元服してからとなり、文安六年（一四四九）まで六年間も将軍不在の状況が続くことになった。これにより、持国と勝元が交代で管領を務め、将軍に代わって幕政を主導する体制となる。

畠山氏の家督争い

畠山持国は持永派を粛清する一方、持永の同母弟である持富を養子として家中の宥和を図り、一族の西方国賢や河内国人の誉田氏、紀伊国人の隅田氏を登用するなど、新たな支配体制を構築した。そして、文安五年（一四四八）十一月に後継者を持富から実子の義就（義夏、義就）に変更する。八代将軍足利義政もこれを認め、将軍家の通字である義字を下賜した。義字は三管領でも最高の家格を誇る斯波氏のみが使用していたことを踏まえると、畠山氏の家格が上昇したと言えよう。持国の権勢は「権威無双」と恐れられた（『尋尊大僧正記』）。

ただ義就が家督を継いだ後も、争いの火種は残り続けた。義就の生母は皮屋を営む商家の娘であったためか（『東寺過去帳』）、持国の実子ではないという風聞があり、越中守護代の神保氏や河内の草部氏・菱木氏らは、持富の死後、その子の政久を擁立しようとした。そのため、享徳三年（一四五四）四月に持国は神保氏らを討ち取った。この際、政久やその一党は細川勝元やその義父の山名宗全（勝元の妻は宗全の養女）に匿われているので、勝元が畠山氏の勢力削減を画策し、家督争いを煽っていたようだ。八月には政久派が反撃に転じ、持国を建仁寺西来院にて隠居に追い込み、義就を伊賀へ敗走させた。将軍義政はこうした騒動に厳しく対処し、勝元を譴責して、宗全を追討しようとする。勝元の嘆願により宗全は隠居で済んだが、十二月には義就が将軍義政に赦免され、政久が大和へ没落した。翌年三月に持国が死去し、義就が名実共に畠山氏を率いるようになると、河内・紀伊・越中で政久方を攻撃していった。

ところが、調子に乗った義就は、康正三年（一四五七）に将軍義政の上意と偽って大和で押領行為を働く。激怒した将軍義政は細川勝元の取り成しにより、長禄二年（一四五八）に山名宗全を、翌年には畠山政久を赦免した。政久は上洛直後に病死したので、その弟の政長が跡を継ぎ、細川勝元の支援を受けて、義就に対抗していくことになる。

将軍義政もこうした混乱を鎮めようと、長禄四年（一四六〇）九月に親政を支える政所執事伊勢貞孝を介して義就へ、能登守護畠山義有の子で義就が養子としていた政国に家督を譲る仲介案を示す。しかし、義就はこれを拒否して勝手に若江城（東大阪市）に下向すると、堺や和泉を攻撃した。激怒した将軍義政は、家督を政長に変更するだけでなく、朝廷に奏上して義就を朝敵に認定し、追討を命じた。

嶽山城の戦い

長禄四年（一四六〇）十月、畠山政長は大和の龍田（奈良県斑鳩町）で畠山義就と戦って大勝利を収めた。大敗した義就は誉田金宝や遊佐国助など父以来の有力内衆を失い、嶽山城（富田林市）に籠

図1－1　細川勝元画像
（龍安寺所蔵）

城する。嶽山城は山腹に龍泉寺という寺院がある山城で、楠木正成の子の正儀らが使用した。義就は楠木氏が使用した城郭群を利用して、政長を迎え撃つつもりであった。政長も弘川寺（河南町）に陣取り、義就に対峙する。

義就を討つための軍勢催促は、大名の衆議による合意を重視してきた従来のやり方とは異なり、将軍の上意のみで進められる強引なものとなった。折しも長禄・寛正の大飢饉の最中でもあり、士気も上がらなかった。阿波守護細川成之や山名宗全の子の是豊が河内に出陣したのは、寛正三年（一四六二）三月になってからである。激戦が続いたが、翌年三月に国見嶽（千早赤阪村）が落ち、義就に与する大和国人の越智家栄からの補給路が断たれた。孤立した嶽山城は四月十五日に落城し、義就は紀伊へ没落した。そして、寛正五年十一月、畠山政長は後見人である細川勝元より管領職を譲られた。

勝元は当初は畠山持国と三年交代で管領就任を繰り返していたが、二度目に就任した享徳元年（一四五二）以降、一〇年余りの長期政権となっていた。三管領のうち斯波氏は当主の夭折が続いて衰退し、また畠山氏は家督争いのため、勝元には対抗馬がいなかったのである。四職のうち赤松氏は嘉吉の乱で滅亡し、山名宗全は侍所所司を務めるも一年ほどで退任するなど、行政手腕はなかった。宗全は縁組などを利用した勢力拡大を志向していた。勝元が宗全の養女を妻に迎えた背景には、赤松分国を併呑し山陽道への進出を果たした宗全と結ぶことで瀬戸内の安定を図ることがあった。一方、宗全も幕府中枢に対して自らの代弁者となり、将軍に取り成してくれる存在を求めていたのである。こうして勝元の権力基盤は盤石となったかにみえた。

文正の政変

将軍足利義政の親政を支えていたのは、ほぼ管領職を独占した細川勝元と、政所執事として足利将軍家の財政再建を果たし、義政の育ての親として絶大な信頼を得た伊勢貞親である。貞親は義政の意向を体現し、政所の職権を越えて、多くの大名の家督に介入するなど、権勢を振るっていた。

文正元年（一四六六）七月、斯波氏の有力内衆の意向を無視する形で、将軍義政と貞親は家督を斯波義廉から斯波義敏に交代した。これに義廉と養女が婚約していた山名宗全だけでなく、多くの大名が反発した。貞親と義敏の妾が姉妹同士であったことから、私利私欲と受け取られたのである。この一件に限らず、義政と貞親は頻繁に大名の家督に介入していたが、何か一貫した方針があったわけではなく、朝令暮改を繰り返していた。幕府を支える大名を創り出すことよりも、将軍権力を示すために大名に干渉すること自体が目的化したのである。管領の畠山政長はこの混乱を収拾できず、将軍義政は斯波義廉や宗全の討伐を決したため、勝元も宗全に味方し、将軍義政を見放して隠居すると抗議した。

ところが九月に状況は一変する。将軍義政の弟で後継者に指名されていた義視が、伊勢貞親の讒言で謀反の疑いをかけられたため、勝元に保護を求めたのである。勝元は宗全と謀り、諸大名と共に貞親の不正を訴えたので、義政も貞親や斯波義敏を罷免せざるを得なかった。いわゆる文正の政変で、義政の親政は頓挫した。

しかし、その後、勝元と宗全の間に齟齬が見え始める。勝元の基本的な立場は、「大名頭」として将軍を掣肘することではなく、将軍を補佐することであったので、伊勢貞親の子の貞宗と連携しようとする。そうした勝元に反発し、宗全は義政や貞親の迫害を受けた大名を糾合し始める。すなわち、斯波義廉や、同年九月には嶽山城や烏帽子形城（河内長野市。図10－5）を奪還していた畠山義就を抱き込んだ。それゆえ、応仁・文明の乱の基本的な対立構造は、細川氏対山名氏というより、細川氏と反細川氏の大名の抗争とされている（桜井 二〇〇一）。

3　応仁・文明の乱の影響

畠山義就の復権

文正元年（一四六六）十二月、河内と大和を制圧して勢力を盛り返した畠山義就は、山名宗全の呼びかけに応じ、大軍を率いて上洛した。将軍義政は文正二年正月五日に義就を赦免し、八日に畠山政長を更迭すると、宗全の娘婿である斯波義廉を新たな管領に任命した。そして、義就と宗全は、十八日に屋敷を自焼して上御霊神社（京都市上京区）に籠った政長を攻撃し打ち破った。

勝元は将軍義政の命令に従い、畠山氏の私戦として収拾しようと政長に援軍を出さなかった。そのため、今まで後見してきた政長を見捨てた形になり、世間の笑い者となった。そもそも一〇年以上も将軍義政の圧力から宗全を守ってきたのは、ほかならぬ勝元であったのに、その宗全にしっぺ返しをくらったのだ。勝元にとって、たんに畠山氏の家督や管領職をめぐる問題ではなく、裏切った宗全を討つしか、面目や体面を保つ術はなかった。応仁元年（一四六七）五月二十六日、東軍の勝元が将軍御所を占領し、義政・義尚（義尚、義熙）親子と義視の身柄を確保すると、細川成之と武田信賢が西軍の一色義直の屋敷を攻撃し、応仁・文明の乱が始まった。

この頃、義就は山名教之の被官である備後の金澤一族の娘を妻に迎えたようで、その乳母は美濃の斎藤妙椿の正室の縁者であり、西軍の諸将と関係を深めた（小谷 二〇二〇）。

開戦当初、将軍義政は中立の立場から、義就へ河内に退去するよう命じ、事態の収拾を図った。しかし、義就が聞き入れるはずもなく、逆に六月には義就の養子の政国が紀伊を制圧し上洛した。義政は牙旗（将軍旗）を勝元に下賜し、立場を明らかにする。義政は八月にも義就に宗全と相談して京都より退去し、政長と河内を分割せよと命じたが、義就はこれも拒絶し決戦の意を固めていく。

大内政弘の摂津侵攻

応仁・文明の乱の勃発により、室町殿御分国の大名たちは細川氏が主導する東軍か、山名氏ら反細川方が結集した西軍かに旗幟を明らかにするよう迫られた。細川勝元と瀬戸内海の覇権を争う周防・長門・豊前・筑前の守護である大内政弘は、母が山名宗全の養女で、妻も山名一族であったことから西軍に参戦した。

応仁元年（一四六七）七月二十日、六〇〇艘ともいう大船団を率いる政弘は、遣明船が発着する要港の兵庫津に上陸すると、八月七日には淀川から分流する神崎川の河口部に位置する尼崎を焼き討ちにした。尼崎の「地下」と呼ばれた在地の共同体の老衆は政弘に従うつもりであったが、若衆が敵対したため、女子供まで殺害された。東軍の赤松政則は神崎川の中流である椋橋（豊中市）で大内方を食い止めようとするが、池田・伊丹・芥河氏といった摂津国人が細川方から離反したため敗走し、政弘の上洛を許すことになった。政弘は長洲荘（尼崎市）などを押領するだけでなく、庶流家の問田弘綱を兵庫津に置き、本国との兵站を確保したのである。

これに対して勝元は、文明元年（一四六九）十月に父宗全との不和から東軍に加わっていた山名是豊に兵庫津を攻撃させた。かつて嶽山城の戦いで畠山義就を破った是豊は、住民や滞在していた一条政房も殺害して、兵庫津を奪還した。摂関家の一条政房は兵庫津を含む福原荘を細川氏にたびたび押領されていたため、大内氏と結んで支配を回復しようとしていた最中に殺されたのである（大田 二〇一八）。

福原荘を与えられた山名是豊は中島や神崎（尼崎市）を攻撃したが、今度は西軍が勝利を収めた。大内政弘は大いに喜び、畠山義就より譲られた畠山氏重代の秘蔵の太刀「信国」を、軍功のあった仁保弘有に恩賞として与えている。ところが文明二年五月には、その仁保弘有らが東軍に転じる事態となった。応仁二年には東軍に寝返った朝倉孝景が越前に下向しており、西軍は大阪湾からも若狭湾からも補給に支障をきたすようになっていく。

しかし、文明四年、将軍義政が山名是豊から福原荘を突如没収した。これは細川氏の意向を受けたものであったようだ。こうした東軍の足並みの乱れを見抜いた大内政弘は、文明五年十二月に尼崎や大物城（尼崎市）を、翌年には兵庫津を奪い返し、なんとか京都での戦線を維持した。尼崎・大物・神崎・椋橋が何度も攻防の舞台となったのは、神崎川・淀川を介して大阪湾と京都を繋ぐ補給路を確保するためであったからにほかならない。

結局、細川氏が尼崎や兵庫津を回復するのは乱後で、文明十年に細川氏の内衆筆頭で讃岐東方守護代を務める安富元家が、福原荘の代官職を与えられている。

東幕府と西幕府

東軍は後花園上皇や後土御門天皇を擁し、自らを官軍に位置づけた。そうしたなか、東軍の首脳が分裂する。将軍足利義政は、文正の政変で失脚した伊勢貞親に代わる相談役を妻の日野富子やその兄の勝光に求めた。そのうえ、応仁二年（一四六八）には貞親自身も復帰させる。これにより、孤立した足利義視が西軍に転じたのである。

これに対して義視を将軍格に迎えた西軍には、前管領の斯波義廉もおり、政所の伊勢一族や幕府の奉行人の一部も加わっていた。山名宗全が主導する西軍もまた擬似的な幕府としての陣容を調えると、畠山義就や斯波義廉ら大名が連署して、攻撃対象を三度目の管領就任を果たした細川勝元に絞り、奈良の興福寺などに協力を求めた。

そうした京都の混迷を受け、南朝の後胤である後南朝が動き始める。文明元年（一四六九）十一月、吉野や熊野で蜂起した「南主」兄弟は、南北朝時代と同様に独自の年号「明応」を使用していた（『尋尊大僧正記』）。西幕府は彼らを「南帝」として迎えようと画策する。ただ、河内や紀伊は畠山義就・政国親子の軍勢が上洛したこともあり、東軍の畠山政長に大部分を奪い返されていた。義就を支える越智家栄が文明二年八月に若江城や誉田城（羽曳野市）を攻めたものの、大和国人の筒井順永の援軍を得た政長に敗れ、十月には畠山政国も朝倉孝景に討たれた。そのため、後南朝の皇子が「新主上」として西幕府に迎えられたのは、文明三年閏八月のことであった。

後南朝の擁立を主導した越智家栄は、文明二年七月頃に和泉の守護職を西幕府より与えられた。和泉は上守護家の細川常有と下守護家の細川持久が京都で戦い、常有の子の政有が和泉を守っていた。ところが和泉国人らは細川氏を見限り、後南朝に味方することを選んだのである。室町時代の守護は、遠国の大内氏や大友氏、島津氏など、ごく一部を除くと、足利一門や源氏によって独占されていた。足利将軍家を頂点とする厳密な家格が存在し、それによって就ける役職が整然と決められた身分制の社会に、国人にすぎない越智家栄が風穴を開け、実力主義の世へ向かう先駆けとなったのである。

疫病と和睦交渉

応仁・文明の乱は、南北朝の戦いのような大乱に拡大する可能性があった。しかし、西幕府の将軍格である足利義視にはそこまでの覚悟がなく、後南朝の動きは尻すぼみになっていく。

また、文明三年（一四七一）七月頃より、京都や奈良で麻疹や赤痢、天然痘などの疫病が大流行する。後土御門天皇や足利義政・義尚親子や日野富子らも罹患した。多数の死傷者や兵粮攻めにより、公衆衛生が悪化したのであろう。閏八月には京都の庶民が「送赤疹」と号して、風流・囃子物・作り物などを催す（『宗賢卿記』）。金襴などで飾り立て、山伏の装束や花傘、甲冑を身にまとい、笛や太鼓を鳴らして路頭で踊った。こうした「疫神送り」の神事が、大名らが見物するなか、乱の前哨戦となった上御霊神社へ向けて行われた。

播磨奪還を目論む東軍の赤松政則や、河内回復を目指す西軍の畠山義就を除き、東西両軍では厭戦気運が広まっていった。文明四年正月には細川勝元と山名宗全の間で和睦交渉が始まる。三月になると、勝元は一族の野州家出身で養嗣子としていた勝之を廃し、宗全の養女との間に生まれた子の政元を後継者とした。これを受け、五月には宗全が自害して戦争を終結させようとする。宗全は命を取り留めたものの、八月に孫の政豊に家督を譲った。

文明五年に勝元と宗全の二人が死去したため交渉は一時滞ったが、同年末に足利義尚が九代将軍に就任したことで、義視が中継ぎの将軍になるという芽もなくなった。これにより、文明六年四月には、細川政元と山名政豊の間で単独講和が成立する。

4　終わらない大乱

畠山義就の河内下向

文明八年（一四七六）六月、将軍足利義政の義兄日野勝光が死去すると、義政の妻の日野富子が西軍の足利義視や大内政弘と和睦交渉を重ね、やがて応仁・文明の乱の終戦は決定的となっていく。

京都で孤立することを恐れた畠山義就は、文明九年九月に越智氏や古市氏、鷹山氏など大和衆を率いて河内へ下向した。足利義視も美濃へ退去することになった。西軍で唯一抗戦を貫く義就は、畠山政長の守護代遊佐長直が守る若江城と誉田城の連絡を絶つべく、八尾（八尾市）に攻め込み、十月にはまず誉田城を落として、城主の和田氏を自害に追い込むと、河内国人の恩智氏や丹下氏を追い払った。その後、義就は若江城で得た首級を京都の政長に送りつけるなど、その戦果を誇示した。敗走した遊佐長直は、天王寺（大阪市天王寺区）より船で逃亡している。義就はわずか一か月で河内を占領し、摂津の闕郡にまで勢力を拡大した。大内政弘も奈良に攻め込むなど、戦友の義就を援護した後、十一月に東軍に形ばかりの降参をして、周防に帰国する。

こうして、応仁・文明の乱は終結したが、発端となった畠山氏の家督争いは何も解決しなかった。逆に京都の目の前に、河内・大和・摂津南部・山城南部を押さえる反幕府勢力が存在し続けることになったのである。

それに対して、畠山政長は義就を追撃することもなく、在京し続けた。乱中も、有力庶流家の能登守護畠山義統

図1－2　畠山義就画像
（『続英雄百人一首』国文学研究資料館所蔵）

や将軍直臣の申次衆畠山教元（播磨守家）など多くの畠山一族が西軍に味方しており、政長が出陣できる状況ではなかった。そのため、政長は大御所足利義政を通じて、義就追討の綸旨を獲得し、大和や紀伊の有力寺社や伊勢の北畠氏を動員しようとしたがうまくいかなかった。そのため、政長は十二月に管領に、文明十年四月に山城守護に就任することで、幕府内における基盤を固め、義就が進出する山城南部への影響力を高めようとするが、これにも失敗した。

誉田城の成立

河内を平定した畠山義就が本拠地としたのは、誉田であった。文明十一年（一四七九）九月より奈良から番匠を呼び寄せて造作にあたり、十月二日に「新造之屋形」に居を移した（『尋尊大僧正記』）。翌年正月には大和より越智氏や古市氏を招待し、自派の結束を図っている。誉田は有力内衆誉田氏の本拠であるだけでなく、源氏の氏神として篤く信仰された誉田八幡宮や誉田御廟山古墳を押さえる地でもある。すぐ南側には、堺と大和を結ぶ竹内街道と東高野街道の結節点として栄える古市（羽曳野市）があった。義就が軍勢を動かすにあたって、誉田は最適の要地だったのである。この後、義就は「誉田屋形」とも称されることになる。

ようやく政長が河内奪還の兵を起こしたのは、文明十四年三月であった。政長は義就を朝敵とする綸旨を出してもらい、細川政元と共に京都を出陣した。政長は堺から橋島を経て、八尾の攻略を目指す。ところが、政元は大山崎（京都府大山崎町）に陣取ったまま動かず、七月には義就が占領していた摂津の闕郡と、政元が押さえていた河内十七箇所を相互に返還することで、勝手に和睦し撤兵してしまった。また将軍義政も政長に対して早く上洛し、管領としての職務を果たすよう命じたが、政長は橋島の正覚寺（大阪市平野区）に陣取り、越中から動員した軍勢で義就と戦い続けた。

このように政長は河内奪還に専念した結果、管領は大名たちの利益代表者であるという側面は失われ、政長にとって重荷となっていた。山城守護職も同様で、政長は他人に譲ろうとしたが、国人を動員できない守護職など引き受ける者がいなかったのである。

結局、同年十二月に反撃に転じた義就が、山城南部を直接占領する状況を招いてしまった。これをみた将軍足利義尚と日野富子は政長を見限り、義就に山城守護職を与えて幕府への復帰を促そうとしたが、大御所義政はさすがに反対している。義就は文明十年に将軍義尚の妹が住持を務める南御所（大通院）の領地であった河内十七箇所の年貢を進上すると申し出たり、将軍御所の新造にあたって礼銭を献納したりするなど、富子・義尚親子の切り崩しを図ってきており、将軍家内部も一枚岩ではなかった。大御所義政は河内十七箇所の代官を政長に命じたものの、政長の立場は大きく揺らいでいたのである。

管領の形骸化と義就の死

畠山義就は畠山政長が支配する河内十七箇所に攻め込むと、秋の長雨の中、文明十五年（一四八三）八月二十二日に大庭（守口市）の淀川の堤防や植松（八尾市）の大和川の堤防を切って、水攻めにした。これによる大水の被害が、摂津の闕郡にまで及んでいる。そして、翌月には政長方の犬田城（枚方市）を奪い取った。この頃より、大和川水系に守られた若江城は使用されなくなる。誉田城の義就は、橘島の正覚寺に被官の神保与三右衛門尉や遊佐兵庫助を常駐させた。与三右衛門が正覚寺の館で堺の海会寺と交流したり、後には義就の子の義豊が正覚寺で大和国人楢原氏の処罰を行ったりしており、誉田と正覚寺が政治的にも軍事的にも守護所として位置づけられた。

図1－3　細川政元画像
（龍安寺所蔵）

大御所足利義政は、文明十六年九月にとうとう政長の山城守護職を解任すると、政所執事の伊勢貞宗を守護に任じ、山城を幕府が直轄支配する御料所とした。しかし、山城南部は政長と義就の係争地であり、貞宗が支配できるような状況ではなかった。文明十七年七月には、政長の調略が功を奏し、山城南部で戦っていた義就方の有力内衆である斎藤彦次郎を寝返らせることに成功したが、十二月に久世・綴喜・相楽郡の国人や土豪を主体とする山城国一揆が起こる。政長も義就も、一揆の要求を受け入れ、退去せざるを得なかった。

文明十八年三月、義政・義尚親子は、山城を退去した義就を評価し、その赦免を決定した。将軍義尚の右近衛大将の拝賀に合わせて、義就を幕府に復帰させようとしていたのである。ただ政長が容認する訳もなく、河内で対陣を続けるため、管領を辞した。義就も御礼の献金は行うものの、上洛して臣従することはしなかった。結局、義就の赦免に否定的な細川政元も拝賀の儀式が行われた一〇日間ほど管領に就いたのみで、すぐに辞任してしまった。以後、管領は将軍が重要な儀礼を行う当日か数日のみ就任する臨時職となり、その性格は全く変わってしまう。

義就と政長の戦いはこの後も続くが、彼らの次世代の活動も始まっていた。義就の養嗣子の政国は既に死去していたが、文明十五年十一月に実子の修羅も夭折した。そのため次男の義豊（基家、義豊）を後継者と定める。そうすると翌年には、家督争いを避けるため、修羅の妻子を殺害したという。自らの生涯を悩ませ続けた御家騒動の芽を摘み取ろうとしたのであろう。一方、管領でも山城守護でもなくなった政長は、嫡男の尚順（尚順、尚慶、卜山）を将軍義尚に供奉させ、京都での活動を任せると、自身は紀伊と越中の守護として、河内での戦いにより専念する。

延徳二年（一四九〇）九月、義就は孫の義英のための祈禱料として、八尾の福智院領のうち自身が買得した土地を観心寺（河内長野市）に寄進した。病床の義就は、子の義豊から嫡孫の義英へと家督が継承されるよう定めたのである。この領地はその後、義英・義堯・在氏・尚誠と約半世紀にわたって、義就流畠山氏の当主から安堵される由緒の地となった。十二月十二日、四〇年近く畿内の戦乱の中心にいた義就は死去した。

5　国人・土豪・百姓の不満

薬師寺氏と摂津国人一揆

細川氏が守護を務める摂津は、西軍の大内氏による激しい攻撃にさらされた。下郡の国人の池田氏は東軍に留まったが、上郡の国人の三宅氏らは西軍に寝返った。このため、守護代の秋庭元明らは敗走した。元明は備中出身で、摂津国人をうまく統率できなかったようだ。そうした戦況を打開し、やがて細川氏は茨木（茨木市）を攻略する。一連の戦いで軍功があった薬師寺元長が、文明三年（一四七一）に守護代に任じられ、それ以降、基本的に下野出身の薬師寺氏が世襲することになる。細川氏は他国出身者を登用し、在地の利害関係にとらわれず、摂津の支配を進めようとしていた。

文明九年九月に畠山義就が河内に下向すると、これと結ぶ三宅氏が再び細川氏に背いた。翌年には細川氏が三宅氏を攻撃している。この頃より、戦争の再拡大を危惧した摂津国人が公家や寺社の領地の年貢を差し押さえようとする動きが現れ、公家や寺社の保護を基本政策とする細川政元との関係が悪化する。そして、文明十一年（一四七九）閏九月、摂津国人たちが一揆を結び、公家や寺社の支配を排除すると宣言し（『尋尊大僧正記』）、本格的に押領に乗り出したため、政元との対立は決定的となった。

政元は文明十四年になると畠山政長と共に京都を出陣し、本格的な軍事行動を開始する。中島を領し、政元の後見人を務める細川政国も動員する一方、河内の畠山義就との和睦を進め、お互いが占領していた河内十七箇所と摂津の闕郡を交換するなど、三宅氏を孤立させた。閏七月、政元は乱中より薬師寺元長と対立する茨木氏を自害させ、十月には元長が吹田氏を没落させた。

摂津国人一揆とはいうものの、国人同士が連帯して、細川氏や公家・寺社に対抗したのではなく、実態は上郡の三宅氏・茨木氏・芥河氏によるそれぞれの荘園の押領であり、乱以来の既得権益の確保であった。政元はこれを鎮圧したが、政元の掲げる公家や寺社の荘園を回復するという大義名分に異議を唱えていたのは、国人らよりもむしろ香川元景（かがわもとかげ）などの有力内衆であり、これを押さえ込まねばならなかった。

以後、政元はたびたび茨木に下向して狩りを催したり、在茨木のまま京都の政務を行ったりした。周辺の牟礼（むれ）・中条・福井氏などの被官化を進め、高山荘（豊能町）には茨木へ税を納めるよう指示している。また、吹田も政元の領地となり、政元の被官で元長の与力（よりき）であった四宮長能が奉行として置かれた。政元は上郡の重要拠点を直轄化していったのである。さらに政元は、延徳二年（一四九〇）十二月に芥川に下向すると、自らも荘園を押領する側に転じ、文明末年の政策を大きく転換する。

守護代の薬師寺元長は、文明十八年に弟の長盛に下郡の支配を任せ、西宮の代官を兼任させている。そして、明応七年（一四九八）頃に家督を養子の元一（もとかず）に譲ると、政元の拠点である茨木に在住した。元一の長弟の長忠（ながただ）が下郡の守護代を、次弟の又三郎が細川氏の有力内衆である寺町氏を、末弟の信方（のぶかた）が上郡国人の芥河氏を継承し、薬師寺氏は勢力拡大を図っていく。

二度の和泉国一揆

応仁・文明の乱が勃発すると、和泉国人は和泉上守護家と下守護家に従い、東軍に属した。ところが、文明二年（一四七〇）三月に西軍と結ぶ後南朝に味方すると、七月には和泉守護職に任じられた越智家栄と結ぶ。このように和泉も戦争に巻き込まれていくと、国人たちは二度にわたって一揆を結び、荘園領主である寺社に納めねばならない年貢を押領し、国内の防衛のために留保しようとする（廣田 二〇一七）。

文明五年十月になると、府中（和泉市）や大津（泉大津市）周辺の田所（たどころ）氏や助松（すけまつ）氏、富秋氏といった国人たちを中心に結成された一揆が、各地に兵粮米を賦課し、府中の西泉寺（さいせんじ）に納めるよう命じた（『葛川明王院文書』）。助松貞勝は九月に青蓮院の領地である包近名（かねちかみょう）（岸和田市）の代官を請け負う際、一揆の兵粮米の賦課には応じないと誓約していたが、実際には五〇石を一三石にまで減額してもらい納入している。同年には両守護も年貢を徴収しており、一揆と守護は競合関係にあった。一揆は、堺を拠点とする両守護と距離を置き、府中に結集して、独自に国内の安全保障を図ったのである。

一揆を結ぶ契機は、応仁・文明の乱が京都で収束した文明九年に再びやってきた。畠山義就が和泉に侵攻したのである。義就旗下の越智家栄だけでなく、河内国人甲斐庄氏も、和泉守護職を望んでいた。これを防ぐため、一揆は国内の公家や寺社の領地に兵粮米を賦課し年貢を押領する（『東山御文庫記録』）。一揆の押領は、国衙（国府の役所）の領地にまで及んでいた。こうした動きに対して、百姓は兵粮米の徴収そのものには反対せず、年貢の内から支払うよう求めている。文明十四年十月には幕府が和泉上守護の細川元有に兵粮米の徴収を止めさせるよう命じたが、元有は実行できず、守護としての支配は崩壊した。同年には日根荘（泉佐野市）で、翌年十一月には堺南荘で債務破棄を求める動きが高まり、実現している。

ただ一揆は闇雲に幕府に反発しているわけでなく、文明十四年には和泉に在陣し河内奪還を図る畠山政長に味方するなど、柔軟な動きを示している。

やがて、両守護の細川元有と細川基経が和泉に出陣した。文明十七年三月、両守護は堺を奪還すると、加守郷（岸和田市）の春木氏らを討伐し、十月には上神城（堺市南区）を落した。一揆方も十一月に堺の海岸部を攻撃したが、これが最後の抵抗となった。

両守護は助松氏らを滅すと、守護被官である多賀氏らを配置して、和泉支配の再建を図る。その一環として、細川基経は被官の勤番名簿である「六日番交名」を定め、国人らの再編成を進めていく。

河内の土一揆

延徳二年（一四九〇）十二月、畠山義就が死去した。子の義豊が家督を継ぐが、義就の権力を継承するのは、前途多難であった（弓倉 二〇一七）。翌年には、守護代の遊佐氏や誉田氏が、義就が河内に下向した際に設けた「河内三奉行」の花田・豊岡・小柳氏のうち、花田氏と豊岡氏を追放する騒動を起こしている。譜代の守護代層は、義就が新たに取り立てた側近層が自らの判断で支配を行っていたことに脅威を感じ、排斥したようだ。

また、絶え間なく戦争を繰り返した義就は、足軽を雇うために「足軽段別」と呼ばれる税を新設した。応仁・文明の乱では東軍の細川勝元が雇った骨皮道賢が足軽大将として有名であるが、その有効性が広く知られるようになり、東寺などの寺社においても雇われるようになっていた。義就は市若、誉田氏は御厨という足軽を使用している。そうした重税や足軽の狼藉に対する河内の百姓たちの不満が、延徳四年五月に爆発した。河内一国の百姓等が八〇箇条にもおよぶ不法を訴えたのである（『尋尊大僧正記』）。畠山義豊は足軽を取り締まり、彼らによる勝手な課税などを禁じると回答せざるを得なかった。足軽は河内だけでなく、和泉でも禁止された。ただ、義豊も土一揆に屈したのではなく、九月にその主導者二一名を処刑している。

河内ではその後も、戦時に伴う堀銭や悪党銭といった課税が相次いで行われていくことになる。

❖　❖　❖

応仁・文明の乱は、東軍が勝利する形で終結した。しかし、戦いが勃発した要因である畠山氏の家督争いは何も解決しなかったどころか、かなり歪な状況を作り出してしまった。

勝利した東軍の畠山政長は、管領さらには山城守護にも就任するが、河内を失ってしまった。逆に敗北した西軍の畠山義就が、河内と大和を実効支配したのである。

義就は、将軍より御敵、天皇より朝敵とされ、興福寺の大乗院尋尊より仏法・王法の敵と罵られつつも、ひるまなかった。政長と異なり、管領や守護といった幕府の役職がなくとも、首都京都の目の前の河内に自らの支配を打ち立てたのである。まさしく戦国的状況と言えよう。

管領の性格も大きく変化し、形骸化してしまった。管領の政長が義就との戦いに忙殺されたことで、将軍の補佐という役割も、大名たちの利益の代表者という役割も失われたのである。

そして、政長流畠山氏（政長、尚順、稙長、長経、晴熙、晴満、政国、高政、秋高）と、義就流畠山氏（義就、義豊、義英、義堯、在氏、尚誠）に、畠山氏の分裂は固定化した。

摂河泉でも戦争状態が継続したため、国人や土豪は在地の防衛のため、公家や寺社に納めるべき年貢を抑留していたし、百姓は守護から課される重税に大きな不満を抱いていた。守護は彼らによる一揆への対処に追われたのである。

第二章　細川氏と明応の政変

斯波氏・畠山氏・山名氏は応仁・文明の乱により、一族が分裂し、長い抗争に突入していく。この間に一族の結束が乱れなかったのは、細川氏のみであった。

応仁・文明の乱が始まる直前に生まれた足利義尚と細川政元は、彼らなりに足利将軍家の再興を考え、幕府の再建に取り組もうとする。少年の義尚は自ら政治を行い、将軍としての武威を高めていこうとするが、その前に立ちはだかったのは父の足利義政で、自らを支えてくれる管領も側近もいなかった。政元は父の勝元が関東管領上杉氏を支援したように、都鄙（とひ）、つまり京都と東国の安泰に加えて、公武、すなわち朝廷と幕府の協調体制を築くことで、半世紀近い混乱状態を克服しようとした。

しかし、彼らの計画は強引で拙速であった。失意の中での義尚の死は、応仁・文明の乱の結末に反する歪な状況を幕府内につくりだした。それを解決しようとした政元により、足利将軍家は二つに分裂した。その影響は細川一族の結束を揺るがし、政元の暗殺を経て、細川管領家の家督争いが勃発する。

1　二人の将軍

足利義稙の将軍就任　九代将軍足利義尚の治世は、内憂外患であった。大御所足利義政は銀閣（京都市左京区）の造営費用を捻出するため、政治の実権を手放さなかった。また、畠山政長は畠山義就との戦いに忙殺され、細川政元も若年であったため、将軍を補佐する管領として頼りにできなかった。このため、母の日野富子の意見を必要とした。京都の外に目を向けると、近江の六角高頼が将軍直臣の奉公衆の領地まで押領する有様で、河内の義就と共に、義尚の悩みの種となっていた。

長享元年（一四八七）九月、将軍義尚は大御所義政から独立し、自らの権威を高めるため、細川政元と相談のうえ、自ら近江に出陣した。しかし、六角高頼が持久戦に転じたため、義尚は長享三年三月に鈎（滋賀県栗東市）の陣で死去した。

一〇代将軍の候補には義政の甥二人が挙がった。一人は細川政元が推す足利義澄（当時は天龍寺にいた香厳院清晃、後に義遐、義高、義澄）で、堀越（静岡県伊豆の国市）に下向していた異母兄の政知の子であった。もう一人は日野富子が支持する足利義稙（義材、義尹、義稙）で、西軍に与した同母弟の義視と富子の妹の良子の子であった。

大御所義政は後継者を決めず自ら政務を執り続け、延徳二年（一四九〇）正月七日に死去した。そのため、義政の御台所である富子が、義稙を足利将軍家の家督に決定した。しかし、義稙が自らの後見を富子ではなく、美濃から上洛した実父の義視に求めたり、京都に基盤がないため富子の領地を押領したりしたことから、富子との対立を深めてしまう。しかも、同年のうちに母の良子、翌年正月七日に義視が死去したことから、義稙と政元・富子の対立状況だけが残されたのである。

細川政元らの反発

足利義稙は延徳二年（一四九〇）七月五日に一〇代将軍に就任するが、細川政元は儀式のため管領に就任したものの即日辞任している。政元に義稙を補佐する気はなかった。延徳三年になると、政元が動き始める。二月、政元は前関白九条政基の末子で二歳の澄之を養子に迎えた。政基は政元に対して、九条家領の日根荘（泉佐野市）などの保護を求めていたのであろう。一方、澄之の母と堀越公方足利政知の母は姉妹であり、澄之は足利義澄の従兄弟にあたることから、澄之の義父となった政元の目的は義澄との関係強化にあった。三月には、政元が東国巡礼と称して京都を離れる。足利政知や関東管領の山内上杉顕定と、直接対面して連携を深めようとしたのである。顕定の実父である越後守護上杉房定の協力を得られなかったが、政元は、京都の将軍に義澄を、関東の将軍に義澄の弟の潤童子を、細川氏家督に彼らの従兄弟である澄之を据えることで、京都と関東、幕府と朝廷の合体による新政権を構想していた。

八月には、有力内衆の天竺氏の娘を養女として畠山義豊に嫁がせることを決め、畿内でも畠山政長を見限るなど、従来の政策の大転換を図っている。翌年正月には、政元が義豊方の遊佐氏や越智氏と会合を行うまでになっていた。

将軍義稙はこうした政元を牽制するため、細川一族の重鎮である阿波守護家の細川義春を重用し、鎌倉公方や細川京兆家にも許さなかった将軍家の通字である義字を下賜した。また義春の屋敷を将軍御所に指定する。さらに父義視と結び西幕府に属した公家の葉室光忠を取り立てるようになった。光忠は朝廷だけでなく幕府においても、将軍義稙の側近として権勢を振るい、政元ですら光忠を通さねば、義稙に意見が披露されない状況になっていく。

そして、前将軍義尚が失敗した六角討伐を自らの手で成し遂げ、将軍としての権威を高めようとする。将軍義稙は政元の制止を無視し、畠山尚順や斯波義寛、赤松政則などを率いて自ら近江に攻め入ると、延徳四年三月に六角高頼を打ち破った。しかも、義稙は高頼が押領していた公家や寺社の荘園を奪い、これを元の領主に返還するのではなく、直臣たちに分け与えることで、自身の権力基盤を強化した。

こうして将軍義稙に反発し、足利義澄の擁立を企てる細川政元、義稙の後見人になる目論見が外れた日野富子、足利義政・義尚と二代の将軍の育ての親として権勢を振るったが義稙との回路を持たない伊勢貞宗が結び付いていく。

将軍更迭と正覚寺合戦

近江で武威を示した将軍足利義稙は、畠山尚順の父政長の要請に応じ、河内出陣を企図する。河内では延徳二年（一四九〇）に畠山義就が死去し、延徳四年には土一揆が起こるなど混乱しており、政長は義就の子の義豊を討つ絶好の機会が到来したと考えていた。

明応二年（一四九三）二月、将軍義稙は親征に反対する細川政元を無視し出陣した。義稙と政長は正覚寺（大阪市平野区）にある安国寺を本陣とし、畠山尚順は亀井（八尾市）に陣取った。細川義春・赤松政則・大内義興・斯波義寛・武田元信・京極政経らが、畠山義豊の籠る誉田城やその馬廻衆が詰める高屋城（羽曳野市）に迫った。

三月になると、細川政元は尼になっていた姉（後の洞松院）を還俗させ、赤松政則に嫁がせたうえ、伊勢貞宗を介して、義豊方の越智家栄に足利義澄の擁立を通知する。貞宗の支配する山城南部で結成された国一揆の構成員は、政元の被官になっていた。こうした京都の動きから政変を察知したわけではなかろうが、陰陽家の土御門有宣は「熒惑（火星）」がおとめ座の中に入ったとして、諸大名や大臣が謀反を企てている、変事が起こって臣下が天下を驚かすといった勘文を、将軍義稙のもとに届けた（國學院大學博物館 二〇二三）。

そして四月二十二日、政元は挙兵すると足利義澄の擁立を宣言し、将軍義稙方の大名の屋敷や寺社を攻撃したのである。二十六日頃、義豊は誉田城を自焼し、高屋城に移るなど、義稙・政長方が優勢であった。しかし、足利将軍家の事実上の家長とも言える日野富子が政元の行動を支持し、後土御門天皇が義澄を従五位下に任じたこともあり、相次ぐ親征への従軍を負担に感じていた大名が次々と離反し始めた。将軍義稙のもとに残ったのは政長・尚順親子と、大名らにその権勢を恨まれていた葉室光忠だけとなった。

閏四月七日、上原元秀や安富元家など政元の有力内衆が河内に出陣する。特に元秀は畠山義豊・赤松政則・朝倉貞景との交渉を担当しており、同月のうちに早くも恩賞として河内十七箇所（寝屋川市、門真市、守口市）を拝領している。迎え撃つ政長は正覚寺城に櫓を一〇〇余りも設けて要塞化し、最も高い櫓を将軍義稙の御座所として、紀伊の根来衆などの来援を待った。だが、元秀らは正覚寺城を兵粮攻めにし、赤松政則が根来衆を破ったことで勝敗は決した。二十四日に元秀らや畠山義豊が総攻撃をかけると、翌日に政長は自害し、尚順は紀伊へ落ち延びた。将軍義稙と葉室光忠は元秀に降伏し捕虜となるが、その後、光忠は殺害され、義稙は元秀に預け置かれている。

嘉吉の変を起こした赤松満祐は将軍足利義教の殺害には成功したが、事件自体は暴発も同然で、諸大名の支持を得られず滅亡した。一方、明応の政変を主導した細川政元は、修験道に凝って女性を近づけなかったり、高位の成人男子の証である烏帽子を被るのを嫌ったりしたため変人扱いされることが多いが、用意周到に計画を練り将軍更迭を完遂したのである。

ただ、前将軍義稙は富子に暗殺されかかった挙句、安富元家が支配する小豆島（香川県小豆島町、土庄町）に流されることになった。このため、義稙は六月に京都を脱出し、畠山尚順の勢力下にある越中守護代の神保長誠を頼り、放生津（富山県射水市）に迎えられた。やがて、北陸の守護たちや西国の大内義興は義稙に心を寄せ、「二人の将軍」が並び立つことになる。

この正覚寺の戦いにより、橘島正覚寺は衰退し、軍事・政治拠点として使用されることはなくなった。その経済機能は平野川南岸の平野（大阪市平野区）に引き継がれ、堺に並ぶ自治都市として発展していく。また、上原元秀は畠山尚順を捜索する中で、住吉大社（大阪市住吉区）を焼き、その神主で遊佐氏と姻戚関係にあった津守国則を追放するなど、明応の政変は在地にも大きな影響を及ぼした。

2　永正の錯乱

細川政元による赤沢宗益の重用

明応二年（一四九三）、将軍の更迭という前代未聞の政変を成し遂げた細川政元であったが、各方面より反発を招いていく。多くの大名が京都を去り、恒常的に唯一在京する大名となった政元は摂津と丹波を中心に畿内の領国化を進めていく。権勢を誇る政元は、推戴する足利義澄の将軍宣下や後柏原天皇の即位にあたって懈怠を繰り返し、両者の反感を買っている。さらに明応の政変で大きな功績のあった上原元秀に細川名字を与えようとしたが、他の有力内衆が一斉に反発し、断念に追い込まれた。元秀自身も、政変の半年後に内衆の長塩氏との喧嘩の傷が原因で死去した。

明応四年には、政元の分国である讃岐で反乱が起こり、政元と結んだ畠山義豊も紀伊に出陣するが敗れた。その結果、畠山尚順が逆襲に転じ、堺に一万貫という軍事費を課すだけでなく、和泉両守護の細川元有と細川基経を寝返らせたのである。強い結束を誇った細川一族にも綻びが見え始めた。こうした状況を受けて、政元は十一月に義豊に尚順との和睦を打診する。義豊は当然これを拒絶し、政元と伊勢貞宗が支配する山城南部を攻撃した。

こうした状況を打開したのが、政元が取り立てた赤沢宗益（朝経、宗益）である。宗益は他の有力内衆とは異なり、譜代の被官でも守護代でもない。信濃の小笠原一族とされ、鷹匠の腕を見込まれて側近として重用されるようになり、軍事的才幹を発揮した新参者であった。宗益は義豊の軍勢を山城南部より駆逐した。

状況が大きく動いたのが明応六年六月で、畠山義豊の有力内衆である遊佐氏と誉田氏が橘島（八尾市）の用水争論で対立したことを契機に、畠山尚順が軍事行動を再開し、十月には高屋城（羽曳野市）に入ったのである。十一月、義豊は高屋城を奪い返そうとしたが、尚順に敗れて、船で大和川を下って落ち延びた。こうした尚順の動きを見て、越中の前将軍義稙も挙兵し、将軍義澄と細川政元を挟撃するため、兵を越前まで進めた。明応八年正月に義豊は野崎城（大東市）や嶽山城（富田林市）を落として攻勢に出たが、河内十七箇所で和泉国人の毛穴氏と共に討死してしまう。二月、政元は尚順を防ぐため、赤沢宗益に河内十七箇所を与えた。宗益は政元の命令により、七月に前将軍義稙に通じた比叡山を攻め、延暦寺の根本中堂などを焼き払っている。そして、九月には槇島城（京都府宇治市）を攻略し、十二月には大和まで鎮圧した。この間、和泉下守護細川基経父子が京都を守り、野州家の細川政春・高国が近江より義稙を没落させた。

明応九年九月になると、畠山尚順は義豊の子の義英が守る高屋城を包囲するが、宗益の後詰めにより大敗を喫した。宗益は尚順の弟三人を討ち取ると、槇島城を居城として、山城南部から大和の支配を強化していく。

政元は文亀元年（一五〇一）閏六月に、細川澄之を後継者に指名すると、内衆筆頭の安富元家と摂津守護代の薬師寺元長に全ての政務を委ねると表明した。ところが、同年十二月に元長が死去すると、文亀三年八月には政元自らが兵庫津に下向して、安富元家の与力高橋光正を自害させ、元家を遁世に追い込んだ。政元は元家が保持していた堺南荘の代官職も没収し、宗益に与える。政元は譜代の内衆に掣肘を加えるとともに、側近の宗益を重用して、自らの基盤を強化したのである。

薬師寺元一の乱と細川氏の家督争い

権勢を極める細川政元の権力が、摂関家出身というさらなる貴種の澄之に継承される日は近づきつつあった。そうなれば、内衆が意見できる存在ではなくなる。また、成人し自ら政治を行いたい将軍足利義澄は、政元と齟齬する場面が増えていた。こうした状況を受け、政元に抑圧されていた内衆の一人で摂津守護代を継いだ薬師寺元一は、文亀三年（一五〇三）五月、政元に無断で阿波守護家の家長である細川成之と交渉し、前将軍義稙に取り立てられた細川義春の子で、成之にとっては孫にあたる澄元を、政元の養子として迎えようとした。公家の血をひく澄之に対して、細川一族の澄元は、他の一族や内衆にも受け入れられると判断したのであろう。また、畠山尚順や大内義興ら義稙陣営との交渉も期待された。讃岐で成之と争っていた政元も、九月に淡路で成之と対面するなど、妥協せざるを得なくなる。

こうした養子問題が背景にあったのか、永正元年（一五〇四）三月、赤沢宗益が突如失脚し、高野山に出奔した。また、閏三月には政元が反抗的な薬師寺元一を摂津守護代から更迭しようとし、将軍義澄に制止された。元一は六月に宗益を政元に取り成し、赦免してもらっている。元一は前将軍義稙派の細川成之や畠山尚順だけでなく、宗益までも取り込むと、政元を細川京兆家当主の座から更迭し、新たに澄元を家督に就けるため、九月四日に淀城（京都市伏見区）で挙兵した。しかし、成之が淡路に出陣させた被官の三好之長や、和泉に攻め込んだ尚順の軍勢は間に合わず、政元が差し向けた香西元長によって十九日に淀城を落とされ、元一は捕らえられた。二十日に元一は男色関係にあった政元を呪う辞世の句を遺し自害したが、宗益は遁走した。政元は乱にあたって自らに与した元一の弟で下郡を管轄する薬師寺長忠を摂津守護代に任じ、上郡と合わせて支配させることにした。そして、十二月に細川澄之を元服させ、事実上の後継者と定める。

政元の後継者争いは、将軍義澄を擁する政元・澄之父子と、前将軍義稙に心を寄せる成之や澄元というように、細川一族間の亀裂を拡大し、二人の将軍の対立とも結びついていた。細川氏内部の乱れを見た畠山義英は政元を見限って、同年十二月に畠山尚順との和睦に踏み切ると、義英が誉田城、尚順が高屋城に入り、対政元の共同戦線を張ることになった。永正二年五月には、細川成之が讃岐で政元が派遣した軍勢を打ち破っている。

畿内と四国の双方に敵を抱えることになった政元は、六月に両畠山氏との戦いに備えて、再び赤沢宗益を赦免し、成之との和睦を進めた。宗益は薬師寺長忠と共に、前将軍足利義稙を庇護する大内義興との連携を画策する両畠山氏を打ち破って、永正三年正月に高屋城と誉田城を攻略するなど、政元の期待に応えた。摂津国人の芥河豊後守が高屋城を、塩川太郎左衛門が誉田城を守ると、宗益は六月十八日に観心寺（河内長野市）の金堂に、観心寺を大檀

図2-1　観心寺棟札　永正三年銘（観心寺所蔵）

那政元の祈禱所と定めたことを示す棟札を掲げた（図2-1）。

四月には阿波より細川澄元が上洛して後継者と定まり、政元と成之の同盟は確かなものとなっていた。政元は澄元の側近三好之長を赤沢宗益に付け、両者に大和を平定させた。これにより、宗益の勢力は山城南部・大和・河内南部にまたがることになる。

政元は畿内を制圧したわけであるが、いまだ家督争いの火種は残っていた。澄元派の三好之長・赤沢宗益と澄之派の香西元長・薬師寺長忠が、衝突を繰り返していたのである。政元は、摂津守護職を澄元に、丹波守護職を澄之に分け与えて宥和を図ったが、摂津では、澄元派の三好之長が守護代格として振る舞ったため、澄之派の守護代である薬師寺長忠との対立は激化した。

政元の暗殺と二川分流

永正四年（一五〇七）四月、細川政元は明応の政変以来、協力関係にあった若狭の武田元信の要請を受け、丹後の一色義有を討つため、細川澄元や細川澄之、三好之長、赤沢宗益を率いて出陣した。戦いは細川・武田勢が優勢に展開したため、指揮を宗益に任せ、政元らは京都に帰った。

そして六月二十三日夜、政元暗殺事件が起こる。政元が精進潔斎のため行水をしていたところ、馬廻衆の竹田孫七らが襲ったのである。孫七らと共謀していた香西元長や薬師寺長忠ら澄之派は、翌日に澄元を急襲し、澄元と三好之長は近江に逃走した。京都の情報を得た宗益は一色義有と和睦し撤兵するが、二十六日に普甲谷（京都府宮津市）で反撃を受け自害した。政元を支えた宗益と之長の軍勢が壊滅したのを受け、澄之は七月八日に丹波から上洛して、将軍足利義澄より細川京兆家の家督に認められる。

しかし、政元の最初の養子であった野州家の細川高国（道永、常桓）や典厩家の細川政賢（まさかた）、淡路守護家の細川尚春（ひさはる）など細川一族が、八月一日に澄之の宿所であった相国寺崇禅院の寮舎である遊初軒（ゆうしょけん）をはじめ、香西元長や薬師寺長忠の陣を急襲し討ち果たす。高国と申し合わせていた澄元も、赤沢宗益の弟で宗益の養子となった長経（ながつね）や三好之長を率いて京都に迫っており、二日に入京を果たした。

澄之の滅亡により、澄元のもとに細川京兆家はまとまるかに見えたが、澄元は上洛してわずか一年で後見人の政元を失い、他の細川一族とも関係を構築する時間がなかった。また、三好之長や赤沢長経は傲慢な振る舞いが多く、高国ら細川一族との軋轢は深まっていく。十二月には、両畠山氏の和睦が崩れ、畠山義英が誉田城から嶽山城（富田林市）へ退去する一方、前将軍義稙や大内義興と結ぶ畠山尚順は、妻の弟である高国と連携を深めていく。

澄元は永正五年正月に細川京兆家の家督として認められた。ところが、高国・尚順派と長経・義英派の対立が激化し、長経が高国の謀反と讒言したため、高国は三月に伊賀仁木（にっき）氏のもとに身を寄せ、丹波守護代内藤（ないとう）氏と澄元を挟撃した。四月に澄元と将軍義澄が近江に遁走した。高国は尚順と堺に向かい、周防より渡海した足利義稙や大内義興を迎えた。一三年ぶりに京都に帰還した義稙は、鎌倉・室町・江戸時代で唯一、将軍に再任される。

こうした情勢は摂津国人たちの動向にも波及する。澄元方の池田貞正は、庶流家で高国方に付いた池田正盛に討たれた。高国はさらに薬師寺元一の末弟である芥河信方らを討ち、赤沢長経も初瀬（はせ）（奈良県桜井市）で捕らえて処刑した。摂津の支配体制は、薬師寺元一と有馬氏の間に生まれた国長を守護代とし、国長の弟である薬師寺国盛（くにもり）が下郡を管轄する体制となった。細川京兆家家督となった高国は、山城守護となった大内義興、近畿南部を平定した畠山尚順・稙長（たねなが）親子、能登守護の畠山義元（よしもと）と連携することで、強権的な細川政元の路線から転換し、幕府や将軍の分裂状態を解消しようとしたのである。

図２－２　細川高国画像
（妙心寺東林院所蔵／京都国立博物館提供）

こうして、京都を基盤とする細川高国と、阿波を本拠とする細川澄元の間で、京兆家の家督をめぐる長い争いが始まった。

細川高国と芥川・越水・尼崎築城　永正六年（一五〇九）六月、細川澄元の被官の三好之長が京都に攻め込むが、細川高国らは如意嶽（京都市左京区）でこれを撃退した。永正八年になると、近江の前将軍足利義澄が反攻を開始し、六月には長男の義維（義賢、義維、義冬）を阿波の澄元に、次男の義晴を播磨の赤松義村に遣わして、京都の将軍義稙包囲網を形成した。阿波を出陣した典厩家の細川政賢や和泉上守護家の細川元常は、畠山義英らと共に、八月に将軍義稙を丹波に追い落とすことに成功した。ところが義澄が病死したため意気消沈し、同月の船岡山（京都市北区）の戦いで大敗して、政賢も討死した。九月には澄元の祖父成之も病死し、澄元は阿波に逼塞を余儀なくされた。

図2－3　越水城跡（天野忠幸撮影）

これにより、幕府は安定を取り戻すかに見えた。しかし、共通の敵を失ったことで、将軍義稙と大名の間で主導権争いが起こり、畠山義元や大内義興が下国していった。畠山尚順も子の稙長を在京させ、稙長の弟の畠山播磨守に河内を任せると、自身は紀伊で独自に行動していた。そうした状況では高国が四国へ攻め下ることはできず、来るべき澄元の来襲に備え、摂津の守りを固めることにした。

まず、淀川河口部の摂津中島を領する典厩家の再建に取り掛かる。細川政賢の子の澄賢は澄元方として阿波にいたため、高国は自らと同じ野州家出身で従兄弟の細川尹賢に典厩家を継がせた。

次いで、永正十二年（一五一五）頃、高国は能勢郡の国人の能勢頼則に命じて、毘沙門天の垂迹とされる勝手明神が大和より勧請されていた上郡の芥川（高槻市。図10－2）に築城させた（『不問物語』）。また、西国街道が貫き、港町でもある下郡の西宮を守るため、武庫郡の国人で典厩家被官の瓦林政頼に越水城（西宮市）を築かせた。両城は翌年正月までに新城として完成する。さらに永正十六年二月には、応仁・文明の乱の激戦地となった尼崎にも城を築かせた。この尼崎城は都市尼崎の周縁で長洲荘との境界の大物（尼崎市）に位置した。こうして澄元方の上陸が予想される摂津では、高国により築城ラッシュが起こった。

しかし、澄元方の三好之長は同年十二月に兵庫津に上陸すると、永正十七年二月には越水城を攻略し、尼崎へ攻め寄せた。尼崎城の防衛施設と考えられる「大物北の横堤」で之長の攻撃を食い止めたものの、高国は京都に撤退してしまった。これについて、正月十日の西宮神社の神事（えべっさん）のため居籠しているのを、高国が妨げたから罰が当たったという噂が流れている（『細川両家記』）。

高国は五月に京都で三好之長を打ち破って自害させると、澄元と連携していた畠山義英も高屋城を捨てて大和に没落した。六月には澄元自身が病死している。八月になると、高国と共に戦った京都の畠山稙長が、紀伊の湯河（ゆかわ）氏と結んで、強権的な紀伊支配を進めていた父尚順を追放した。高国と稙長は畿内の平和を回復したのである。

高国の権勢と凋落の始まり

細川高国と細川澄元の戦いの最中、将軍足利義稙は澄元に乗り換えようとしたため、高国との関係は悪化した。永正十八年（一五二一）、義稙は後柏原天皇の即位式をすっぽかして出奔したため、十一月に高国は播磨より足利義晴を迎えて将軍に就けた。高国は細川政元以来二七年ぶりに管領に就任すると一か月も在職し、義晴の加冠役を務めて元服させ、その諱（いみな）まで推挙する力の入れようであった。また、畠山稙長や若狭より上洛した武田元光（もとみつ）と連携し、幕府再建に意気込んでいた。

再び将軍を更迭された義稙は、稙長に追われた畠山尚順が畠山義英と和睦したのを受け、堺の樫木屋（かたぎや）道場へ陣取る。本願寺と結ぶ義英の支援があったようだが、結局、義稙と尚順は細川澄元の子晴元（はるもと）を頼って阿波へ退去する。尚順は大永二年（一五二二）八月に淡路で、義稙は大永三年四月に阿波で死去した。

幕政の安定的な運営に自信を深め、公家の信頼も得た高国は、大永五年四月に子の稙国（たねくに）に家督を譲り、その後見にあたる。次世代への権力継承に道筋をつけたはずであったが、稙国は十月に病死した。十二月、高国は将軍の武運長久と細川氏の子孫繁栄を祈り、法華経を書写して恩智神社（八尾市）に奉納した。これは、全国六十六か国に法華経を寄進する六十六部廻国巡礼という信仰に基づくもので、源頼朝や北条時政の前世は六十六部巡国聖（ひじり）であるとする伝承が広まっていたためである。稙国への菩提と新たな決意がうかがえるが、高国に凋落の兆しが見え始めた。

　高国は、摂津中島を領する典厩家を継いだ細川尹賢に西国の沙汰を命じ、尼崎城に在城させていた。淀川とその分流である中津川や神崎川の河口部を、尹賢に一元的に管掌させようとしたのであろう。この河口部こそ、西国からの物資を京都へ運び込むための首都の玄関口であった。大永六年、細川尹賢が大規模な動員を行い、尼崎城を改修した（『続応仁後記』）。丹波国人の波多野元清・香西元盛・柳本賢治兄弟も動員されたが、ここで尹賢と堺北荘を支配する元盛の人夫が喧嘩を引き起こした。特に元盛の人夫は仲裁を無視したため、尹賢は元盛の驕慢ぶりに怒ったという。この騒動が原因となったのか、七月に高国は元盛を自害させた。これに怒った元清と賢治が、高国に反旗を翻した。高国を守るための尼崎城が、その没落の原因となっていくのである。

3　堺公方の成立

足利義維と細川晴元の堺渡海

大永年間、阿波では、前将軍足利義稙の養嗣子となった将軍義晴の兄の義維や、細川澄元の子の晴元・氏之兄弟、三好之長の孫の元長（元長、開運）が反攻の時を待っていた。長く流浪した義稙や四国に在国する義維を落ちぶれたとか、零落したといったマイナスのイメージのみでとらえることはできない。二人は将軍に代わり得る存在で、足利将軍家は武家の家格秩序の最高位に位置し、天皇に次ぐ貴種であった。彼らを擁することは、自らが頼られる、頼りになる存在なのだと、被官や周辺勢力に力を誇示することにもなる。

　そうしたなか、大永六年（一五二六）十月、波多野元清と柳本賢治が細川高国に対して挙兵した。これを受け、十二月には義維・晴元方の先陣として、典厩家の細川晴賢や和泉上守護家の細川元常が堺に渡海した。畠山義堯もこの動きに同調して、畠山義就以来友好関係にある大和の越智氏や、多武峰（妙楽寺、現在の談山神社）、そして本願寺に協力を要請している。大永七年二月に、柳本賢治や三好宗三（政長、宗三）が将軍義稙や高国を破って入京したことで、義維や晴元が渡海する環境も整った。三月、義維や晴元、三好元長は堺に渡海した。義維はかつて養父の義稙が堺の四条道場引接寺に入り、上洛して将軍に再任した嘉例に従い、自身も在所とした。義維は在堺のまま、七月に代々の将軍候補者が任官する従五位下左馬頭に任官したため、公家から「堺公方」や「堺大樹」と呼ばれるようになる。

　堺公方義維の上洛も間近に思われた。しかし、細川晴元の側近となり、公家や寺社の要望を取り次ぐことで、京都に基盤を作っていく柳本賢治と、晴元よりその京都を含む山城北部五郡の守護代に任じられた三好元長の間で対立が芽生えてくる。

二つの将軍家へ

　大永八年（一五二八）正月、将軍足利義晴方の細川高国と堺公方足利義維方の三好元長が和睦交渉を行っているが、これは両陣営の内部で相互不信を招き、失敗に終わっている。そうしたなか、柳本賢治が大和を制圧するだけでなく、十一月には畠山稙長を高屋城から追い落とすなど、勢力を拡大させた。和泉上守護の細川元常・晴貞親子や守護代の松浦守も参陣しており、堺公方陣営が畿内を制圧したことになる。ただ、阿波生まれで畿内に基盤がなかった細川晴元が、三好元長と山城で対立する柳本賢治をはじめ、連携する畠山義堯のもとから出奔した木沢長政までも迎え入れ、摂津からは茨木長隆を奉行人として登用するなど、多くの勢力を抱え込んだ結果、様々な対立軸が内包することとなった。特に、義維の将軍就任を優先する三好元長と、将軍義晴を容認し高国の排除を重視する細川晴元の間で、激しい権力争いが生じていた。

　このような堺公方陣営であったが、近江の朽木（滋賀県高島市）に逃れた将軍義晴は非常に警戒した。地方のほとんどの守護たちは、義晴を唯一正当な将軍と認め、幕府の役職や朝廷への官位申請を義晴に要望していた。しかし、義晴は兄弟の義維

図2－4　三好元長画像

（見性寺所蔵）（徳島県教育委員会『徳島の文化財』徳島新聞社，2007年掲載）

を自らに代わり得る唯一の存在として認識しており、同年には室町時代の慣例に従い、後奈良天皇と享禄改元について相談したり、琉球国王に返礼の書を遣わし、明の皇帝に勘合符を求める国書を送ったりして、自分こそが唯一の将軍であり日本国王であると、その地位を繰り返し誇示した。堺と朽木に二つの将軍家が並び立つ状態となったのである。

細川高国と大物崩れ

細川高国は自ら地方に下向し味方を募ると、山陰地方を支配する尼子経久と、播磨・備前・美作守護の赤松晴政（政村、政祐、晴政）の家宰である浦上村宗が応じた。享禄三年（一五三〇）六月に高国を討つため出陣した柳本賢治が播磨で暗殺されると、高国は反転攻勢に出て、九月には摂津の神呪寺（西宮市）に陣取った。こうなると、細川晴元も前年失脚して阿波に退去していた三好元長を呼び戻さざるを得なくなる。元長は享禄四年二月に堺に渡海するが、高国と浦上村宗は進撃を続け、二月二十八日に伊丹城、三月六日に池田城を落として、堺の目の前の住吉（大阪市住吉区）にまで南下してきた。同月末にようやく晴元の弟で阿波守護家を継いだ氏之が堺に渡海し、河内より木沢長政もやって来たので、ようやく高国方を天王寺にまで押し戻した。

しばらく、堺と天王寺の間で睨み合いが続いた。この間、堺公方方は浦上村宗に父の赤松義村を殺された晴政を寝返らせようと調略にあたっていたようだ。六月四日、三好元長と赤松晴政の挟撃によって高国方は敗走し、浦上村宗をはじめ和泉守護で畠山稙長の弟である細川晴宣、摂津守護代の薬師寺国盛、摂津国人の伊丹国扶らが討死した（『細川両家記』）。高国は尼崎へ逃れたが、元長の被官の三好一秀に捕らえられ、六月八日に大物の広徳寺で切腹した。その際、親交のあった義理の伯父の徳大寺実淳、公家の三条西実隆、娘婿で伊勢南部を支配する北畠晴具、能登の姉（畠山尚順の妻か）、禅僧の霊珊、連歌師の宗碩にそれぞれ辞世の句を遺した。一秀は高国の立派な最期に涙を流し、託された辞世の句を届けたという。この一連の戦いを大物崩れという。

細川晴元にとって最大の敵である高国を滅ぼしたのは、晴元が作り上げた柳本賢治や木沢長政、三好宗三などの側近衆ではなく、三好元長やその庇護者である細川氏之であった。元長らが擁する堺公方足利義維も、大物崩れの際に味方した赤松晴政やその被官の小寺則職に対して、独自の外交を行うようになった。高国という共通の敵が消滅した後、義維・氏之・元長の勢力が増していく。享禄四年七月、元長は高国を滅ぼした恩賞として、河内八箇所（大東市、門真市、大阪市鶴見区）の代官職を得た。元長にとっては、祖父の之長が永正四年（一五〇七）に代官となった由緒の地を回復したことになるが、その立地が問題であった。河内八箇所は、木沢長政の居城である飯盛城（大東市、四條畷市）の直下に位置していたのである。かつて元長と柳本賢治の権益が山城北部で競合したように、今度は元長と長政が互いの権益をめぐって河内北部で衝突する状況となった。

八月には、堺で晴元と氏之が争う事件が起きたが、その背景には、長政と元長の対立があった。そして、反木沢という立場から、元長と長政の旧主である畠山義堯が接近していく。元長と義堯は飯盛城の長政を攻めたが、晴元は長政をかばって、姉婿である畠山義堯を攻撃する。享禄五年正月には、元長が柳本甚次郎を京都で殺害する事件を起こした。晴元は激怒し元長を討とうとしたが、氏之が仲裁に入った。元長は謝罪のため出家したが、「開運」と称するなど、対立姿勢を改めなかった。三月になると、晴元は元長を成敗するため、摂津国人の瓦林帯刀左衛門尉に軍勢催促を行う。同月十三日には氏之が晴元と義絶し、阿波に下国したため、晴元と元長の対立は不可避となった。

4　天文の一向一揆

堺公方の失脚

享禄五年（一五三二）五月、畠山義堯は前年に続いて、三好元長らの援軍を得て、木沢長政の飯盛城を攻めた。長政より救援を求められた細川晴元は、本願寺証如（しょうにょ）に一揆を依頼する。細川氏と本願寺の関係は、加賀の一向一揆にまで遡る。激怒する将軍足利義尚に対し、細川政元は本願寺を取り成し、討伐を制止したという経緯があった。これ以降、本願寺は政元と連携しており、永正二年（一五〇五）には本願寺実如（じつにょ）が政元の軍勢催促に応じている。本願寺証如も、教団の外護者と位置付ける細川氏の要請を断れなかった。

六月五日、証如は本山の山科（やましな）から大坂御坊（ごぼう）に移ると、摂津と河内の門徒に一揆を命じた。一揆はすぐに一〇万とも二〇万ともいう軍勢に膨れ上がり、敗れた畠山義堯は誉田城に逃れたが、六月十七日に石川道場で自害した。一向一揆はすぐに三好元長の拠点である堺にも殺到した。六月十九日、元長は子の長慶（利長、範長、長慶）を阿波に退去させた。二十日、元長は一揆方と戦うつもりであったが、堺の町衆は一揆方に通じた。元長は堺南荘の惣社である開口（あぐち）神社（堺市堺区）に隣接する念仏寺で腹を切ろうとしたが拒絶され、法華宗日隆（にちりゅう）門流の顕本寺（けんぽんじ）に籠っている。やがて一揆が攻め込み、元長は一族をはじめ塩田氏や加地氏ら被官（かじ）二〇名余りと切腹した。その際、堺公方足利義維は元長を見捨てず、奉行人の松田光致らと共に顕本寺に駆け付けた。京都で活動する四条上杉次郎や、細川一族で吹田西荘を支配し将軍元服時の理髪役などを務める細川奥州家の細川尚経など、幕府外様衆は切腹したが、義維自身は細川晴元の兵に囚われ、御座所の四条道場引接寺に軟禁された。

その後、義維は実行坊日近が元長を受け入れた顕本寺で忠節比類なき働きをしたと、顕本寺の本山である京都の本能寺を誉めており、三好長慶ら兄弟も顕本寺を父元長の位牌所として位置づけて保護した。一方、晴元は元長を見限った念仏寺に、免税の特権を安堵している。戦国の争乱の中で中立は許されず、寺社は旗幟（きし）を鮮明にすることが求められ、それに応じて恩賞を得たのである。

なお、義維は天文（てんぶん）元年（一五三二）十月に淡路に出奔し、後に阿波へ退去した。細川高国と足利義維が畿内より退場したことで、細川晴元と将軍義晴の和睦が十一月に成立した。

細川晴国の挙兵

わずか一年の間に、細川高国・畠山義堯・三好元長が滅び、政情は激変した。そのうえ、義堯と元長を滅ぼした一向一揆は無関係の奈良でも蜂起するなど、本願寺証如や細川晴元では制御できなくなった。天文元年（一五三二）八月、晴元は京都の法華一揆や近江の六角定頼（さだより）と手を結んで山科本願寺を焼き払い、堺の念仏寺や木沢長政に命じて浅香（堺市堺区）の道場を攻撃させると、摂津守護代の薬師寺国長も富田（とんだ）（高槻市）の寺内を焼き払うなど、宗教一揆という新たな要素が加わって、戦火が止むことはなかった。

細川京兆家の家督争いに勝利したはずの晴元が自壊する状況を受けて現れたのが、高国の三〇歳以上年下の弟で野州家を継いでいた細川晴国（はるくに）（晴国、晴総）であった。晴国は高国が滅亡した後、若狭に潜んでいたが、一族の細川国慶や丹波守護代の内藤国貞の支援を受け、九月に丹波へ入国したのである。十二月には、義堯亡き後の河内を狙って、畠山稙長も動き始めた。

天文二年正月、晴元は法華一揆と共に、証如がいる大坂を攻めるが、翌月には逆に淡路へ追い落とされた。晴元は阿波の細川氏之や三好長慶に援軍を求め、彼らの支援によって四月に池田城への復帰を果たす。一方、京都では六月に本願寺と結んだ晴国方の細川国慶が、晴元方の薬師寺国長を討ち取った。一進一退を繰り返す戦況のなか、六月に長慶の取り成しにより、晴元と本願寺の和睦がなり、晴元を京兆家の家督、晴国を野州家の家督に互いに認めるという風聞が流れた。これを受けて内藤国貞が晴元方に寝返ったものの、結局、晴国は能勢国頼や瓦林春信など高国に重用された摂津国人や、上郡の三宅国村を味方につけ、晴元方と戦い続けた。

天文三年、芥川城の細川晴元と六角定頼に庇護されている将軍足利義晴の和睦交渉が進展し、両者の上洛の準備が整えられていった。ところが、二月に細川晴国を擁する三宅国村が門徒になりたいと本願寺に申し入れ、三月には本願寺証如の側近で主戦派の下間頼盛が証如を人質に取って、晴元と戦う準備を進めたため、五月には本願寺と晴元の和睦は崩壊した。これを受け、六月には、晴元の旗下に属していた三好長慶の被官で、将軍義晴との和睦に反対する三好連盛や三好長逸（長縁、長逸、宗功）も、下間頼盛の動きに同調した。七月には、丹波で挙兵した細川晴国が、畠山稙長と結んで上洛を図る。河内では、畠山稙長とその育ての親でもある被官の丹下盛賢が本願寺方に味方し、守護代の遊佐長教や木沢長政が晴元方に与して戦い、八尾や萱振（八尾市）の寺内が焼き払われた。こうして、細川晴国・本願寺・三好長慶・畠山稙長という一大勢力が形成されようとした。

しかし、天文四年六月の大坂の戦いで、本願寺滅亡とまで評された大敗北を喫すると、戦線は崩壊した。七月には、丹波の波多野秀忠が晴国方から晴元方に帰参した。九月には主戦派の下間頼秀・頼盛兄弟を破門する形で和睦交渉が進められ、十二月には本願寺と晴元との間で和睦が成立する。本願寺を追放された下間頼盛はなおも戦い続けたが、天文五年七月に摂津中島で木沢長政に敗れ、堺に逃れた。八月二十九日には、細川晴国が三宅国村の裏切りによって、天王寺で自害した。これにより、約四年間続いた天文の一向一揆は終結する。

一揆からの復興

細川晴元と和睦した本願寺は、在地を追われた門徒の還住や、御坊・末寺の再興に向けて、諸勢力と交渉を始めていく。天文五年（一五三六）四月、本願寺証如は木沢長政と遊佐長教より、「河内国無事の筋目をもって門徒衆別儀あるべからず」との制札を獲得した（『天文日記』）。木沢長政は信貴山城（八尾市、奈良県平群町）を居城とし大和を支配する一方、飯盛城に義就流の畠山在氏を擁立していた。遊佐長教も高屋城に政長流の畠山稙長の弟である長経や晴満を擁しており、両者による共同統治が行われていたためである。

摂津や和泉では、九月から十月にかけて、細川晴元より富田の教行寺と堺御坊（信証院）の再興が認められた。ただ、この時の堺御坊は格下の道場としての再建であり、御堂の上棟は天文十七年、念願の免税特権を得たのは天文二十年のことであった。

河内の真宗寺院の再興問題も長期化した。本願寺と繋がりのある義就流畠山氏を推戴する木沢長政は、出口（大阪府枚方市）の光善寺と久宝寺（大阪府八尾市）の西証寺の領地についてすぐに返還を約束した。両寺の還住についても交渉が進められたが、遊佐長教はなかなか同意しなかった。結局、長政と長教の二人が西証寺の再興を許可するのは、天文九年九月になってからのことであった。西証寺は天文十一年に住持となった証如の外祖父の蓮淳によって、顕証寺として再興される。

また、天文の一向一揆からの復興は、本願寺の末寺だけの問題ではなかった。亀井（八尾市）の臨済宗寺院である真観寺は、天文七年から九年にかけて交渉し、長政や長教と本願寺の「御和与の筋目」に基づき、赤坂（千早赤阪村）や秦（寝屋川市）にある塔頭の領地の返還を実現させている（『真観寺文書』）。

天文の一向一揆は、領主階級をはじめ地域の諸階級を巻き込んで展開した。その復興過程で、村落同士が放火に及ぶなど激化したため、遊佐長教は私戦を停止する国法を定めるなどの対応に追われていく。同じ一向一揆への対処でも、近江の六角定頼は門徒の破門を条件とするなど強硬な姿勢であったが、河内の木沢長政や遊佐長教は荒廃した地域の復興のため、本願寺による寺内町の建設を容認していく。

5　根来寺の和泉進出

根来寺と泉南の武士　文明十八年（一四八六）、国一揆を解体し支配体制の再建を図っていた和泉に、紀伊より根来寺が侵攻した。和泉両守護の細川元有と細川基経は敗れ、かつて敵対していた畠山義就を頼って、河内へ落ち延びた。元有は義就を支える大和国人の越智家栄から娘を妻に迎えるなど、連携を深めていく。これに対して、根来寺は畠山政長・尚順親子と結んだ。

根来寺は教学や法会を担う学侶（衆徒）と法会の費用を捻出する領地の支配などを行う行人からなるが、紀伊北部だけでなく和泉南部の地侍・土豪は子院を営んだり、逆に寺側から声をかけられ子院を相続したりして、行人に結集していった。そうした土豪として、佐野（泉佐野市）の藤田氏と西蔵院や、熊取（熊取町）の中氏と成真院の関係が知られている。

幕府もこうした根来寺と和泉の関係を認め、荘園の返還や国人による押領の取り締まりなどを命じており、両守護と同様に公権力として扱っていくようになる。根来寺も荘園の代官を請け負うことで、急速に和泉南部を支配下に収めていった。

明応の政変を受け、畠山義就の子の義豊が細川政元と結んだことで、両守護をはじめ細川一族は一体として根来寺に対処できるようになり、畠山尚順に与する根来寺との争いが激化した。ところが、両守護は思わぬ劣勢を強いられ、たびたび政元に背いたことから、尚順・根来寺方からも政元方からも信用を失っていく。明応九年（一五〇〇）九月、細川元有と基経は神於寺（岸和田市）に立て籠もっていたが、裏切り者が出て、二人とも自害に追い込まれてしまう。両守護は泉南紀北の土豪や寺社の信頼も失っていた。

現職の守護が揃って討死する事態を受け、政元は急遽軍勢を派遣して、尚順や根来寺方を和泉から駆逐した。そして、上守護に元有の子の元常、下守護に基経の養子政久を立てて、両守護の体制を維持しようと図る。

畠山系の和泉守護

細川元常と政久は細川政元の支援を受けながら、佐野を拠点に、根来寺と戦った。しかし、永正元年（一五〇四）九月に政元の被官である薬師寺元一が反乱を起こすと、畠山尚順と根来寺が攻勢に転じ、元常と政久は堺に引き籠ってしまった。両守護は堺を除く、和泉の大部分の支配権を失ってしまう。

政元が暗殺され、細川高国と澄元の家督争いが勃発すると、元常は母が阿波守護家の細川成之の娘であったため、成之の孫である澄元に味方し、阿波へ没落した。一方、政久は高国・尚順方に与して在京したため、両守護が和泉を不在にする状況となってしまった。これにより、高国は、自分の姉を妻とする畠山尚順を上守護に、従兄弟で典厩家の尹賢の弟である細川高基（たかもと）を下守護に起用した。高国は従来通り、和泉に二人の守護を置く形を踏襲した。

阿波に逃れた元常は、上守護被官の田代氏や下守護被官の和田（みきた）氏に軍勢催促を行い、永正八年には畿内へ渡海した。元常は細川澄元を支えて京都に攻め込むが船岡山（京都市北区）の戦いに敗れ、阿波へ退却している。和泉には、紀伊の畠山尚順の勢力が伸長していった。永正十八年、京都で将軍足利義稙と細川高国が対立すると、畠山尚順は義稙に、尚順の子の稙長は高国にそれぞれ味方した。この争いは義稙方の敗北に終わり、大永二年（一五二二）に尚順は淡路で死去し、翌年には細川高基も病に倒れ、記録に見えなくなる。

和泉支配の再編に迫られた高国は、新たに稙長の弟の細川晴宣を上守護に、細川勝基を下守護に任じた。元常はこうした隙を見逃さず、畠山義堯と同盟して和泉に攻め込み、大永四年十月に菱木（堺市西区）で晴宣を打ち破った。しかし、高国が子の稙国を援軍として派遣すると、元常・義堯方は敗走している。

元常が次に畿内に戻ってきたのは、大永六年であった。波多野元清と柳本賢治が高国から離反したのを受け、元常が堺に渡海し、日根野（ひねの）氏らを率いて、堺周辺を鎮圧した。その翌年には、元常の子の晴貞が京都方面で戦っている。一方、この頃より、高国方の守護である細川晴宣や細川勝基の活動は和泉ではほとんど見えなくなり、享禄四年（一五三一）六月の大物崩れで、晴宣かその子が討死した。勝基は土佐に落ち延び、それ以後は畿内への復権を目指すことになる。

堺公方足利義維が没落し、細川晴元と将軍足利義晴が和睦した後、細川元常は一早く上洛し、天文五年（一五三六）に入京した晴元を迎えた。元常は晴元の後見人、長老としての地位を確立するとともに、子を晴元の猶子（ゆうし）として、大和の越智氏を継がせたり、根来寺と交渉にあたったりするなど、近畿南部の経略にもあたっている。

松浦守の在地掌握

上守護家の細川元常はたびたび阿波に在国したため、和泉に在国して上守護方の被官や国人を統率して戦っていたのは、守護代の松浦守（まつらまもる）であった。従来は、上守護代を宇高（うだか）氏が世襲し、下守護代を久枝（ひさえだ）氏と斎藤氏が交代で務める体制であった。それらに対し、松浦氏は世襲の守護代家ではなく、十五世紀末に突如現れる。他国出身とみられるが、肥前の水軍として知られる松浦氏と同じく「まつら」と読み、実名も一字であるけれども、同族かどうか不明である。

上守護家の系図によると、細川元常の弟の有盛が守護代を務める松浦氏の養子になったとあり、元常と守が兄弟であった可能性が高い。文亀元年（一五〇一）頃より守護代として活動し始め、九条政基が在荘する日根荘（泉佐野市）について、細川京兆家の有力内衆である安富元家や摂津守護代の薬師寺元長と書状を交わしている。なかなか元常が在国できないため、松浦守が国人の田代氏らを率いて戦い、永正末年には細川高国や畠山氏と連携する動きを見せる。大永四年（一五二四）十月の菱木の戦いでは元常に味方して細川高国方の細川晴宣を破ったが、大永七年十月には高国方の細川氏綱（うじつな）（清、氏綱）に通じており、臨機応変に対応したようだ。

松浦守は、享禄二年（一五二九）三月に三条西実隆に源氏物語の外題や奥書を請うたり、五月に久米田池（くめだいけ）（岸和田市）の堤防の管理をめぐる池郷と田治米（たじめ）村との用水相論について裁許を下したりするなど、京都や在地において、その地位を高めていく。翌年二月には日根野村の宮内氏に酒麹を製造する麹室（こうじむろ）の買得を安堵するなど、大鳥・和泉・南郡の三郡を実効支配するだけでなく、根来寺の勢力を日根郡南部にまで押し戻していた。

高国の滅亡によって、高国方の両守護の衰退は決定的となり、天文元年（一五三二）以降は、上守護家の細川元常、次いでその子の晴貞が単独で守護となり、守護代も松浦守が単独で務める体制が成立した。天文五年には元常・晴貞親子だけでなく、守も本願寺との和睦に加わっている。その頃、守は堺にあり、日根野氏らを自らの被官に編成し、根来寺の押さえに野田山城（後の根福寺城、貝塚市。図10－6）を築城するなど、和泉の安全保障の主体となっていった。

◈　◈　◈

明応の政変によって、足利将軍家は義澄流（義澄、義晴、義輝、義昭）と義稙流（義稙、義維、義栄）に分裂した。将軍義澄も在京するほぼ唯一の大名として政元を重んじるが、側近を頼りに幕政を運営する。その一方、前将軍義稙は北陸や西国に下向し、たびたび上洛を試みる。明応の政変で将軍は更迭可能な存在であることが示され、その権威は低下した側面があるが、武家最高の貴種が地方をまわって直接守護らに接することで、応仁・文明の乱以前の京都でつくられた関係とは異なる関係を築き、将軍の権威を広めた側面もある。

細川政元の強権ぶりは自らが担いだ将軍や天皇にまで及び、儀礼上ですら管領の役割を軽んじるようになった。やがて、その反動は政元を苦しめる。政元は前将軍に妥協的な一族や有力内衆に反発するも、その取り込みを図り、赤沢宗益や三好之長を側近として重用し権力強化を図るなか、譜代の内衆に暗殺された。そして、永正の錯乱により、細川氏も高国流（高国、晴国、氏綱）と澄元流（澄元、晴元、信良）に分裂することを余儀なくされた。細川高国は政長流畠山氏や能登畠山氏、西国の大内氏との協調路線により、政元のやり方を修正し、幕府再興を図る。

しかし、高国は細川氏の家督争いを解決できず、首都京都から至近の堺と朽木に将軍が並立する状況を生み出し、根来寺の進出を招いてしまった。足利義晴は兄義維の出現により、将軍や日本国王としての職務を遂行し正当性を示さねば解任されると恐怖に怯えた。そのうえ、一向一揆という新たな勢力の出現に、畿内の諸勢力は対処を迫られたのである。

第三章　三好氏の畿内制覇

将軍家や管領家の分裂により、その争いが激化した結果、畠山政長、畠山義英、細川高国、畠山義堯、細川晴国など、守護本人ないしそれに類する人物が戦場で死ぬ事態が相次いだ。また、足利義稙や足利義維は捕虜となり、足利義澄や足利義稙は京都に戻ることなく客死した。将軍家や管領家でも敗走すらできずに、討死・自害・客死する有様で、その衰退は目に見えて明らかとなった。

そうしたなか、天文の一向一揆からの復興や地域の安全保障は、守護代クラスの木沢長政や遊佐長教、松浦守、そして三好長慶によって担われていく。彼らは守護家を飛び越えて、将軍家と直接結合を図ったり、逆に形式的に守護家を推戴するも、将軍家を擁することなく勢力を拡大したりと、新たな動向を示していく。そうした状況に池田氏や伊丹氏などの伝統的な有力国人たちはとまどい、松永(まつなが)氏や安見(やすみ)氏といった土豪たちは新たな好機を見出し躍動していく。

1　木沢長政の台頭

飯盛城と信貴山城の築城

堺公方足利義維が没落し、畿内が将軍足利義晴のもとにまとまっていった天文初年に、最も勢力を伸ばしたのが木沢長政であった。木沢氏は義就流畠山氏のもとで奉行人を務め、長政も畠山義堯に仕えていたが、有力内衆の遊佐堯家を斬って、敵の細川高国に寝返った後、すぐに義堯と結ぶ細川晴元の被官になるなど、次々と主君を変えていく。

このような長政の基盤となったのが、河内北部の飯盛城（大東市、四條畷市）である（図10－4）。畠山氏歴代の政庁である高屋城（羽曳野市）が所在する河内南部に対し、河内北部は畠山氏の勢力が弱く、幕府や細川氏の権益が錯綜しており、木沢長政が独自の権益を形成するのに適していた。長政は、享禄三年（一五三〇）十二月に大軍を率いて上洛し「天下御警固」に努めると標榜するが、公家の鷲尾隆康は、河内では「武勇之誉」と名を上げており、装備も「美麗」だが、合戦には弱そうだと、皮肉っている（『二水記』）。下京でも近江の六角氏まで攻めようとする長政に関して「近江までとらんといつる木沢殿（飯盛）　いひもり山を人にくはるな」や、「少弼（六角定頼）のなかに一つふ一つふのいひもり武士はほさるへら也」などの狂歌が詠まれており（『実隆卿記紙背文書』）、その権勢と危うさが見受けられる。

そして、天文の一向一揆を利用して政敵の畠山義堯と三好元長を滅ぼした。天文二年（一五三三）十二月になると、長政は同じ生駒山地の信貴山（八尾市、奈良県平群町）に陣を置くと、本願寺に敗れた細川晴元に京都か飯盛城に移るよう勧めている。また、この頃より、飯盛城には義堯の弟の畠山在氏や、父の木沢浮泛、弟の又四郎・中務大輔・左馬允を置いた。

天文五年六月には信貴山城を要害化し、本格的に居城としている。長政はその後も大和を取り巻くように、河内南部の二上山城（太子町、奈良県葛城市）、山城南部の笠置山城（京都府笠置町）と複数の城郭を整備していく。そうした長政の山城には特徴があった。飯盛城には御体塚と呼ばれる花崗岩の露頭が削平されずに現存しているが、こうした巨石は磐座として信仰の対象となり、当時の城郭はそうした聖域を城内に取り込んでいたという（斎藤 二〇二〇）。信貴山城は、磐座に空鉢護法堂を、山腹に毘沙門天を祀る本堂を置く朝護孫子寺を前提にしている。二上山城も雨乞いの山で、葛木二上神社や鹿谷寺跡があった。笠置山城は、摩崖仏の弥勒仏を本尊とする笠置寺に拠っている。畠山氏の奉行人から成り上がり、河内・大和・山城を支配した長政は、こうした聖地を巧みに利用して（中井 二〇二〇）、その守護者として自らの地位を高めようとしたのである。

江戸時代に作成された「河内国飯盛旧城絵図」（『美濃加納永井家史料』）には、「二ノ丸」「ほうづきばた曲輪」

「三ヶ殿曲輪」「本丸」「左馬允曲輪」といった曲輪が記されている。このうち「左馬允曲輪」は、長政の弟である木沢左馬允が天文八年後半から十年頃に整備したと考えられる。「和州平群郡信貴山城跡之図」（『大工頭中井家関係資料』）には、「書付無之かまへ、何れも木沢殿取立之時之古屋敷ニ而御座候」とあり、長政段階で多くの曲輪が築かれ、被官が居住していたようだ。長政の築城は、河内の山城の一大画期となった。

河内・大和・山城への拡大

木沢長政は畠山在氏と細川晴元に両属した。河内では木沢一族やその与力で在氏の脇を固め、遊佐長教が擁する政長流畠山氏の畠山晴満と共に共同で支配する。遊佐長教の最初の妻は長政の縁者と推定され、長政の弟の中務大輔の娘が長教の被官である斎藤山城守の息子に嫁ぐなど、両者は関係を深めていた（小谷 二〇二二）。

応仁・文明の乱以前から畠山義就の力が及んでいた大和にも長政は関与しており、天文の一向一揆との戦いでは大和衆を動員していた。また、天文五年（一五三六）正月に本願寺証如は、飯貝（奈良県吉野町）の本善寺などの還住を長政に願い出ている。この頃より長政は大和守護を自認し、国人の越智氏を排除して、還住を進めようとしている。もともと大和は守護が不設置の国で、興福寺が支配するところであったが、六月には信貴山城を築き居城を移す中で、証如からも守護と認められている。長政は政長流畠山氏と関係の深い筒井順昭と結んで支配を強化していくが、その背景には、遊佐長教との協調関係があったからであろう。

また、長政は晴元方として、細川高国の滅亡後に山城南部の久世・綴喜・相楽の三郡の守護代職を得ていた。そのうえ、天文三年（一五三四）には峯城（京都市西京区）を接収し、高国の残党を防ぐためと称して、山城北部の五郡より年貢を徴収することを将軍足利義晴より認められている。摂津では大坂本願寺との交渉を担い、闕郡に賦課された諸税について、証如は細川政元・澄元が免税を認めた制札を長政に示し、晴元の認可を得ようとした。

こうして長政は、河内や摂津南部では守護代、大和と山城南部では守護並の待遇を受けるに至る。そのうえ、長政は天文十年には大内氏と尼子氏の戦いについて、毛利元就より報告を受け、晴元と六角定頼に披露するなど、将軍義晴の側近としても活動するようにもなり、幕府においても重要な人物となっていった。

太平寺の戦い

栄華を誇った木沢長政の運命を変えたのが、天文九年（一五四〇）二月の細川氏綱の挙兵である。

高国流細川氏の残党を結集した典厩家の細川氏綱は、遊佐長教と対立し反幕府的な姿勢で紀伊を押さえる政長流畠山氏の畠山稙長だけでなく、中国地方を支配し上洛を目論む尼子晴久（はるひさ）とも連携していた。

細川晴元はこれに対処すべく、天文十年九月に、側近の三好宗三や越水城（西宮市）の三好長慶、宗三の娘婿の池田信正（のぶまさ）に対し、細川高国と姻戚関係にあった摂津国人の塩川国満を攻めるよう命じた。これが引き金になり、塩川国満の内縁の伊丹親興（ちかおき）と三宅国村が挙兵する。この時、親興と国村が頼ったのは長政であった。長政は弟の左馬允が親興の娘婿であることから援軍を派遣し、三好・池田方を打ち破った。すなわち、長政は晴元に背いたのである。十月、長政と伊丹親興は三好宗三らの成敗を将軍足利義晴に訴え、京都を警固すると称して上洛し、義晴を味方につけて晴元と対決しようとした。しかし、義晴は木沢討伐を伊賀の仁木氏に命じ、本願寺証如にも河内の門徒が長政に同調しないよう命じた。十二月になると、将軍義晴は河内の畠山晴満と紀伊の畠山稙長に和睦を命じるが、叶わないと見ると、晴満を見捨て、稙長との連携に踏み切った。長政に同調する動きは和泉でも広がっており、晴元方の細川元常は子の晴貞と守護代の松浦守が対応にあたった。

天文十一年（一五四二）三月、遊佐長教は将軍義晴の敵となった木沢長政や畠山晴満と戦うため、畠山稙長と手を結び、木沢討伐の兵を挙げた。長政は畠山在氏や畠山晴満だけでなく、若狭武田氏の被官である粟屋右京亮（あわやうきょうのすけ）の援軍を得て、信貴山城より出陣し、三月十七日に太平寺（たいへいじ）（柏原市）で遊佐長教や三好宗三、三好長慶と戦ったが敗れて討死した。

信貴山城や二上山城は落城したが、飯盛城は翌年正月まで戦い続けた。城を退去した在氏は大和の宇智郡に逃れた。木沢中務大輔と左馬允は、美濃の斎藤道三に仕えた後、畿内に戻り、細川氏綱の被官となった。長政の子の大和守・相政兄弟は、細川晴元に帰参し、木沢家の再興を図るが、長政のような大勢力になることはなかった。

長政は諸勢力が混在する河内北部に割拠し、同じ地域に展開する本願寺と結び台頭した。細川氏や畠山氏の分裂を最大限利用し、将軍に直結する形で、独自の権力形成を目指す。将軍も守護を牽制するため、守護家の家宰と結ぶ傾向は室町時代からあった。しかし、新たに旗下に加えようと高国方の摂津国人と結んでいた縁戚関係が、細川氏綱の挙兵により足枷となってしまい、滅亡したのである。

2　遊佐長教の飛躍

畠山稙長の急死

木沢長政の滅亡後、紀伊の畠山稙長は、河内守護代の遊佐長教をはじめ、河内の安見宗房(むねふさ)、紀伊の保田(やすだ)氏・玉置(たまき)氏・湯河氏、大和の筒井順昭・鷹山弘頼(ひろより)、平盛知(へいもりとも)ら宇智郡衆、和泉の玉井三河守などの国人を率いるだけでなく、高野山の三宝院快敏(さんぽういんかいびん)を側近に加え、熊野衆・根来寺・粉河寺といった宗教勢力も統合するなど、近畿南部を従える勢力に成長した。

天文十一年（一五四二）七月、その稙長が堺を攻めようとすると、長教は人質を細川晴元の側近の三好宗三に送ったと幕府内談衆の大館尚氏(おおだちひさうじ)に伝えた。長教自身は晴元や将軍義晴に敵対する気はないことを示したのである。

天文十二年になると、稙長は和泉攻めを本格化し、晴元方の松浦守を討ち、玉井三河守を守護代にしようとした。こうした動きに乗じて、三月には細川氏綱・藤賢(ふじかた)（和匡、藤賢）兄弟が槙尾山施福寺(まきおさんせふくじ)（和泉市）で挙兵し、七月には堺を攻撃し、本願寺に一揆を依頼した。これにより、稙長は政長流細川氏の伝統に従い、高国流細川氏の氏綱との連携を強化するかに見えた。しかし、長教と意見が合わず、十月には氏綱への合力をやめたため、氏綱の勢力も急速にしぼんでしまった。

氏綱と結び和泉制圧を目指す稙長と、木沢長政を討つなど晴元方としても行動する長教の意見は、なかなか一致しなかった。そこで、天文十三年八月に稙長は姪を長教に嫁がせ、関係強化を図る（『天文日記』）。

こうした近畿南部の情勢に対して、細川晴元も和泉上守護細川元常の子を猶子として、木沢長政と対立した越智氏の家督を継がせるなど、義就流畠山氏を介さず、大和国人を直接編成し、稙長や氏綱を牽制しようとしていた。

そうした最中、天文十四年五月に稙長が急死した。同月には稙長を育てた河内国人の丹下盛賢も亡くなっている。

丹下氏の名跡は大和国人の平盛知が継いだが、稙長の後継者はなかなか定まらなかった。八月、公家の吉田兼右(よしだかねみぎ)が大内義隆(よしたか)に畿内の情勢を知らせたところによると、家督は稙長の遺言では能登守護家から迎えるはずであったが、畠山義総(よしふさ)が死去したことで延引されたという。このため、六角定頼が仲裁しているが、稙長の弟たちの間で家督をめぐって戦争になるという噂が京都で流れていた（『兼右卿記』）。

遊佐長教の継承

近畿南部の多様な勢力を統合した畠山稙長の遺産を継承したのは、その弟たちではなく、遊佐長教であった。長教の父の順盛(のぶもり)は紀伊に在国する政長流畠山氏の尚順を支え、享禄四年（一五三一）に死去するまで、尚順の弟の播磨守と共に河内支配を担当した。長教はそうした順盛の晩年の子で、天文の一向一揆が畠山義堯を滅ぼした直後に河内に入った。ところが、稙長が細川晴国や本願寺証如と連携したのに対し、長教は細川晴元と結び、木沢長政の縁者と推定される娘を妻に迎えると、稙長の弟である長経や晴熙(はるひろ)を擁立して、長政と共に河内を支配した。政長流畠山氏は分裂してしまったのである。

長教は河内支配にあたって、根来寺行人方の有力子院である杉坊(すぎのぼう)を継いだ弟の明算(みょうさん)を登用した。明算は天文六年（一五三七）には公家の転法院三条家の領地である鞆呂岐(ともろぎ)荘（寝屋川市）の代官職を得ていたが、天文九年には真観寺（八尾市）について、南泉庵を末寺として安堵し、木沢長政も承諾した旨を長教に回答している。杉坊明算は軍事力だけでなく、行政面でも長教にとって頼りになる存在であった。

ところが、細川晴元や将軍足利義晴に敵対することになった木沢長政や畠山晴満に対処を迫られ、長政を討ち、畠山稙長を擁することになった。これにより、長教は長政に属していた大和国人の鷹山弘頼を被官に組み込み、稙長は政長流畠山氏を統一した。ただ、細川氏綱を推す稙長に対し、晴元との関係を重んじる長教の間には齟齬があった。そこで天文十三年八月、長教は稙長の妹と公家の日野内光(うちみつ)との間に生まれた娘を後妻に迎え、政長流畠山氏の血縁に連なった。長教と稙長の姪の間に生まれた遊佐信教(のぶのり)は、遊佐氏が藤原姓であるのに、畠山氏の源姓を名乗っており（小谷 二〇二三）、稙長の被官たちも、長教が畠山一族になったと認識したであろう。

天文十四年に稙長が亡くなると、長教は稙長が結集した勢力を再編していく。河内・大和・山城の国境をまたいで活動していた河内の交野郡の安見宗房と大和の添下郡の鷹山弘頼を取り立て、天文十五年十月に山城南部の守護代に任じた。また、十六世紀になると興福寺に結集する大和国人たちの指導者である官符衆徒棟梁の地位を独占するようになった筒井氏の当主の筒井順昭に、長教は養女を嫁がせた。長教は宗房に援軍を指揮させ、順昭の大和統一を支援する。

長教は宗房や弘頼らを自らの家中に加え、家法として壁書を作成したり、富裕を称えられた浄土真宗の萱振寺内町（八尾市）を基盤とする萱振賢継を取り立てたりする。そして、弟の根来寺杉坊明算や義弟の筒井順昭ら縁戚関係を通じて、主家に代わり急速に近畿南部を統合する勢力となっていく。

細川氏綱を擁立

天文十五年（一五四六）八月、遊佐長教は畠山稙長の路線を継承し、細川氏綱を擁して挙兵した。氏綱の弟である藤賢や勝国、細川一族である上野玄蕃頭家の細川国慶の動きも活発になった。九月には長教と氏綱が細川晴元方の芥川城（高槻市）を落とし、国慶が京都を占領する。十二月、近江に逃れた足利義輝（義藤、義輝）が元服し将軍に就任した際には、六角定頼が管領代となって義輝の加冠役を務め、長教が義輝に費用を献上している。大御所義晴や将軍義輝は晴元を見限り、長教と通じていたのである。

この頃、長教は政長流畠山氏の政国を惣領名代としつつも、家督には就けなかった。長教は自身が畠山一族を代表し細川氏綱と共に、新たに発足する義輝の幕府に参画しようとしたのである。

晴元は、弟の阿波守護細川氏之や三好長慶・三好実休・安宅冬康・十河一存兄弟に支えられ、ようやく戦線を支えている状況であった。天文十六年二月に長慶が畠山在氏と結んでようやく反攻を開始し、かつての堺公方足利義維が阿波より上洛に向けて、本願寺証如に斡旋を依頼している。

しかし、七月に舎利寺（大阪市生野区）の戦いで、長教と氏綱が晴元方の三好長慶や松浦守、畠山在氏と戦って敗れると、六角定頼は義晴・義輝親子に晴元との和睦を勧告した。十月には長教方の細川国慶が討死した。長教は高屋城（羽曳野市）に籠城を余儀なくされ、長慶がそれを包囲するも膠着状態に陥り、足利義維が十一月に堺へ渡海した頃には和睦の気運が高まっていた。畿内の状況を読み切れなかった義維は、本願寺証如に上洛の支援を求めるも拒絶され、翌月には淡路に退去する。天文十七年四月、定頼の調停で、長教と晴元は和睦した。これにより、長慶は摂津へ撤兵し、畿内の人々は五年も一〇年も「静謐（せいひつ）」が続くであろうと歓迎した。ところが、わずか半年後に長教と長慶が同盟する形で、新たな戦乱が起こるのである。

3　三好長慶の勢力拡大

越水城入城と摂津の本国化

天文の一向一揆が収束した後、細川晴元は将軍足利義晴と和睦し、公家の三条公頼（さんじょうきんより）の娘を、近江の六角定頼の養女として妻に迎え、義晴の幕府に参画した。ただ実質的な管領の役割は定頼が果たしており（村井 二〇一九）、義晴は中国地方の尼子晴久や近畿南部の畠山稙長を幕府に加えようとしていたため、晴元の地位は細川高国に及ばなかった。

そうした晴元を軍事的に支えていたのは、河内北部から大和や山城南部を支配する木沢長政、丹波の波多野秀忠、そして晴元と対立し父の元長を殺された三好長慶であった。その長慶は、天文八年（一五三九）六月に、晴元の側近で、元長と敵対していた三好宗三と対立し挙兵する。かつて元長が補任されていた山城北部の乙訓（おとくに）・葛野（かどの）・愛宕（おたぎ）・紀伊・宇治郡の守護代を宗三が望んだことや、晴元が幕府の河内十七箇所（寝屋川市、門真市、守口市）を押領し、宗三を代官としていたことが背景にあった。

晴元は木沢長政や波多野秀忠、和泉守護の細川元常を率いて、宗三を支援した。将軍義晴は摂津国人の伊丹親興・池田信正・三宅国村・芥河常清を通じて長慶を制止したうえ、若狭武田氏・越前朝倉氏・能登畠山氏に軍勢催促を行っている。長慶は京都に攻め上ったが、六角定頼の仲裁により七月には和睦し、芥川城（高槻市）を引き渡す一方、越水城（西宮市）と下郡の守護代を得る。そして、天文九年十二月に、秀忠の娘を妻に迎えた。この縁組は、堺公方足利義維が没落する原因となった長慶の父元長と秀忠の叔父柳本賢治の対立を解消するためのものであった。

越水城の東麓には廣田神社が鎮座し、中世には和歌に霊験があると信仰されていた。その境外摂社である西宮神社には門前町が形成され、寺院や有力町人が千句講を形成していた。そのため、伊丹氏や瓦林氏が寄進などを行い、関係を取り結んでいた。越水城主となった長慶も千句講の費用を支出する田地を安堵し、越水・西宮を中心とする国人・寺院・町人の連歌ネットワークを保護するとともに、前城主の瓦林政頼と同様に和歌に対する造詣を深めた。このような西宮は、摂津で唯一の西国街道が通る海港という要所であったことから、薬師寺氏の段階より下郡守護代が西宮代官を兼ねていた。越水城の構造は不明な点が多いが、天文二十年十一月に長慶の宿老である三好長逸が城内で屋敷を立てる際、唯一神道の吉田兼右より方違札・屋固札・地鎮・荒神鎮札を得ている。

また、阿波との兵站を確保するため、兵庫津の豪商である正直屋棰井氏に特権を与えるなど、下郡の在地を掌握していく。

長慶は曾祖父之長や父元長のように、畿内で劣勢になっても阿波に避難することはせず、摂津を本国と位置付けていく。その一方、本貫地の阿波は長弟の三好実休（之相、之虎、実休）に任せ、譜代被官を配した。また、次弟安宅冬康（鴨冬、冬康）を淡路水軍の棟梁である安宅氏の養子とし、三弟十河一存を讃岐国人で年貢輸送に関わる特権を持つ船が発着する港の方本や庵治（高松市）を管理する十河氏の養子とした。

そして長慶は、東五百住（高槻市）の松永久秀・長頼兄弟や鳥養（摂津市）の鳥養貞長、野間（伊丹市）の野間長久、本願寺の門番とされる松山重治、京都近郊の荘園代官と考えられる石成友通など、摂津や京都近郊の土豪を積極的に登用していく。彼らは自らの城や領地、被官を持っていなかったため、その才覚のみで長慶の信頼を頼りに出世していく。天文六年頃の長慶の被官は塩田・加地・篠原氏で父元長以来の阿波衆が占めていたが、長慶が細川晴元や三好宗三を破った天文十八年の江口の戦いを経て、摂津衆が長慶権力の中核となっていく。さらに江口の戦い後には、かつて堺公方足利義維の奉行人として腕を振るった斎藤基速が還俗して、長慶の旗下に加わり、権門寺社や公家との取次として重用されるようになる。

三好宗三と榎並城

三好長慶が摂津下郡で勢力を伸ばしていく頃、それまで上郡で活動していた薬師寺国長の子の元房が失脚した。そして、木沢長政の乱後も細川氏綱に与する能勢国頼らに対処するため、天文十一年（一五四二）以降、細川晴元が芥川城に在城するようになる。晴元は淀川左岸については、近江の甲賀郡出身の山中氏二名を天王寺（大阪市天王寺区）に置き、闕郡を南北に分けて管轄させた。また、淀川と大和川水系に挟まれた榎並城（大阪市城東区）には、河内十七箇所の代官を務める側近の三好宗三を配している。

宗三は三好之長の弟長尚の子で、晴元が堺に渡海した享禄・大永年間から、木沢長政らと共に晴元の「御前衆」を務めた。その長政には親類を、摂津国人の池田信正には娘を嫁がせるなど、縁戚関係を形成していく。

ところが、三好長慶が成長し、山城北部や河内北部にあった父元長の権益を継承しようとすると、同じ地域の支配に乗り出していた宗三との対立が激化した。こうした争いでは、晴元は宗三を一貫して支持し、長慶に下郡を与えることで調整を図った。

宗三に対しては、本願寺も注意を払っており、子の宗渭（政勝、政生、宗渭）が天文十三年に結婚した折には祝儀を贈っている。宗三は堺の武野紹鷗や天王寺屋津田宗達とも茶会を通じて交流があり、天文十八年二月には東山御物である松嶋の茶壺を披露している。他にも松永久秀が織田信長に送ったことで知られる付藻茄子や北野肩衝をはじめ、曜変天目などの名物を所持しただけでなく、刀剣では左文字の持ち主であったという由緒があり、後年、織田信長が所蔵したことでも知られる。名物を収集する財力を持ち、「数奇」により堺商人とも密接な関係を構築したことが、宗三が晴元に重用された一因であろう。

江口の戦い

天文十七年（一五四八）四月、細川晴元・三好長慶方と細川氏綱・遊佐長教方の和睦が成立した。ところが五月に、晴元は氏綱より帰参した池田信正を突如自害させた。そして、七月には三好宗三が主導して、将軍足利義輝の晴元邸御成を行った。晴元や宗三は氏綱に勝利したと喧伝し、それを義輝も認めていると誇示しようとする。

これに反発したのが、長慶である。晴元に味方するのは晴元の弟氏之と晴元の義父六角定頼のみで、氏綱との戦いには劣勢に立たされていた。そうしたなか、摂津の最有力国人である池田信正を討つ事件が起こった。跡目は幼少の長正が継ぐことになったが、池田一族や被官らは強く反発し、池田氏の領地や財産を押領したとして、宗三一派を池田城から追放した。長慶はこの騒動を見て、八月に晴元の側近の垪和道祐らに、君側の奸である宗三・宗渭親子を成敗し「世上静謐」を訴える。天文八年の宗三との戦いが一族間の確執と受け取られ、国人の支持を得られなかった長慶は、今回は晴元や宗三の横暴から、国人の利益を守る代表者として自らを位置づけたのである。

晴元は再び宗三を支持した。ここに至って、長慶は之長・元長以来の澄元流細川氏の擁立という方針を転換する。波多野秀忠の娘を離縁し、高国流細川氏の氏綱を擁する遊佐長教と同盟し、その養女を娶る起請文を交わす。これにより、長慶は主家への謀反という汚名を回避でき、近畿から四国地方の広範な領主層の支持を得た。

天文十八年正月、長慶は芥河常信（孫十郎）を調略し、芥川城を確保した（嶋中 二〇一三c）。その後、京都と宗三・宗渭親子の籠る榎並城の連絡を遮断し、伊丹や摂津中島を攻撃する。和泉でも守護代の松浦守が長慶・長教方に味方し、守護の細川元常・晴貞親子から離反した。三月になると、宗三は柴島城（大阪市東淀川区）に入り、淀川沿いに榎並城への補給路を確保しようとするが、長慶・長教方に撃退された。四月には晴元や宗三が丹波方面へ迂回して摂津に入り、塩川氏や伊丹氏と共に猪名川沿いに南下し尼崎を攻撃したが、五月には長慶方の三好長逸と芥河常信が、晴元方の香西元成を総持寺（茨木市）で破った。同月には長教の養女が長慶の妻となり、同盟が強化されている。

六月、晴元が三宅城（茨木市）に入り、宗三が江口（大阪市東淀川区）を守ることで淀川沿いの補給路を確保し、榎並城の三好宗渭を支援した。吹田の対岸に位置する江口は淀川と神崎川が分岐する位置にある川港で、その領主は住吉大社であったが、幕府の奉行人飯尾氏や細川氏の有力内衆長塩氏が権益を争った要所であった。

長慶と長教は、近江から京都へ出陣してきた六角定頼の援軍が晴元に加わる前に勝負を決すべく、淡路水軍を率いる安宅冬康や十河一存に三宅と江口の通路を遮断させた。この動きに動揺したのか、二十四日、江口では宗三がはじめ闕郡南部を守る山中橘左衛門尉を殺すという内輪揉めが起こった。そこに長慶と長教が攻めかかり、宗三をはじめ高畠長直（たかばたけながなお）、波々伯部（ほうかべ）元家ら晴元の馬廻衆一〇〇〇余人を討ち取った（『兼右卿記』）。これにより、大御所義晴や将軍義輝、晴元、細川元常は、六角定頼と共に近江に退去した。

長慶と細川氏綱は七月に上洛すると、京都やその近郊で課税していった。また、十二月十二日には氏綱の命令として、長慶が堺を除く摂津闕郡に対し債務の破棄を指示し、戦後処理を開始している（『灯心文庫』『天文日記』）。摂津では伊丹親興が孤軍奮闘していたが、長教の調停により、天文十九年三月に和睦が成立し、江口の戦いに関連する戦闘は終結した。

江口の戦いは、それまで澄元流細川氏や義就流畠山氏と結んできた三好氏が、高国流細川氏や政長流畠山氏を擁した遊佐氏と同盟することで勝利を収めており、従来の畿内の伝統的系列が崩壊した戦いであった。そして、澄元流細川氏の摂津守護代三好長慶と和泉守護代松浦守、高国流細川氏の丹波守護代内藤国貞、政長流畠山氏の河内守護代遊佐長教という四人の有力守護代が、細川氏綱と畠山政国を推戴する体制が成立した。このうち、阿波の三好実休や淡路の安宅冬康、讃岐の十河一存といった弟たちを従える長慶と、紀伊根来寺の杉坊明算や大和の筒井順昭を率いる長教が突出した存在となっていた。

遊佐長教の暗殺

大御所足利義晴が天文十九年（一五五〇）五月に避難先の近江で客死する一方、六月には遊佐長教の娘婿である筒井順昭が病死する。そうした緊急事態への対応であろうか、九月に三好長慶は長教に対して、醍醐（だいご）寺の中川荘（奈良市）が公家の日野家に押領された件について、これを退け、年貢は醍醐寺三宝院門跡の義堯（ぎぎょう）に納めるよう、取り計らってくれたことに謝意を述べている（『醍醐寺文書』）。長教や長慶は、順昭の子でまだ幼児の順慶（じゅんけい）の後見を務めた。

京都では将軍足利義輝や細川晴元との戦いは続いており、細川氏綱では治安維持などを全うできないことが明らかになると、公家や寺社は長慶を頼るようになった。閏五月には摂津闕郡の渡辺津や難波荘（大阪市中央区）でも、長慶が渡辺氏に本領を安堵し、名主百姓中に対して検地を命じるなど、国人を保護する主体となっている。十二月頃には、畠山政国が長慶と長教が義輝を追放したことに反発し、紀伊に遁世してしまった。こうして、長慶と長教が畿内近国を支配していく体制となる。長慶が主に京都を担当し、長教は安見宗房らを援軍として派遣した。政所執事伊勢貞孝や侍所開闔松田盛秀らも、在京できない将軍義輝を見限り、長慶と連携していく。

義輝はそうした苦境を打開するため、天文二十年（一五五一）三月に二度も長慶の暗殺を目論むが失敗に終わった。ところが、五月五日に長教の暗殺には成功する（『長享年後畿内兵乱記』）。近畿南部の覇者であった長教の死は、一〇〇日間も秘匿された。長教の子の信教が幼少であったため、遊佐氏の被官は、遊佐太藤を擁する飯盛城主の安見宗房と、長教の弟の杉坊明算を推す高屋城主の萱振賢継に分裂した。そのため、長教の婿の長慶が仲裁に入り、賢継の娘を宗房の息子の妻にすることで遊佐家中の維持を図る。

三好長慶の権力確立

天文二十一年（一五五二）正月に六角定頼が死去し、後見人を失った将軍義輝は三好長慶と和睦した。長慶は、父元長と関係の深い堺公方足利義維の擁立にこだわらず、義輝を将軍として承認し、明応の政変以来の将軍家の分裂を解消しようとする。また、細川晴元を出家させる一方、子の信良（昭元、信元、信良）を人質に取り、細川氏綱の次の家督とすることで、永正の錯乱以来分裂した細川京兆家を統合する。そして、長慶は陪臣には授与されないはずの御供衆に任じられ、将軍直臣へと家格を上昇させ、足利将軍家と細川京兆家を後見する体制を目指す。

京都では平和の回復が図られていたのに対し、二月に河内では内紛が起こった。安見宗房が萱振賢継らを飯盛城に招いて暗殺すると、高屋城を攻め田河氏や中小路氏も粛清したのである。また山城国人で招提寺内町（枚方市）を勢力下においていた野尻氏も殺害し、乗っ取っている。九月にようやく政長流畠山氏の政国の子である高政が家督を継ぎ、宗房も細川晴元と戦う長慶の求めに応じて、援軍を率いて上洛したので、落ち着きを取り戻すかに見えた。しかし、畠山高政・遊佐信教・鷹山弘頼方と遊佐太藤・安見宗房方の争いは収まっていなかった。宗房は、天文二十二年五月に鷹山弘頼を高屋城で自害に追い込み、畠山氏内衆の丹下盛知や遊佐氏内衆の走井盛秀と連携する体制をつくった。天文二十四年九月に鋳造された近江の多賀大社（滋賀県多賀町）の梵鐘には、安見宗房・野尻孫五郎親子と丹下盛知、平三郎左衛門尉、走井盛秀が寄進者として名が刻まれるなど、畠山氏を代表する存在となっ

図3－1　松永久秀画像
（高槻市立しろあと歴史館所蔵）

ていく。宗房は長慶の調停案を破棄したが、同盟自体は堅持する方針を示したため、長慶も杉坊明算を討った。また、大和で挙兵した義就流畠山氏の在氏・尚誠親子を支援し、河内へ介入するようなこともしなかった。

それは、長慶も摂津に問題を抱えていたためである。天文二十一年四月、晴元方の波多野元秀を討つため丹波に出陣した際、伝統的に澄元流細川氏を支持していた摂津国人、特に長慶の妹が嫁いだ芥川城の芥河常信や三好宗三の孫にあたる池田長正が、細川氏綱を家督とする長慶の方針に反対し挙兵したのである。彼らはすぐに降伏したものの、長慶の権力中枢に登用される道は絶たれた。

また、長慶の弟たちも江口の戦い後に畿内で勢力を伸ばすが、時には競合する時もあった。讃岐の経営が不安定な十河一存は、元関白の九条稙通の養女を妻に迎えると、細川氏綱の被官として天王寺や京都などの都市やその近郊に権益を獲得した（阿部 二〇二三）。淡路水軍を率いる安宅冬康は、十河一存に代わり、大阪湾と淀川・大和川の水上交通の結節点にある榎並に入ると、同じ淡路水軍の梶原氏や菅氏を代官として配置するが、榎並に領地を与えられていた長慶の被官と対立する（小川 二〇二三）。この件は、天文二十一年九月に、松永久秀が菅若狭守へ「給人衆の帳」を示し解決を図っている（『双柏文庫所蔵文書』）。長慶も弟たちとの利害調整が必要だったのである。

そうしたなか、長慶の被官で地位を急上昇させたのが、三好長逸と松永久秀である。天文二十年五月、住吉大社の神主である津守国順が嗣子のないまま死去した。当初、住吉大社は唯一神道の吉田兼右に対し、その次男が津守家の家督と社務職を相続するよう望んだ（『兼右卿記』）。兼右は次男を津守国長として、綸旨と宣旨を準備し、長慶の支援を取り付けている。ところが六月になると、住吉大社では他家よりの相続には同心できないと方針が変わり、大徳寺末の慈恩寺の住持となっていた国順の弟の国繁を還俗させ、家督を継がせようとした。この時、住吉大社では長逸と久秀を頼んで、国繁の家督相続について内証を得ると、勅裁を獲得できた（小出 二〇一〇）。長逸と久秀はたんなる寺社の取次でなく、長慶に意見を具申できる存在であり、京都や丹波の戦いでも、長慶の名代として出陣するなど、宿老としての地位を確立した。

京都の戦いと芥川城入城

天文二十二年（一五五三）閏正月、三好長慶が将軍義輝に年頭の挨拶のため上洛すると、義輝が暗殺を企てているという噂が広まり、すぐに淀城（京都市伏見区）に退却した。二月、長慶は義輝側近で和睦反対派の上野信孝（うえののぶたか）らから人質を徴集すると、和睦維持派の伊勢貞孝や松田盛秀ら七名の将軍直臣も、殿中を乱す信孝らを激しく非難した。長慶は上野信孝ら君側の奸を排して幕府再興を図り、政所や侍所の支持を取り付けたが、義輝がそれを容れることはなかった。七月に義輝が細川晴元と結んだことで和睦は完全に破綻し、摂津では芥河常信が長慶から離反した。

この時、朝廷は長慶を将軍義輝と同じ従四位下に叙し、長慶支持の姿勢を明らかにする。八月、長慶は義輝と晴元を打ち破った。公家の山科言継（やましなときつぐ）は長慶の軍勢を「言語道断の見事目を驚かす」と称える一方、義輝らを「あさましき体たらく」と嘆き、上野信孝を戦犯として非難した（『言継卿記』）。義輝らは朽木（滋賀県高島市）へと没落したが、長慶は、義輝の従者は武家か公家かにかかわらず、領地を没収すると宣言したため、義輝に従う者は四〇人余りに減ってしまった。

摂津で孤立した芥河常信も、八月に降伏して阿波へ退去し、長慶が代わって芥川城に入城する。摂津守護代の弟格が下郡を治める拠点とした越水城や西宮よりも、管領細川高国が築き、細川晴元がたびたび居城とした由緒を持つ芥川城の方が、京都の支配者となった長慶の居城としてふさわしかったのである。弘治二年（一五五六）正月、芥川城が火災に遭った際には、将軍義輝に与する醍醐寺より建物を接収して再建している。

こうして芥川城には、長慶・義興親子や松永久秀夫妻、石成友通、藤岡直綱といった宿老・奉行層だけでなく、主家の細川信良や京都近郊の領主である今村慶満の息子、伊勢貞孝の子の貞良に嫁いだ一色義龍の娘ら人質が、山上に居住した。それに対して、細川氏綱は守護代の城である淀城を居城とした。

4　足利将軍家を戴かない政権

守護代や国人の後見

三好長慶は、遊佐長教の死後も幼少の筒井順慶を支援した。三好実休が遊佐信教に対して、順慶に意見し三碓庄（奈良市）をめぐる相論を収拾することが後奈良天皇の意向であると伝えたり、三好長逸が筒井氏被官の向井専弘らに早く年貢を仁和寺に納めるよう指示したりしている。また順慶も長慶の求めに応じて和泉へ援軍を遣わし、二〇〇〇本の矢を支援したので、長慶や松永久秀が謝意を示すなど、同盟関係は継続していた。

また一度離反した池田長正についても、細川晴元が池田信正に自害を命じたような真似はしなかった。代わりにこの頃に形成された池田四人衆に指示して、荘園押領を制止させたり、和泉への援軍に謝したり、統制していく。

天文二十二年九月、丹波の内藤国貞が細川晴元方の波多野元秀と戦い討死すると、長慶は細川氏綱被官の側面も持つ松永久秀の弟長頼と国貞の娘の間に生まれた内藤貞勝に家督を相続させた。その後、長頼は内藤氏の八木城（京都府南丹市）に入ると、内藤宗勝と名を改め、事実上の当主に収まった。三好氏と内藤氏の同盟関係は対等なものから、内藤氏が三好氏に従属するものに変化した。長慶の後見を受けた宗勝は、永禄二年（一五五九）に波多野元秀を追って八上城（兵庫県丹波篠山市）を占領すると、甥の松永孫六を配置し、波多野秀親らを被官に加えた。

和泉では、天文二十三年に晴元方の和泉守護細川元常が、弘治年間に守護代の松浦守が死去した。守の跡を継いだのは、長慶の三弟十河一存の次男である松浦光（萬満、光）であった。長慶は光の養父である松浦盛と実父の一存に後見を命じる（『九条文書』）。また母方の前関白九条稙通も光の補佐にあたった。こうして松浦氏も内藤氏と同様に、三好氏へ従属していくことになった。松浦盛は江口の戦い以来敵対していた岸和田氏の名跡を継ぐことで、和泉一国の領主層の統合を図り、十河氏・松浦氏と共に岸和田城に集住する。

江口の戦い後、筒井順昭・遊佐長教・内藤国貞・松浦守と長慶の同盟者の死が相次いだ。長慶はそれらの家を後見したり、被官の松永氏や弟の子を送り込んだりして、従属させていった。長慶の後見を受けた内藤氏や松浦氏の家中は、対立する波多野氏や岸和田氏を包摂し身の丈以上に肥大化する。それは長慶の後見を失ったら分裂する危険を孕んでおり、三好氏への依存を強めさせた。

将軍の代行者

三好長慶は将軍足利義輝を京都より追放した直後の天文二十二年（一五五三）十月、阿波の足利義維に上洛を促した。しかし、同年六月に三好実休と十河一存が義維を庇護してきた細川氏之を殺害したばかりで、義維が渡海することはなかった。天文二十四年二月、今度は義維の子の義栄が三好実休の助力を得て、上洛しようと長慶に協力を求めたが、長慶は応じなかった。七月、松永久秀が六角氏に対して、天道思想に基づき、長慶との和睦を何度も破った不誠実な義輝に天罰が下ったと批判し、長慶が首都京都の「静謐」を守るとその正当性を主張する（『阿波国徴古雑抄所収三好松永文書』）。八月には、長慶と同盟する畠山高政の被官の安見宗房も六角氏へ、長慶が義維・義栄親子を擁立する動きはないが、もし擁立したら、六角氏と相談して将軍義輝に奉公するとした。つまり、畿内では享禄年間のような義澄流の将軍と義稙流の堺公方のような泥沼の戦いを警戒する気運が強まっており、十一月に長慶は六角氏へ、義維・義栄親子を擁立しないと伝えた。

ただ、長慶は義輝の弟である鹿苑院周暠や足利義昭（一乗院覚慶、義秋、義昭、昌山道休）も推戴せず、京都を支配した。こうした足利将軍家の者を誰も擁さず、首都や畿内の支配を行うのは戦国時代で初めてのことだった。

弘治二年（一五五六）、明の嘉靖帝は倭寇の禁止を求めて、鄭舜功を使節として日本に派遣した。鄭舜功自身は貿易への参画を目論む豊後の大友宗麟に抑留されたが、副使の沈孟綱と胡福寧は七月に上洛して、「日本国王源知仁（後奈良天皇）」をはじめ、関白近衛前久らや長慶と協議し、倭寇を取り締まる旨の返書などを与えられた（『日本一鑑』）。本来、明との交渉は日本国王である足利将軍しか行えず、かつて足利義晴は近江にあっても明や琉球に国書を送ったが、将軍義輝はそうした役割を放棄しており、朝廷と長慶が対応した。そのため、明使は後奈良天皇を足利氏（源氏）と誤認している。弘治三年七月には長慶の末弟十河一存の与力で、一存の義父にあたる前関白九条稙通の家司である矢野以清が、薩摩の島津貴久の弟の尚久に対して、稙通の意を奉じて倭寇の禁止を指示している

（岩本 二〇二三）。長慶は稙通と連携して、倭寇禁止の求めに対応した。そのため、鄭舜功は長慶について、モンゴル帝国皇帝のチンギス・ハンやオゴタイ・ハンに仕えた名宰相である耶律楚材になぞらえ、高く評価している。

同年と翌年、長慶は北野天満宮で万句連歌の興行を企画した。これは細川千句を超え、足利義満や義教に並ぶ規模で、自らの威勢を示そうとしたのであろう。後奈良天皇は弘治二年八月に長慶と松永久秀に禁裏の修理を命じ、そうした三好氏を頼みとする姿勢を明確にした。後奈良が翌年に死去すると中陰（四十九日）をめぐって争論が起こったため、長慶は費用を調え泉涌寺に執行を命じるなど、天皇家を守護する姿勢を明確にした。

そして、正親町天皇は弘治四年二月に代始めの改元を行い、年号を永禄と改めた。室町時代の改元は、天皇と将軍が合意し、将軍が費用を献上して行うものであった。そのため、義晴は近江に没落していても大永や天文の改元に関与していた。ところが、義輝は弘治や永禄の改元に関与せず、とうとう通知すらされなかった。無視された義輝は天皇に背き、弘治の年号を使い続ける。足利将軍が北朝天皇の年号を使用しないのは、南北朝時代以来の異常事態であった。一方、短期間に続いた改元の費用を調達できるのは、長慶のみであろう。

足利将軍家は北朝天皇家を輔弼する存在として、その正統性を示してきたが、将軍義輝はその立場を放棄し、正親町天皇より見限られた。逆に、首都の都市民を守るだけでなく、外交や改元といった将軍の専権事項も、長慶によって代行可能なことが証明されたのである。

長慶への反発

永禄元年（一五五八）六月頃より京都をめぐって、三好長慶と足利義輝の戦いが始まった。義輝と細川晴元は紀伊の根来寺や粉河寺、丹波の波多野元秀を糾合しようとしたが、近江の六角義賢（義賢、承禎）は和睦を主張した。一方、三好方では宿老の三好長逸と松永久秀に次ぐ被官として、石成友通や松山重治、そして細川氏内衆であった寺町通昭からなる「三人衆」が京都での戦いに活躍するも、同盟する河内や大和に問題を抱えていた。畠山高政と安見宗房の不和が、弘治三年（一五五七）より表面化していたのである。そうしたなか、筒井家で内紛が起き、筒井順慶が宗房の飯盛城に逃げ込んだ結果、宗房は永禄元年に大和へ出兵し、順慶の家督復帰を支援したのである。宗房の勢力は大きく伸長し、高政を凌ぐものとなった。また永禄二年正月に宗房は遊佐姓で、近江の多賀大社不動院に御供料を寄進しており、守護代家の同名になるほど、家格上昇も遂げていた。こうした河内や大和の騒動の結果、高政も宗房も長慶に援軍を派遣することはなかった。

　また将軍義輝が反発する永禄改元は、三好氏と諸大名の関係にも影響を与え、弘治三年には互いに防長平定と畿内平定を讃えあうほど良好な関係であった毛利氏との対立を招いていた。結局、九月に義輝が永禄改元に従ったことで、十一月に長慶と義輝の和睦は成立した。

　還京した義輝は、出雲の尼子晴久と安芸の毛利元就・隆元父子に上洛を命じる。両者は承諾するが、実際には交戦中で上洛できなかった。しかし、永禄二年二月から四月にかけて、尾張の織田信長、美濃の斎藤高政（一色義龍）、越後の長尾景虎（上杉謙信）が上洛した。越前の朝倉義景も名代を上洛させている。義輝が頼りとした大名には共通点がある。尼子氏はもともと出雲守護代家であったが守護京極氏に取って代わり、晴久は義輝より八か国の守護職に任じられていた。毛利氏は大内氏に服属する国人であったが、元就は義輝が家督と認める大内義長を滅ぼしていた。織田氏は二つの守護代家のうち織田大和守に仕える三奉行の家格であったが、信長は守護斯波義銀や足利御三家の石橋忠義を国外に追放したばかりであった。斎藤高政は守護の土岐頼芸を追放した父の斎藤道三を討ち、国主となっていた。長尾景虎は兄の晴景と争い守護代になったが、守護の上杉定実が死去すると、義輝より事実上の守護として認められた。ただ越後支配に苦悩し、出奔騒ぎを起こしている。朝倉氏は斯波氏より越前を奪い五代を経ても、宿願の守護になれなかった。すなわち、彼らは主家に取って代わるも、国主としての立場が不安定であったため、将軍による公認を求めていたのである。義輝は彼らの望みに応え、高政に足利一族で四職の家柄である一色姓と義字を下賜し、景虎には山内上杉家の家督継承と関東管領就任を許した。

　地方の下剋上大名は幕府の枠組みから逸脱した革新勢力で、京都や畿内は守旧・保守勢力といったイメージを持ちやすいが、実態は逆である。そうした足利将軍家を支える地方大名を従わせる論理を、長慶はまだ持っていなかった。

5　永禄の変

安見宗房との戦いと飯盛城入城

永禄元年（一五五八）十一月、三好長慶と将軍足利義輝の和睦が成立した直後、畠山高政は安見宗房によって追放された。一挙に不安定化した河内に対して、長慶は永禄二年六月に淀川を渡って守口に城を築くと、丹波の内藤氏や播磨の別所氏を動員して河内に攻め込み、八月には高政を高屋城に復帰させたが、宗房は飯盛城に在城したままであった。

長慶は毛利氏や朝倉氏と共に費用を献上し、永禄三年正月に正親町天皇の即位式を行い、その警固役を務めた。即位式は、後柏原天皇が践祚後二一年、後奈良天皇は一〇年かかっていたが、正親町天皇はわずか二年半後であり、長慶はその功績により天皇より天盃と御剣を賜った。将軍義輝も長慶を北条氏康・氏政親子や尼子晴久に続き、有力大名の身分表象となっていた御相伴衆に任じ、三管領四職並みの格式を許した。しかし、これは管領家である畠山高政にとって認められるものではなく（小久保 二〇二一）、長慶との同盟に齟齬が生じていく。

また、畠山氏の家中では、遊佐太藤や丹下盛知の活動が見えなくなり、安見宗房なくして河内支配は成り立たなくなっていた。永禄三年三月には宗房は高政のもとに復帰しており、富田林寺内町に「大坂並」の経済特権を付与している。

不安定な河内・大和の根本的解決のため、長慶は直接支配することに決めた。七月に玉櫛（東大阪市）で長慶が畠山勢を破ると宗房の飯盛城に向かい、四国衆を率いる三好実休は若江（東大阪市）から藤井寺（藤井寺市）を経て、高政の高屋城を目指した。同月中には、長慶が八尾木（八尾市）と永原大宮（大阪市平野区）、富田林に、実休は金剛寺と観心寺（河内長野市）に、安宅冬康と十河一存は富田林に軍勢の狼藉を取り締まる禁制を発給している。

松永久秀は大和を平定し、北畠氏の伊勢にまで侵攻する構えを見せ、内藤宗勝は丹後や若狭に進んで武田氏や朝倉氏と戦うなど、長慶は一挙に領国を拡大した。そして、十月には宗房と高政を追放し、長慶は飯盛城を、実休は高屋城を居城とした。十一月までには、堺を拠点としていた十河一存も岸和田城に入り、翌年には松永久秀が多聞山城（奈良市）の築城を始めるなど、三好氏は近畿南部に一族や宿老を配置する状況となった。

これにより、長慶は芥川城を嫡男の義興（義長、義興）に、実休も勝瑞館（徳島県藍住町）を長男の長治に譲与している。家督が支配の安定した本国を守り、大御所が新たな占領地へ赴き、統治や軍事、外交において二頭政治を行うのは、北条氏や今川氏、毛利氏、後には織田氏や羽柴氏、徳川氏にも採用された支配体制であった。

そして、長慶は飯盛城に入った直後から、平安時代に祖先の源義光が神前で元服した園城寺（三井寺、大津市）の新羅善神堂の勧請について吉田兼右に問い合わせており、飯盛城を三好一族の宗廟として聖地化する構想を示す。また美濃源氏の土岐次郎や足利一門の石橋忠義、三好氏と同族の信濃の小笠原長時・貞慶親子を保護するなど、将軍義輝に切り捨てられた源氏の受け皿となり、新たな棟梁たらんとする思惑もうかがえる。一方、実休は帰依する堺の日珖に畠山氏の屋形を与えた。実家が会合衆を構成する油屋伊達氏の日珖は、法華寺内を建設している。

将軍義輝は細川・畠山の両管領家を合わせる勢力に成長した三好氏に対して、永禄三年後半から永禄四年にかけて再び栄典を授与し、蜜月関係を演出した。三好長逸・三好義興・松永久秀も義輝と同じ従四位下に叙せられ、義興と実休が御相伴衆に加えられた。久秀には塗輿の使用も免許されている。そして、長慶・義興父子と久秀は、もともと天皇家に由来し、後醍醐天皇が鎌倉幕府の倒幕に功績があった足利尊氏に下賜した桐御紋の使用を免許された。これにより、三好氏はわずか一〇年で陪臣の身から、足利将軍家に準ずる家格を手に入れたのである。

教興寺の戦い

永禄三年（一五六〇）、三好氏は将軍足利義輝を支える唯一の大名となった。そして、永禄四年、三好長慶と細川晴元の長い抗争に終止符が打たれた。四月二十一日に堺の豪商で茶人である若狭屋宗可の宿で催された晴元の茶会に、天王寺屋津田宗達が出向く。翌日、宗達は長慶がいる柏原源介の宿を訪問しているので、宗達が両者の和睦を仲介したのであろう。五月に晴元は普門寺（高槻市）で隠棲した。宗可は松永久秀とも交流があり、豊後の大友氏や伊予の河野氏との茶会や交渉にも起用され、多聞山城の茶会では茶堂を務めた。連歌師や山伏だけでなく、堺の茶人も大名間の連絡を担っていたのである。

一方、幕府より排除された畠山高政と六角義賢は、晴元の降伏に危機を募らせ挙兵する。そのため、三好義興が京都で六角氏と、三好実休が和泉で畠山氏や根来寺と戦う両面作戦を強いられた。そして、永禄五年三月五日の久米田（岸和田市）の戦いで実休が討たれ、畠山・根来寺連合軍が長慶の飯盛城を包囲する状況となった。このため、真観寺（八尾市）や本興寺（尼崎市）は、根来寺大伝法院惣分老若中を代表する快秀に禁制を求め、軍勢の乱暴狼藉や、竹木の伐採、兵粮米の取り立てなどを免除してもらっており、実休を討った根来寺の勢威が大阪平野に轟いた。

高屋城を奪還し管領家として復権した畠山高政は、前年に関東管領に就任した上杉謙信に突如祝儀を送って関係を結び、六角義賢も三好義興に恨みはあるが、将軍義輝に敵意はないと伝えている。畠山氏と六角氏は三好氏を排除し、幕府に参画しようとしていた。

義興は京都を捨て、将軍義輝を石清水（京都府八幡市）に避難させると、飯盛城を囲む畠山・根来寺連合軍を後巻にし、五月十九日から翌日の教興寺（八尾市）の戦いで大勝利を収めた。戦いは三好方から離反した一部の松浦勢が崩れたところに、長慶が飯盛城から打って出て畠山勢を挟撃したため、紀伊の湯河直光が討死し総崩れとなった。これにより、高政は大和の宇智郡へ退却し、安見宗房は大坂へ逃げ込んだ。京都を占領していた義賢は義興と戦うことなく、近江に退去した。その結果、三好氏に敵対した将軍義輝の伯父である大覚寺義俊は越前の朝倉義景のもとへ逃走し、義賢に従った義輝の直臣も近江へ退いた（『大舘記』）。

三好実休の副将であった三好康長（康長、咲岩、康慶）らが高屋城に復帰後の十一月、高屋城の大塔にある大日如来の指から血が滴り落ちるという怪異が起きた（『尋憲記』）。これは、河内の支配者が畠山氏から三好氏に移り変わったことを示す現象である。また、四天王寺別当を務める大覚寺義俊の没落により、その領地は荒廃したので、永禄六年十二月には正親町天皇が長慶に保全を命じ、寺も仏事を執行するよう求めるなど、在地にも大きな影響を与えていた。

義輝との対立激化

教興寺の戦いは、将軍足利義輝を擁する三好氏と、義輝の親族や直臣、畠山氏・六角氏・上杉氏・朝倉氏が争った戦争であった。しかし、義輝の親族や直臣が三好氏に敵対したことで、三好氏と義輝の蜜月関係は終わった。永禄六年（一五六三）三月、三好氏は義輝の八歳になる娘（総持寺殿）を人質に取り、公家らに衝撃を与えた。同月には旧主の細川晴元、そして八月には三好義興が死去した。十一月に行われた義興の葬礼は、三好長慶が帰依する臨済宗大徳寺派で堺の南宗寺住持である大林宗套が中心となって行われた。この時、将軍が住持の任命権を持ち、事実上の官寺として遇されてきた京都五山が、林下の大徳寺とは同席しない慣例を破り、諸仏事を勤仕させられた。三好氏が保護する大徳寺派が、足利将軍家の葬礼を主催する五山の上に立つ状況に、世間は前代未聞と驚いている。長慶の次男は弘治元年（一五五五）年に確認されるが、既に亡くなっていたようで、後継者が喫緊の課題となる。十二月には、細川氏綱も淀城で死去した。

この頃の長慶は、将軍再任を果たした足利義稙や「四国室町殿」と呼ばれた足利義維が御座所とした堺の四条道場引接寺を、自分の御座所に指定するなど（『開口神社文書』）、自らを将軍に擬す動きを示す。将軍義輝との対立が先鋭化するなか、長慶は六人の甥の中から、十河一存と前関白九条稙通の養女の子である三好義継（十河重存、三好義重、義継）を養子に迎えた。足利将軍家と摂関家である近衛氏の血脈を受け継ぐ貴種の義輝に、明確に対抗する姿勢を表明したといえよう。

永禄七年三月には、松永久秀が正親町天皇に改元を執奏する。中国から導入された革命思想である讖緯説に基づき、日本では王朝交代を防ぐ観点から平安時代より辛酉年と甲子年には必ず改元を行ってきた。ところが辛酉年の永禄四年も甲子年の永禄七年も、将軍義輝が改元を執奏しなかったため、三好氏が将軍の専権事項を代行しようとしたのである。永禄四年は見過ごされたが、長慶はこれをあえて政治問題化し、義輝の怠慢を批判した。天皇は武力衝突を恐れて改元しなかったが、天皇軽視の姿勢や将軍にふさわしくない義輝の怠惰ぶりが全国に示され、古河公方足利義氏や北条氏政の動向に影響を与えた。

三好義継の義輝殺害

永禄七年（一五六四）七月、三好長慶は死去した。長慶は嫡男義興の夭折により、失意のうちに亡くなったとイメージされることが多いが、実際は将軍足利義輝との対決に意欲的であった。また、当時の畿内の武家と比較しても、特に早死にというわけでもない。ただ、甥の義継が後継者となって半年しかたっていないこと、まだ少年であること、庶流家の出身で本宗家の被官の掌握ができていないことから、松永久秀や石成友通は長慶の死を秘匿することに決めた。

三好氏との関係改善を図る将軍義輝は永禄八年五月に、義継を長慶の修理大夫や義興の筑前守より格上の左京大夫に任官させて四職家待遇とした。また義継に義字を偏諱とし、輝字を与えた伊達輝宗や上杉輝虎（謙信）、毛利輝元より厚遇した。

ところが、五月十九日、義継は三好長逸や松永久秀の子の久通と共に、訴訟と号して将軍御所を襲い、将軍義輝・鹿苑寺周暠兄弟をはじめ、彼らの母の慶寿院、義輝の側室である小侍従局の父の進士晴舎など直臣三〇余名を討った。この永禄の変による騒動は、長逸が正親町天皇より御所の庭で酒を下賜され、義輝殺害が容認されると収まった。室町時代には将軍の寵臣の排斥を求め、大名らが将軍御所を取り囲む御所巻が頻発したが、将軍がそれを拒否して戦死した例はない。また足利義稙や足利義維が捕虜になることはあっても殺された例もないことを踏まえると、前代未聞の大事件であった。義輝の弟で難を逃れたのは、奈良で久秀に保護された足利義昭のみであった。

七月には、長逸らが、正親町天皇が義継と久秀・久通親子に禁裏修理を命じるよう画策している。これは、かつて後奈良天皇が義輝を追放した長慶と久秀に禁裏修理を命じた先例にならうものであった。さらに十月二十六日には、久秀が足利将軍家重代の家宝でその家督を象徴するものと神聖視されていた御小袖の鎧を納める唐櫃の下賜を請い、正親町天皇に認められている（『お湯殿の上の日記』）。正親町天皇は十二月十一日に関白近衛前久に改元を諮っているが、費用調達にあたっては、義継を頼りにしていたのであろう。正親町天皇は義継を足利将軍家の継承者として認める方針であった。

畠山秋高の将軍家再興

足利将軍家に代わる中央政権を模索し始めた三好義継と正親町天皇に対して、足利将軍家の再興に向けて動き出したのが、畠山高政の弟の秋高（政頼、秋高）である。秋高のもとで外交を担当した安見（遊佐）宗房は、六月二十四日に上杉謙信の被官である河田長親と直江政綱に対して、「天下の諸侍の御主」である将軍義輝が討たれたのは「無念」として弔い合戦を呼びかけた（『長岡市立科学博物館所蔵河田文書』）。教興寺の戦いに敗れて越前に逃れた義輝の伯父の大覚寺義俊も謙信に「天下御再興」の名誉と挙兵を促しており、畠山氏と上杉氏で三好氏を挟撃するだけでなく、若狭の武田義統（よしむね）や越前の朝倉義景、尾張の織田信長も加わる三好氏包囲網を画策していた。

秋高や義俊が頼りにした大名は、永禄元年の和睦の後に上洛し、教興寺の戦いに際して連携した者たちであった。彼らは永禄改元や永禄の変といった足利将軍家存亡の危機にあたって、将軍家再興の意識を喚起されたのである。八月上旬には、朝倉義景と大覚寺義俊が調略によって松永久秀を欺き、足利義昭を近江に脱出させることに成功した。これにより、三好氏包囲網は将軍候補者を得た。同じ頃、久秀の弟の内藤宗勝が丹波国人の荻野直正（おぎのなおまさ）に討たれたことが契機となり、松永兄弟が支配した大和と丹波で反三好の挙兵が相次いだ。

これを見た畠山秋高は遊佐信教と共に大和に対して調略を行い、十月には宇陀郡の秋山氏や多武峰（妙楽寺、現在の談山神社、奈良県桜井市）を三好氏に対して挙兵させた。秋高は河内や和泉南部の寺社、兄の高政は高野山や根来寺など紀伊北部の寺社に対して、軍勢催促を行っている。

松永久秀と三好三人衆の戦い

松永久秀の失態が畠山秋高ら三好氏包囲網を活気づかせたことに怒った三好長逸は、三好宗渭や石成友通と語らい、永禄八年（一五六五）十一月十六日に軍勢を率いて飯盛城に入ると、三好義継に久秀を見放すよう迫った（『多聞院日記』）。義継は長逸らに従わざるを得なかった。これにより、長く三好長慶を支えてきた三好長逸、細川晴元方の被官を代表する三好宗渭、畿内出身で長慶に取り立てられた被官を代表してきた久秀の地位を継承した石成友通からなる三好三人衆が成立した。一方、失脚した松永久秀・久通親子は生き残るため、助命した足利義昭や畠山秋高、織田信長と結んでいく。

永禄九年前半、久秀には細川氏綱の弟藤賢や氏綱の被官が味方し、三好三人衆との戦いは拮抗していた。しかし、阿波より三好長治の宿老である篠原長房（ながふさ）が摂津へ渡海すると、次々と松永方の諸城を攻略していった。義継と長逸は六月二十四日に真観寺（八尾市）において、養父である長慶の葬礼を催し（『鹿苑日録』）、畿内の平和を回復したことを宣言した。また、母方の祖父である九条稙通の仲介もあり、弟の松浦光や畠山秋高との和睦も進めていく。

ところが、足利将軍家に代ろうとする三好義継と、阿波で庇護してきた足利義栄を将軍にしようとする篠原長房は対立するようになる。永禄十年正月に富田（高槻市）の足利義栄が越前に没落した足利義昭と同じ左馬頭に任じられると、二月には公家の山科言継が義栄の将軍宣下を担当するよう打診されており、将軍に就くのは間近となった。義継は義栄の将軍就任を阻止するため、同月に堺へ出奔し、没落していた松永久秀と結んだ。

義継という当主を失った三好三人衆（三好長逸、三好宗渭、石成友通）は、篠原長房や高屋衆（三好康長、三好盛政、矢野虎村）と連携する集団指導体制に移行し、畿内を支配することになる。

❖　❖　❖

三好長慶は遊佐長教をはじめとする同盟者の死を乗り越え、将軍足利義輝を京都より追放した。長慶は足利将軍家を推戴することなく、京都から離れた芥川城から、首都や畿内を治めた。新たな「天下人」の誕生である。

明応の政変では細川政元は足利義澄を擁立したし、大内義興が周防から上洛する際には前将軍足利義稙を擁していた。また東国では、北条氏綱・氏康親子や上杉謙信、武田信玄らが鎌倉公方の末裔である古河公方を形ばかりでも推戴している。後に織田信長も足利義昭を擁して上洛し、その義昭を追放する際には義昭の子の義尋（ぎじん）を将軍に就けるとした。毛利輝元が信長と戦う際には義昭を擁したこと、信長の死後に羽柴秀吉や徳川家康、柴田勝家らが義昭の上洛を認めていることを踏まえると、きわめて画期的といえよう。

それまで絶対的な存在だと思われていた足利将軍家の専権事項を、長慶、そして三好義継は次々と遂行し、将軍家は代替可能な存在となったことを示す。朝廷もそれを認め、新たな中央政権を模索し始めるが、畠山管領家や地方の下剋上大名との確執は深まっていった。

第四章　大坂本願寺と織田信長

足利義昭は織田信長や三好義継の助力を得て、足利義栄を打倒し、自らの幕府を打ち立てる。しかし、兵力を温存する三好三人衆による持久戦や、斯波管領家の後継者を自認し信長を敵視する朝倉義景との対立により、早速行き詰まってしまう。やがて、大坂本願寺は寺内町の取り立てに協力的な三好三人衆に味方して蜂起し、将軍義昭を独占しようとする信長の政治姿勢に反発した義継は、幕府から離脱していく。

なお、本願寺と信長の戦いは約一〇年続き、この戦いは長く「石山合戦」と呼ばれてきた。しかし、大坂本願寺が戦国時代に「石山本願寺」と呼ばれたことはなく、「石山」はそもそも羽柴秀吉が築城した惣石垣づくりの大坂城を指す異名であった。江戸時代の軍記物で、かつて大坂城の地にあった戦国時代の本願寺を石山本願寺と呼ぶようになり、浄土真宗の唱導台本によって庶民に受容され、信長との戦いを護法のための戦いとみなす認識が形成されていった（塩谷　二〇二一）。そうした聖戦として、「石山合戦」の語は大正から戦前にかけて一般化する。ただ信長は本願寺を殲滅しようとしていたわけではないし、宗教戦争が本質でもないことから、「大坂本願寺合戦」の語を用いる。

1　三好三人衆・三好義継の反攻

足利義昭の上洛

永禄十年（一五六七）十月、東大寺大仏殿の戦いで松永久秀が三好三人衆を破ると、足利義昭や久秀と結ぶ織田信長の上洛に向けた動きは活発になる。永禄十一年初頭には、三好義継も祖父の九条稙通や弟の松浦光をはじめ、畠山秋高、細川刑部少輔など和泉の諸勢力と連携を深めた（『三浦家文書所収関本氏古文書模本』）。

二月には阿波の篠原長房が推す足利義栄が将軍に就任するが、義昭陣営の動きが止むことはなかった。畠山高政・秋高兄弟は七月に紀伊の粉河寺へ援軍を要請し、九条稙通は八月に摂津の伊丹忠親（ただちか）や塩川長満（ながみつ）と連携を深め（『稙通公別記紙背文書』）、三好三人衆や篠原長房に対する包囲網を形成していく。

そして、九月二十六日、義昭や信長は山城に攻め入るが、洛中に入ることなく、石成友通が守る勝龍寺（しょうりゅうじ）城（京都府長岡京市）を落とし摂津へ侵攻した。これに対し、三好長逸と細川信良は芥川城（高槻市）を、篠原長房も越水城（西宮市）を退去する。摂津で信長に抵抗したのは、池田勝正のみであった。義昭と信長は三十日に芥川城への入城を果たす。義昭らが上洛よりも優先したのは、三好氏の本城であった芥川城に入ることで三好氏の畿内支配を継承し、この頃に病死した将軍義栄の御座所であった富田（高槻市）の寺外を焼くことで義栄の幕府が崩壊したことを示すことであった。

ただ、三好三人衆らは全く京都を守ろうとしておらず、当初より信長と戦うことを考えていなかったようだ。三人衆の軍勢が無傷のまま温存されたことが、その後の元亀争乱の主要因となる。信長が破竹の勢いで上洛し三好三人衆に勝利したかに見えるが、永禄十二年正月には三人衆が洛中にまで攻め込んでおり、両者の戦いはこれから始まるのである。

義昭は芥川城に十月十四日まで滞在した後、上洛して将軍に任官した。そして、奈良を脱出した時から尽力してきた近江国人の和田惟政（わだこれまさ）に、芥川城と摂津を与えた。三好義継は飯盛城（大東市、四條畷市）を回復し、河内北部と摂津闕郡を支配した。将軍義昭が洛中に石垣と天主を持つ平城の二条城を築くと、惟政と義継もそれぞれ平城の高槻城と若江城（東大阪市）を築いている。畠山秋高は高屋城に復帰し、将軍直臣に取り立てられた安見宗房は京都で活動していたが永禄十三年五月以降は不明である。

義昭の幕府は、織田信長だけでなく、三好義継や松永久秀、畠山秋高、安見宗房によって支えられていた。義昭は信長を准管領という破格の待遇をするが、義継にも妹の宝鏡寺理源を還俗させ嫁がせている。将軍が妹を大名に嫁がせるのは、室町時代を通じて二例目という、ほぼ前例がない厚遇であった。

ただ、信長は永禄十三年正月の五か条の条書によって、将軍義昭を独占して、自らを「天下静謐」を担う主体と位置づけ、畿内の大名を下位に位置づけようと動き始める。

和田惟政の摂津支配

将軍義昭より摂津を任された和田惟政は、近江国甲賀郡の国人である。国人らは一揆を結んで地域の防衛にあたる一方、京都の抗争に敗れた将軍や大名の避難先にもなり、彼らと主従関係を結ぶこともあった。細川晴元は、山中氏を摂津闕郡の郡代に取り立てている。

そうした惟政は、足利義輝が永禄三年（一五六〇）に伊勢の北畠具教に上洛を命じた際に使者になるなど、将軍直臣として登用されていた。こうした所縁から、義輝直臣の細川藤孝と共に奈良から足利義昭を助け出し、和田城（滋賀県甲賀市）に匿った。その後、惟政は義昭の直臣として、上杉氏や朝倉氏、織田氏、徳川氏との交渉を担当し、上洛の最大の功労者として摂津を与えられたのである。

惟政の摂津における地位は池田勝正や伊丹忠親と共に「摂津三守護」とされてきたが（『続応仁後記』）、そのような実態はない。惟政は高槻城や越水城、兵庫津といった要所を管轄しており、池田氏や伊丹氏より高位で、摂津一国を統括するものであった（中西 二〇一九）。惟政は松永久秀の与力であったキリシタンの高山飛騨守・右近親子を召し抱え、京都の支配にも関与するほど、将軍義昭に頼りにされた。そのせいか永禄十二年には信長に疎まれ、越水城を破壊して詫びを入れたり、一時は出家に追い込まれたりした。

将軍の側近が摂津一国を管轄することは、それまでになかったことである。足利義栄を武力で倒し、新たに幕府を再建した義昭の自負がうかがえ、惟政は義昭の幕府の象徴的な存在となった。

大坂本願寺の挙兵

永禄十三年（一五七〇）二月、三好三人衆は堺代官の加地久勝が大坂本願寺と接触し、四月には石成友通と前年に阿波で病死した三好宗渭の弟の為三が渡海して、大和の西大寺と音信を交わすなど反攻の準備を進めていた。織田信長はそうした動きに気付かなかったのか、三好義継や松永久秀を従え、

図4-1　顕如画像
（大阪城天守閣所蔵）

信長を斯波管領家の家督として厚遇する朝倉義景の討伐に乗り出したので、畿内では軍事的空白が生まれ、近江では三好三人衆と結んだ六角氏や浅井氏も挙兵する事態となった。

三好三人衆は元亀元年（一五七〇）七月には大坂近郊の野田・福島（大阪市福島区）に陣を移した。三人衆方には細川信良や美濃の一色義紀、信濃の小笠原貞慶、紀伊の雑賀孫一（鈴木重秀）、さらには二条晴良に関白を追われた近衛前久が加わっており、一大勢力となっていた。池田家中は動揺し、将軍義昭に与する池田勝正は一族や被官に追放されている。ただ信長も三人衆方が寄せ集めであることを見抜いており、八月末には三好為三らを寝返らせた。

九月十二日、将軍義昭が細川藤賢の守る中島城（堀城、大阪市淀川区）に入り、信長と共に総攻撃を開始した。ところが、その夜、本願寺顕如が突如織田方に夜襲をかけたのである。十三日には三人衆が淀川の堤防を切り、織田方を水攻めにした。信長は三好為三に摂津の豊島郡を与えて三人衆方に備えさせると撤兵した。阿波より援軍を率いて尼崎に渡海した篠原長房は、本願寺蓮如の孫にあたる教行寺兼詮の娘を妻とする縁戚関係にあり、十月一日には顕如と同盟を結んでいる。三好三人衆は本願寺をはじめ、六角・浅井・朝倉氏と共に義昭包囲網を形成した。信長は近江にかかりきりとなり、将軍義昭は和睦を求める他なかった。

三好氏の再統一

三好三人衆方は前将軍足利義栄の父の義維や弟の義助を阿波に庇護していたが、彼らを擁することなく、将軍足利義昭や織田信長、三好義継を圧倒し、将軍候補者など畿内の戦いでは不要であることを示した。元亀元年（一五七〇）十一月、三好三人衆は和睦に応じて、義継のもとに参会し、五年に及ぶ松永久秀との対立に終止符を打った。

これにより三好三人衆の圧迫を直接受けることになったのが、摂津の和田惟政と河内の畠山秋高である。元亀二年五月、惟政や秋高と結ぶ安見右近が、三好三人衆との和睦を仲介した松永久秀によって自害させられ、松永久通が右近の居城である交野城（交野市）を攻めた。三好義継と三好長逸は松永親子に加勢し、秋高の高屋城を攻めている。この騒動が契機となり、三好義継と松永親子は将軍義昭から離反し、三好三人衆と合流を果たした。

七月には将軍義昭が三好為三に兄の宗渭の遺領として榎並城（大阪市城東区）を安堵して、義継らに対抗させようとする。しかし、八月の郡山（茨木市）の戦いで、和田惟政が池田一族と戦い討死するなど劣勢を強いられた。十月に松永久秀が山城南部を攻撃した際、義継は三好康長に奈良を守らせている。義継は前関白近衛前久・信尹親子を庇護し、守口（守口市）で領地を与えるなど、公武ともに陣容を整え、京都をうかがうまでになった。

義昭と信長は、十二月に細川信良を、元亀三年正月には石成友通を寝返らせ、義継や久秀の動きに対処する。義継も四月に為三を帰参させ、信良とは和睦した。さらに摂津の伊丹忠親や和田惟政の子の惟長も味方につけると、久秀や長逸、為三と相談して義昭と決戦の覚悟を固めた（『誓願寺文書』）。本願寺顕如も近江や紀伊の門徒を動員し、側面支援にあたっている。四月十六日に淡路の安宅監物丞へ軍勢催促を行った際には、久秀と長逸が取り次いでおり（『刑部家文書』）、義継は長慶段階を模範とし、三好氏を再興しようとしていたのである。

三好・畠山・細川氏の興亡

元亀三年（一五七二）八月、三好義継・本願寺顕如・朝倉義景の包囲網に苦しむ将軍足利義昭は、武田信玄を頼り、織田信長と顕如の和睦を斡旋するよう命じた。やがて信玄は遠江に攻め込み、十二月に三方ヶ原の戦いで徳川家康を破る。

元亀四年初頭、将軍義昭はついに信長を見限って、義継や義景に挙兵の意思を伝え、毛利輝元や浦上宗景に参陣を促した。義昭は信長のみに支えられている状態を脱却し、三好・本願寺・朝倉・武田・毛利・浦上氏といった複数の大名を構成員とすることで幕府の安定を図る。信長は義昭に人質を差し出して和睦を請い、義昭側近の上野秀政を君側の奸として成敗することで収拾を図ろうとしたが、義昭はこれを拒絶した。信長は三月に坂本城（大津市）の明智光秀や勝龍寺城（京都府長岡京市）の細川藤孝、そして、義昭に味方した池田遠江守らと袂を分かち、高山右近と共に和田惟長を高槻城から追放した荒木村重を味方につけると、四月七日には上京を焼き、義昭を降伏させた。

この時、義継は、三好長逸がこの頃に死去したと推測されること、松永久秀と義昭に与していた石成友通が反目し合っていたこと、三好長治が主戦派の宿老篠原長房を討ち、その弟の三好義堅（十河孫六郎、三好存康、三好義堅、十河存保）や義継の弟である松浦光が信長と結ぼうとしていたことから、義兄の将軍義昭を積極的に支援できなかった。そうしている間に、武田信玄も四月に病死し、信長に対する挟撃は失敗に終わった。

六月二十五日、信長の娘を妻にしようとしていた畠山秋高が、遊佐信教によって殺害される事件が起きた。信教は義昭方に参陣する。

将軍義昭は七月に槇島城（京都府宇治市）で再び挙兵するが、信長は義昭の子の義尋を人質に取り、義昭を追放した。ここで信長は、正親町天皇が望んでいた改元に応え、義昭追放の正当性を確保する。

八月には石成友通や朝倉義景が滅亡する。毛利輝元が義昭と信長の仲介に乗り出すが、義昭が信長に人質を要求したことで交渉は決裂した。面目を潰された輝元は怒り、義昭は紀伊の由良（和歌山県由良町）へ遁走した。信長は細川信良に槇島城を守らせると、輝元には翌年正月の挨拶は義尋にするよう促すなど（『吉川家文書』）、義尋を足利将軍家の当主に据え、信良を管領家として、幕府を再建する意向を示した。

その一方、信長は佐久間信盛らに義継の若江城攻めを命じた。十一月十六日、義継の被官である池田教正や野間康久、多羅尾綱知が離反して、信盛を若江城内に招き入れたことで勝敗は決し、義継は切腹した。信長は綱知や教正、康久の功績を認め、若江三人衆として河内北部の支配を任せ置く。義継の滅亡を受け、本願寺顕如は信長と和睦し、松永久秀は多聞山城を信盛に引き渡して降伏した。

三好氏の嫡流は滅亡したが、細川信良は後に信長の妹を妻とし織田一族となった。そして、天正九年の京都馬揃に細川藤賢と共に参加している。遊佐信教は天正二年四月に高屋城で討死したとされる。一方、畠山秋高の内衆であった保田知宗は信長に降り、佐久間信盛の従弟である佐久間盛次の子の安政を婿養子とした。そして、佐久間盛次の父と佐久間信盛の曾祖父が兄弟であったことから、信盛に属している。

2　大坂本願寺合戦の激化

荒木村重と有岡城

天正二年（一五七四）四月、大坂の本願寺顕如をはじめ、高屋城の三好康長や遊佐信教、草部盛政が挙兵すると、紀伊の将軍足利義昭はこの報を薩摩の島津義久に伝え参陣を促した。八月には堺の三好義堅が美濃や遠江へ攻め入った武田信玄の子の勝頼へ、自身も顕如や将軍義昭と連携し挙兵するなど、織田信長を挟撃する意向を示している（『於曾家文書』）。こうした動きに対処するため、信長は明智光秀・細川（長岡）藤孝・荒木村重の「畿内衆」や佐久間信盛を出陣させると、村重も十一月に義昭方の伊丹氏を滅ぼした。

信長は天正三年三月に大坂本願寺を攻めると称して軍勢を集め、十一日に千町鼻（寝屋川市）の堤防を切って本願寺の動きを封じた。そして、四月に出陣すると、堺近郊の新堀城を攻め、義堅の軍勢を壊滅させた。さらに高屋城を囲み、康長を降伏させる。信長は河内の諸城を破却し、尾張衆の松井友閑を堺代官にすると、二十一日には京都に凱旋した。これにより、本願寺や康長らが信長を引き付けているうちに、三河を攻略するつもりであった武田勝頼の目算は大きく狂った。後顧の憂いがなくなった信長は、五月に長篠の戦いで勝頼を打ち破る。

図４－２　荒木村重画像
（『太平記英勇伝』，市立伊丹ミュージアム所蔵）

この頃、摂津では荒木村重が有馬国秀も滅ぼして、淀川以北の摂津統一を果たした。村重は池田城を廃して、伊丹城を有岡城と改名すると、侍にも石を運ばせ、石垣づくりの城郭へと大改修を施した。信長が稲葉山を岐阜、羽柴秀吉が今浜を長浜に改めたり、後に明智（惟任）光秀が新しく命名した亀山城（京都府亀岡市）を築いたりするように、改名は新しい支配者の世の到来を印象付ける効果があったであろう。村重は池田氏や伊丹氏を超越した存在になったことを喧伝し、その象徴たる有岡城は天正五年に「外城」が完成すると、屈指の要害となった。

そして、村重は嫡男村次を尼崎城に置いて猪名川沿いに補給路を確保し、弟の村氏に吹田氏を継がせて、淀川や神崎川との交通を確保するため吹田城に配している。一族の荒木元清は兵庫津郊外に築城した花熊城（神戸市中央区）に置くなど、摂津下郡を一族で直轄支配した。そして、荒木名字を与えて取り立てた荒木重堅を三田城に、中川清秀を茨木城に配し、外様の塩川長満は一蔵城（川西市）に、高山右近は高槻城に置いて、摂津の支配体制を定めた。

村重は、信長より播磨・備前・美作の支配を任された浦上宗景が、毛利輝元の支援を受ける宇喜多直家に敗れると、出陣してこれを支えた。そのうえ、播磨国人より人質を徴収し、御着城（兵庫県姫路市）の小寺政職らを与力に加えている。

原田直政の討死

三好氏と武田氏の敗北を見た本願寺顕如は、天正三年（一五七五）十二月に織田信長と和睦した。交渉役となったのは三好康長と松井友閑であった。康長はその功績を賞され、信長より榎並や平野の他に和泉で二〇〇〇石余を安堵された。

同年、信長は権大納言に任じられて、武家で唯一在京する公卿になると、歴代足利将軍家の家長が任官した右近衛大将を兼ね、将軍足利義昭を超える武家の第一人者となった。この信長の任官に衝撃を受けた将軍義昭は、天正四年二月に紀伊より備後の鞆（広島県福山市）に赴き、毛利輝元を味方につけることに成功する。将軍義昭は毛利・武田・上杉・北条氏などに上洛に尽力するよう働きかけ、信長包囲網を形成すると、本願寺もこれに加わり蜂起した。

四月、信長によって山城南部と大和の支配を任され、河内や和泉の取次も務めた尾張衆の原田直政が、明智光秀や細川藤孝、荒木村重、三好康長、松永久通と共に、大坂本願寺攻めのため出陣した。直政は天王寺に陣を置き、海上からの補給路を断つため、三津寺（大阪市中央区）や木津（同浪速区）を攻めたが乱戦になり、五月三日に討ち死にした。このため、信長が急遽出陣して、五月七日には本願寺方を大坂まで追い返した。この頃の本願寺方の指揮を取り活躍したのが、雑賀衆の鈴木重秀、いわゆる「雑賀孫一」と坊官の下間頼廉で、「大坂左右之大将」と謳われた（『言継卿記』）。

力攻めを断念した信長は、尾張衆の佐久間信盛・信栄親子を本願寺攻めの大将として、兵粮攻めを命じた。信盛は畠山氏の内衆であった保田知宗を副将に取り立てて戦う。ところが、七月には毛利・村上水軍が第一次木津川口の戦いで、織田方の和泉水軍である沼間氏や真鍋氏を破って、兵粮や弾薬を大坂本願寺に運び込むことに成功しており、籠城戦は長期化することになった。

松永久秀・荒木村重の挙兵

将軍足利義昭を擁し、自らを「副将軍」と位置付けた毛利輝元は、天正五年（一五七七）になると播磨や讃岐へ侵攻した。その毛利氏を頼み、本願寺や雑賀衆と連携して挙兵したのが、大和の松永久秀・久通親子である。久通は原田直政に厚遇されていたが、その直政が討死すると、織田信長は大和の支配を松永親子の宿敵で興福寺の衆徒である筒井順慶に任せた。これに不満を抱いた松永親子は八月に天王寺の陣を引き払い、信貴山城（八尾市、奈良県平群町）に籠城した。

よく久秀の謀反とされているが、信長が大和国人の岡氏を調略した際には、久通を首謀者と認識していた。信長は嫡男の信忠をはじめ、佐久間信盛や羽柴秀吉、明智光秀らを大和へ派遣し、十月十日には信貴山城を落としている。

信長は毛利攻めの大将として、同年に尾張衆の羽柴秀吉を播磨へ派遣したが、秀吉は信長の直臣である小寺政職や三木城（兵庫県三木市）の別所長治を自分の被官扱いするなどしたため反感を買い、天正六年二月には長治が信長から離反した。荒木村重も秀吉によって、小寺政職ら播磨国人の与力に対する寄親ないし取次としての面目を潰され、不満をため込んでいく。また将軍義昭による信長包囲網は活性化し、村重は秀吉や佐久間信盛の援軍として駆り出されたため、摂津の百姓には軍役が重くのしかかった。

天正六年十月、村重は将軍義昭の調略に応じ、本願寺や毛利氏と起請文や人質を交換し挙兵した。村重の挙兵には小寺・在田・櫛橋・宇野氏ら播磨国人の多くも同調し、河内や大和にも反信長の動きは広がりつつあった。京都を攻撃されることを危惧した信長は十一月に正親町天皇に本願寺との和睦の仲介を申し入れたが、顕如に拒絶された。しかし、信長は自力で第二次木津川口の戦いで毛利・村上水軍を破ると、高山右近や中川清秀の調略に成功し、危機を脱した。信長は十二月に村重の有岡城に総攻撃を加えたが、側近の万見重元が討死するほどの敗北を喫したため、兵粮攻めに方針転換した。織田方はこの頃より有岡城を元の名である「伊丹城」と呼び始める。本願寺や毛利氏だけでなく、朝廷や寺社も「有岡城」と呼んでいるので、信長が摂津一国の政庁であった有岡城の地位を否定するため、意図的にそう呼んだのであろう。

荒木方は有岡城・尼崎城・花熊城の三城に籠城し、信長と戦うことになった。第二次木津川口の戦いで敗れたものの大阪湾の制海権を確保する毛利氏や雑賀衆が援軍や物資を補給し、村重と別所長治の戦いを支援した。また摂津西部の百姓が村重に味方し、夢野（神戸市兵庫区）や丹生山（同北区）など周辺の街道沿いに砦を設けたり、花熊城に籠ったりしたため、織田方は村重の兵站を断てず、戦いは長期化していった。

顕如・教如の大坂退去

硬直した戦況を動かしたのは、羽柴秀吉であった。秀吉が備前の宇喜多直家を寝返らせたため、毛利輝元は荒木村重や本願寺顕如への援軍を渋るようになる。天正七年（一五七九）九月、村重は有岡城を池田重成に任せ、厭戦気分が広がる尼崎城に移り、毛利氏や雑賀衆に援軍を催促した。これを見た滝川一益や明智光秀は有岡城に調略を仕掛け、十月に城兵を寝返らせて外城を突破すると、十一月には天主も落とした。天正八年正月には三木城も落城する。織田信長が有岡城や三木城に籠城していた女子供や城兵を虐殺したことで、大坂本願寺では厭戦気分が高まった。

また、天正七年十二月には、正親町天皇が信長と顕如に和睦を促しており、停戦の気運が高まっていた。天正八年三月、信長は本願寺を赦免する一方、顕如の「大坂退城」や、村重が籠る尼崎と花熊の開城を和睦条件として示す。これを受諾した顕如は、鷺森（和歌山市）に退いた。ところが大坂・尼崎・花熊は信長に引き渡されず、顕如の長男教如や村重が籠城を続ける。本願寺や村重は、将軍義昭が主導する信長包囲網に参加して戦ってきたことで、大坂・尼崎・花熊には、本願寺の門徒や村重の被官、摂津の百姓だけでなく、毛利氏や雑賀衆などを含めた混成軍が籠城していた。それゆえ、村重や顕如だけの決断では開城できず、将軍義昭や輝元との合意が必要だったのである。そのため、信長も義昭を「西国の公方」と認める全面講和を一方で進めていた。

結局、七月に尼崎や花熊が織田方の池田恒興の攻撃によって落城し、村重が毛利氏のもとに退去すると、八月二日に教如も大坂を退去した。

池田恒興と兵庫城

天正八年（一五八〇）、本願寺教如が退城した後に発生した火災により、大坂は焼失した。大坂を無傷で接収できなかったためか、信長は大坂攻めを担当した佐久間信盛・信栄親子を改易し追放した。これにより、信盛が尾張や三河、近江に持っていた領地や、信盛に与えられるはずであった摂津や河内における領地は、信長が自由に裁量できるようになった。

信長は大溝城（滋賀県高島市）の織田信澄と佐和山城（同彦根市）の丹羽（惟住）長秀、肥田城（同）の蜂屋頼隆に、大坂城の修築を急がせた。また自らの乳兄弟で尼崎城と花熊城を攻略した池田恒興に、そのまま両城と伊丹城を与える。恒興は自らの系図を摂津国人の池田氏に繋ぎ民心を懐柔しようとするとともに、長男元助の妻に塩川長満の次女を、次男輝政の妻に中川清秀の娘を迎えて縁戚関係を形成し、与力に組み込もうとする。そして、恒興や高山右近は摂津で検地を断行し、有力寺社の勢力を削いだ。また、恒興は花熊城を解体し、雑賀衆の上陸拠点となった兵庫津を掌握すべく、町の中心部に兵庫城を築き、兵庫北関・南関を支配下に置く。天正九年二月に宣教師のヴァリニャーニが乗る船が関銭を払わずに堺に向かおうとした際には、これを取り締まっている。

荒木村重の乱を生き抜いた摂津国人もしたたかであった。塩川長満は信長の嫡男信忠に娘を嫁がせたとされ、能勢頼道を滅ぼして摂津北郡を従えた。中川清秀は羽柴秀吉の与力にもなっており、信長より西国で二か国を与えることを約束されている。

河内では、若江城が廃され、多羅尾綱知・池田教正・野間康久からなる若江三人衆は、八尾城に移った。和泉では、三好義継の弟の松浦光が天正三年に岸和田池（岸和田市）に対する掟を下して以降、ほとんど活動は見えなくなる。それに代わって、寺田又右衛門尉・松浦安大夫兄弟や沼間任世、佐野在城衆中が、佐久間信盛の取次により信長の命令を受ける状況となっていた。天正九年には一国規模で領地の再編が行われ、織田信張と蜂屋頼隆が岸和田城に入城すると、寺田・松浦兄弟らは彼らに服属した。

大坂本願寺合戦の終結を機に、摂河泉の地域社会は大きく変化した。

3　本能寺の変と大坂

大坂を平定したことで、織田信長は心置きなく、将軍足利義昭との戦いに邁進できるようになった。

四国攻め

中国方面の羽柴秀吉だけでなく、河内の三好康長を阿波・讃岐に下し、土佐の長宗我部元親と共に四国方面から、義昭のいる鞆を攻めさせようとした。しかし、天正九年（一五八一）十一月に、秀吉が淡路を平定した頃から、阿波や讃岐に勢力を伸ばしていた長宗我部氏の権益をめぐって、信長と元親の関係は悪化していく。

天正十年三月、信長の嫡男信忠は武田勝頼を滅ぼした。同月には五男で秀吉の養子となっていた羽柴秀勝が毛利攻めで初陣を果たす。五月になると、信長は三男の信孝に三好康長の養子とする旨を伝え、讃岐を信孝に、阿波を康長に与え、土佐と伊予は信長が淡路に出陣した際に決定するとした。ここに元親は明確に敵と位置付けられた。秀吉や康長には実子がなく、信長は東国を信忠、四国を信孝、中国を秀勝と次世代の子供たちに任せ置く体制を目指していく。

ただ信長は、備中高松城（岡山市北区）を攻めていた秀吉から、毛利輝元が出陣してきたとの報告を受けると、中国への出陣に予定を変更した。四国へは三好康長が先陣として阿波に下向し、三好信孝も堺より渡海するため、住吉（大阪市住之江区）に在陣して、信長の甥で明智光秀の娘婿である織田信澄や丹羽長秀が大坂城より、織田信張と蜂屋頼隆が岸和田城より到着するのを待っていた。

そうした最中の六月二日に、秀吉の援軍に赴くはずであった明智光秀が、突如京都に宿泊中の信長・信忠親子を殺害した。本能寺の変である。荒木村重の乱以来、長宗我部元親の取次を務めていた光秀は、四国攻めから外された。元親は光秀を頼って降ることすらできない有様で、光秀は荒木村重と同様に寄親ないし取次としての面目を潰されていた。光秀は本能寺の変後、将軍義昭や毛利輝元、雑賀衆を頼る。

三好（織田）信孝と山崎の戦い

本能寺の変が起きた際、徳川家康は堺見物を終え上洛する途中であったが、急いで三河へ帰還する。いわゆる「神君伊賀越え」であるが、後に家康が神格化されたため、様々な逸話が創作され、わずか三〇名ほどの供で血路を開いたとされる。しかし、フロイスは家康について「より多数の家臣」がいたとし、家康の被官の松平家忠も「雑兵共二百余」が討たれたと記すので、実際は三〇名ほどの侍分に一〇〇〇人近い兵力を有していたと考えられる。

三好信孝は軍勢が四散したため、大坂城に退却した。ところが、織田信澄は信孝の入城を拒否する。世間では明智光秀と甥の信澄は共謀していると見ていたため、信孝は丹羽長秀と協力して五日に信澄を討ち取った。この結果、河内衆などが馳せ参じた。信孝も家康と同じく、領地のある伊勢神戸（三重県鈴鹿市）に撤退しなければならない窮地であったが、大坂城に踏みとどまり、明智討伐の用意を整えた。

羽柴秀吉もすぐに毛利氏と和睦し、五日には備中より中川清秀に、信長は膳所（大津市）に逃れたと伝えるなど調略している。九日に兵庫津まで進んだ。

一方、光秀は九日に下鳥羽（京都市伏見区）へ出陣した。同日には光秀の与力であった大和の筒井順慶が河内へ出陣する予定であったが、秀吉の動きを知ると郡山城（奈良県大和郡山市）に籠城し、光秀のみが十日に洞ヶ峠（京都府八幡市）に着陣している。光秀は順慶と合流して、大坂城の信孝を攻撃しようとしたのであろう。また光秀はキリシタン武将も勧誘しており、高山右近は味方すると信じ、高槻城の攻撃を取りやめている。信長に領地を奪われた河内の三箇頼連は、光秀に味方した。

光秀が味方を固めきれないなか、信孝は十日に寺田又右衛門尉・松浦安大夫兄弟を遣わしてきた織田信張と蜂屋頼隆に援軍を謝し、和泉衆を従えた。そして、十三日には秀吉と参会し京都へ向けて出陣する。その先鋒を務めたのは高山右近であった。同日、信孝は筒井順慶に参陣を促すが、その取次となったのは羽柴秀吉と丹羽長秀である。

信孝はお飾りではなく、主体的に摂河泉や秀吉、順慶の兵を従え、山崎の戦いで光秀を破った。この戦いを秀吉対光秀とするのは、その後に信孝が失脚し、秀吉が全国を統一したことから見た結果論に過ぎず、信孝が父信長の仇を討ったのである。

❖　❖　❖

本願寺は三好康長や武田勝頼と結び、織田信長と戦ったが、長篠の戦いの結果を受け和睦した。信長は小笠原貞慶を取次として、陸奥の田村清顕、常陸の佐竹義重、下野の小山秀綱に、大坂寺内町の堀や塀を取り壊し赦免した、畿内を平定したと伝え、「天下安治」は歴然だとの認識を示した（金子 二〇一四）。

また、将軍足利義昭を奉じ、毛利輝元の支援を受けた本願寺顕如を大坂より退去させると、北陸を担当する柴田勝家は、越中で調略にあたっていた小笠原貞慶に対して、宇喜多直家や大友宗麟・義統親子の服属、本願寺の大坂退城、武田勝頼との和睦拒絶などを連絡する中で、越中国人で信長の「天下一統」を望む者については、信長に取り次ぐと伝えた（池上 二〇一二）。出羽の最上義光や関東の北条氏政までも、信長に服属の意を示す。

戦国時代の「天下」は畿内を指し示すことが多かったが、信長は本願寺との和睦により、「天下」＝畿内を平定したと認識し、もう一つの意味の「天下」＝全国の統一を現実のものとして強く意識することになったのである。

第五章　豊臣政権の全国統一

織田信長の息子たちを破った羽柴秀吉は、いち早く畿内を勢力下に収め台頭していく。そして、足利将軍家が就いたことがない関白に任官し、「天下人」としての自らの地位を具現化した。

秀吉は前関白近衛前久の猶子（ゆうし）となり藤原姓で任官したが、やがて豊臣姓を下賜された。誤解されやすいが、秀吉は羽柴から豊臣に改めたわけではなく、名字はあくまでも羽柴であった。一七一九年にオランダで刊行された『歴史地図帳』では、「FIXIBA TAICOSAMA」とある。そこで本書では、秀吉やその一族の名字は「羽柴」と表記する。また、秀吉は多くの大名に豊臣姓・羽柴名字を下賜することから、その政権は「豊臣政権」とする。

秀吉は室町幕府と異なる豊臣政権をどのように国内の諸大名に、また東アジア諸国に示そうとしたのか。

1　秀吉の大坂築城

石の城　天正十年（一五八二）六月、清須会議の結果、織田信長の嫡孫三法師（さんぼうし）（織田秀信）が当主となり、羽柴秀吉・柴田勝家・丹羽長秀・池田恒興の四人の合議で織田氏を運営していくことが決まった。そして、三法師の父である織田信忠の領地は分割され、織田信孝が美濃を、織田信雄（のぶかつ）が尾張を支配することになった。また、秀吉が丹波・山城・河内東部を得て、山崎城（京都府大山崎町）を築き、摂津西部を支配する池田恒興が大坂を獲得した。

ところが織田氏は、三法師を後見する織田信孝や柴田勝家と、織田信雄を名代として擁立する羽柴秀吉・丹羽長秀・池田恒興に分裂した。そして、対決が避けられなくなると、秀吉や勝家、そして徳川家康は、毛利輝元が擁する将軍足利義昭の上洛を認め、自陣営に取り込もうと画策する。天正十一年四月の賤ヶ岳の戦いで、秀吉は中川清秀を失いながらも勝利を収め、勝家を滅ぼし、信雄も信孝を処刑した。秀吉は信雄の補佐役として、丹羽長秀に勝家の越前を、池田恒興に美濃を与えると、自身は若狭と摂津、河内西部、和泉を手中にした。以後、秀吉は義昭や輝元に対して高圧的な態度に転じる。

そして、八月になると、大坂城築城の準備に取り掛かった。八月十九日、秀吉は槇島城（京都府宇治市）の一柳直末や小野木重次に、高安千塚古墳群（八尾市）の石が最も良いので、若江（東大阪市）まで道を整備するよう指示した（『水谷家文書』）。二十八日には兵庫津（神戸市兵庫区）の豪商北風氏、二十九日には本庄（神戸市東灘区）・山路庄（同）・芦屋郷（芦屋市）や一柳直末に対して、六甲山麓や生駒山麓の石を運搬する際に百姓に迷惑をかけてはならないこと、田畑を荒らしてはならないこと、運搬する者の宿や道の通り方、喧嘩口論の取り締まりなどについての定書を発給している。そして、九月一日に鍬始めが行われた。その後、大坂城は天正十三年に本丸が、天正十六年に二ノ丸が完成し、文禄三年（一五九四）～五年頃には惣構堀の普請が行われた。

ルイス・フロイスは本丸だけで安土城（滋賀県近江八幡市）を凌駕したとし、二ノ丸を築城中に大坂城を訪問した豊後の大友宗麟は多くの大石が使用されていることに感嘆している。慶長二年（一五九七）に大坂城を訪れた博多（福岡市博多区）の豪商である神屋宗湛は、「大坂石山御城」と石造りの城であることを茶会記に記した（大澤 二〇一九）。大坂城は石垣によって築かれた日本初の平城であり、その土木量は安土城の比ではなく、近世城郭の始祖であるとされる（中井 二〇〇八）（図10－3）。

大坂城の守り　羽柴秀吉は大坂城を守るため、甥の羽柴秀次（姉の瑞龍院の長男）を三好康長の養子にして、池田教正ら河内の三好氏旧臣を編成させ、兵庫城と三田城に移す。尼崎城については、増田長盛より普請の必要があると報告を受け、松浦重政に修築させた（『水野家文書』）。

天正十三年（一五八五）に紀伊と四国を平定した後、高槻城の高山右近を船上城（兵庫県明石市）に、茨木城の中川秀政を三木城に移す。また、兵庫城の羽柴秀次と岸和田城の中村一氏を、それぞれ近江八幡と水口（滋賀県甲賀市）に置いた。

これにより、兵庫城や伊丹城、高槻城、八尾城、烏帽子形城（河内長野市）が廃されたが、この頃には塩川氏が改易され、一蔵城（川西市）も廃城となる。

城郭再編が進んだ結果、河内には城がなくなり、大坂城の守りは建部寿徳の尼崎城と小出秀政の岸和田城に集約された。内陸の三田城には山崎片家が置かれ、茨木城に設けられた御殿では、天正十七年には秀吉の室となった浅井茶々が鶴松を出産した可能性が高い。茨木はその後、片桐且元の弟の貞隆が代官として管理した。

大坂城下町と大坂遷都構想

大坂城本丸の築城と並行して、城下町の建設も始まった。天正十一年（一五八三）八月二十日から九月二日にかけて、公家の吉田兼見は秀吉を訪問した後、住吉大社（大阪市住吉区）へ参詣し、堺や平野（大阪市平野区）、飯盛（大東市、四條畷市）を経て京都へ帰った。兼見は、平野の住民が天王寺（大阪市天王寺区）に移され、平野を取り巻いていた竹木や堀が埋め立てられたことや、石を運搬する人足や奉行人が数千人も河内の街道を行き来していることに驚嘆している。

一五八四年一月二十日付のフロイス書簡によると、秀吉は大坂の商業と繁栄のため、天王寺との間に平野の富裕層を移住させるだけでなく、天王寺を包摂し、堺まで町場が続くよう拡張することを目指していた。さらに京都の町場も大坂へ移そうとし、その手始めに禅宗の京都五山やその他の寺院にも移転を命じた。そのうえ、正親町天皇にも大坂に移るよう要請したが、天皇はこれを拒絶している。

フロイスがイエズス会総長に送った一五八三年度日本年報によると、キリスト教布教を公認した三好長慶の飯盛城の西麓にある岡山（四條畷市）の教会は、高山右近ジュストが経費を負担し、秀吉自身が測量して司祭に寄進した土地に移築されたという。その地は多くの大名が請うも、与えられなかった一等地で、天満橋南岸と想定されている。

淀川右岸の中島の普請も、天正十一年の十一月までには始まっていた。そして天正十三年四月に秀吉が貝塚（貝塚市）の本願寺顕如に寺内を建設するよう指示し、五月には秀吉自身が縄張りを行った。現在の造幣局の地に、本願寺が建立されたと推定されている。この天満本願寺の北端には、他宗派の寺院を集めた寺町が形成された。

秀吉は一〇年に及ぶ大坂本願寺合戦を経て、「城」と認識されるようになった大坂の堅固さと、大坂寺内町の豊かさに着目すると、富裕な堺と平野を包摂し、京都の天皇と諸寺院を合わせ、新たな首都の創出を構想した。それが頓挫すると、自らイエズス会の教会や本願寺など強力な求心力を持つ核を誘致するなど、戦国時代の大阪平野を発展させてきた諸要素を大坂に一極集中させる。そして、天正十五年に伴天連追放令を発布し、天正十九年に本願寺を京都六条に移して、彼らの町場を手中に収めたのである。

同時期に形成された羽柴秀長の大和郡山城下町においても、今井寺内町（奈良県橿原市）や奈良、堺から商人を呼び寄せるだけでなく、細川氏や畠山氏、三好氏に武威を示した多武峰妙楽寺を移している。また羽柴秀次の近江八幡でも安土城を破却して、その住民を移転させ、日牟禮八幡宮の門前町を包摂した。羽柴一族の天正の城下町づくりは、宗教勢力の果実を吸収しようとする共通の志向を持っていたのである。

秀吉と津田宗及・千利休

大坂城には、羽柴一族や側近、臣従した大名の屋敷も建設された。本丸が普請された天正十一年（一五八三）から十三年までに、屋敷が確認されるのは、弟の秀長と養子の秀勝（織田信長の五男）、側近では浅野長政や石田三成、増田長盛に加えて、黒田孝高（如水）、蜂須賀正勝ら、臣従した大名は細川忠興や筒井順慶、堀秀政、前田利家などである（大澤 二〇一九）。彼らと共に、堺代官の松井友閑や堺の会合衆で茶人の津田宗及・千利休・今井宗久ら、そして毛利輝元に庇護されていた荒木村重（道薫）なども、大坂に屋敷を持った。彼らは御伽衆や御咄衆とされ、秀吉の芸事や趣味に付き合ったとされるが、その役割はもっと政治的であった。

津田氏は宗及の祖父宗伯の時代に堺に進出した。宗伯は三条西実隆に連歌を学ぶ一方、大徳寺に経済援助を行った。宗及の父宗達は茶湯を介して三好一族や本願寺の坊官下間氏と交流を深め、九州との交易に従事している。千利休（田中宗易）は和泉佐野において問や塩魚座の権益を有し、辻玄哉に師事し茶湯を学んだ（神津 二〇〇五）。織田信長からは鉄炮玉の調達を依頼されている。今井氏は今井寺内町の出身とされるが不明である。宗久は武野紹鷗の娘婿となり、後に紹鷗の息子宗瓦と茶器の相続をめぐり争っている。早々に織田信長と結んで、堺五箇荘の代官を任じられ、塩合物座や淀川の通行権、生野銀山（兵庫県朝来市）の権利を与えられた。

天正十一年七月、毛利輝元の使者として安国寺恵瓊と荒木村重が秀吉との領土確定交渉のため堺にやってきた（『宇野主水日記』）。黒田孝高や蜂須賀正勝は村重宛の書状で「道薫様」や「道薫公」と尊称を付けており、有岡城の戦いの際に村重が孝高を幽閉したという逸話は江戸時代に作られた俗説であることが分かる。同年には、津田宗及の屋敷で行われた茶会に、賤ヶ岳の戦い後に服属した前田利家や滝川一益を迎えている。利家は利休の高弟の山上宗二を奏者とした。天正十三年には、秀吉に臣従した織田信雄が松井友閑の屋敷に滞在し、能や茶会、酒宴でもてなされた。土佐の長宗我部元親が天正十三年に秀吉に初めて出仕した際には、京都にある今井宗久の屋敷に宿泊し、羽柴秀長が同道して秀吉に出仕した後、宗久と共に堺へ下っている。宗久は案内者として、本願寺顕如への取次や土佐への船の調達にあたった。同年には豊後の大友宗麟が大坂に来ると、松井友閑の屋敷に寄っている。この時、宗麟は大坂城の天主を見物し三国無双と感嘆したことや、秀長より「内々の儀は宗易（千利休）、公儀の事は宰相（羽柴秀長）」が存知しているので悪いようにしないと声をかけられたことで知られる。

天正十五年五月、秀吉は薩摩の島津義久を降伏させると、翌月に博多の陣中に招き茶会を催したが、ここで茶堂を務めたのは津田宗及であった。翌年には足利義昭の処遇を見定めた毛利輝元が初めて上洛し、黒田孝高と津田宗及が接待役を務めた。輝元は兵庫津で正直屋棰井宗与、大坂で大谷吉継や宗及の子の宗凡などを訪問した後、京都に入った。そして、聚楽第（京都市上京区）に出仕すると、宗及の茶会で秀吉と共に参内の打ち合わせを行い、後陽成天皇より天盃を下賜され、従四位下侍従、次いで参議に叙され、羽柴安芸宰相豊臣輝元となる。京都では、宗及や孝高の案内で諸大名への挨拶回りを行った。輝元は大坂に下ると、孝高や羽柴秀長、宇喜多秀家など大名だけでなく、宗及の屋敷も訪問した。

秀吉に臣従した大名は津田宗及や千利休に導かれて、豊臣政権内での立ち振る舞いを学んでいく。前期豊臣政権は、秀長と堺の茶人に支えられていた。しかし、秀長が天正十九年正月に死去し、二月には千利休が切腹させられ、四月には津田宗及も亡くなった。今井宗久は文禄二年（一五九三）八月に死去する。宗久の子の今井宗薫は徳川家康の取次となり、伊達政宗との交流を深めた。その子孫は一三〇〇石の旗本となる。信長段階から活躍してきた堺衆は世代交代の時を迎え、豊臣政権の性格は大きく変質する。後期豊臣政権は、羽柴一族の改易や移封を経て、二〇万石級の大名に取り立てられた石田三成や増田長盛など後の五奉行に支えられていくようになる。

また秀吉は堺以外の都市の豪商も取り立てており、兵庫津では正直屋棰井宗与を下代に任じ、徴税業務を請け負わせ、久宝寺寺内町（八尾市）でも安井定次を登用した。千利休とも書状のやり取りがあった平野の末吉利方（すえよしとしかた）（西末吉家）には、周辺の布忍村（ぬのせ）（松原市）の年貢収納を命じている。利方の兄の増久（東末吉家）は北袋銀山（福井県勝山市）の経営を請け負う。しかし、宗与は文禄三年（一五九四）に下代を解任されており、求められる役割は変化していった。

2　武家関白と羽柴一族

将軍ではなく関白

天正十一年（一五八三）、羽柴秀吉は大坂城築城に取り掛かると、徳川家康を介して、織田信長在世時と同様の平和維持を東国に働きかける一方、主君の織田信雄を安土城から長島城（三重県桑名市）に退去させた。補佐役の分限を逸脱し始めた秀吉を信雄は警戒し、両者の関係は悪化していく。

天正十二年三月、信雄は徳川家康をはじめ、関東の北条氏政、越中の佐々成政（さっさなりまさ）、紀伊の雑賀衆・根来衆、四国の長宗我部元親らと結び、秀吉包囲網を形成した。一方、秀吉は三法師を擁し、織田家中の丹羽長秀や前田利家、池田恒興、森長可（もりながよし）、堀秀政、細川忠興、筒井順慶らの支持を取り付けている。さらに、毛利輝元や上杉景勝（かげかつ）、佐竹義重らは秀吉に与した。雑賀衆・根来衆・粉河衆・高野山や遊佐信教・保田安政といった近畿南部の旧畠山氏勢力が結集して堺を攻撃すると、大坂城の留守居であった蜂須賀正勝の子の家政（いえまさ）や黒田孝高の子の長政（ながまさ）が天王寺でこれを迎え撃ち、中村一氏も岸和田城を死守した。四月の長久手の戦いで、羽柴秀次や池田恒興が徳川家康に敗れ、各地で戦線は硬直したが、秀吉は伊賀と伊勢を攻略し長島城に迫ると、十一月に信雄と家康は実子を人質として差し出して降伏した。

この一連の戦いを経て、秀吉の地位が急速に上昇する。十月十六日、秀吉は正親町天皇より将軍就任を打診されたが、これを断った（『多聞院日記』）。その一方、信雄が降った直後に権大納言に叙任され公卿になった。天正十三年二月には信雄を臣従の証として大坂城に出頭させると、自身と同官の権大納言とし、三法師に代わって織田家の当主とする。その翌月、秀吉は内大臣に昇った。こうした形で、秀吉は織田氏の枠組みから離脱した。

秀吉は三月に和泉の一揆を破り、羽柴秀次に根来・雑賀勢が籠る千石堀城（せんごくぼり）（貝塚市）を攻略させると、貝塚御坊の卜半斎了珍（ぼくはんさいりょうちん）を遣わして積善寺城（しゃくぜんじ）（貝塚市）を開城させた。そのまま紀伊に攻め入り、雑賀衆や根来寺、粉河寺だけでなく、紀南の畠山貞政（さだまさ）や湯河氏を討ち、紀伊一国を平定した。七月には羽柴秀長と秀次、毛利輝元、宇喜多秀家を四国に遣わし、長宗我部元親を降伏させている。秀吉包囲網は瓦解した。

そして、近衛信尹（のぶただ）と二条昭実（あきざね）の関白をめぐる相論に介入すると近衛前久の猶子となり、七月十七日に自ら関白に就任する。寛永十九年（一六四二）に林羅山（はやしらざん）が『豊臣秀吉譜』で、秀吉は足利義昭の養子となり将軍になろうとしたが断られたため、仕方なく関白に就任したと説明し、そうした解釈が近年まで受け継がれてきた。しかし、鎌倉時代には摂家将軍や親王将軍がおり、源氏である必要はない。一方、関白は五摂家以外就任できず、ましてや武家が就いたことがない。関白は江戸幕府の学者が主張するような軽いものではない。これは秀吉が将軍に任官したくてもできなかったと貶め、家康を持ち上げるために捏造された徳川中心史観にすぎない。

そもそも秀吉は織田家中で唯一、将軍足利義昭を擁する毛利輝元と単独で戦い、圧倒してきた。そうした秀吉が将軍を望むであろうか。秀吉がやらねばならないのは、織田信雄に与した諸大名ばかりか、同盟する毛利輝元や上杉景勝らを臣従させる新たな秩序作りであった。そのためには、歴代の足利将軍が就いたことがある将軍や太政大臣ではなく、関白に就任することで、室町幕府に代わる新時代の統合の枠組みを示す必要があった。

出陣する関白

羽柴秀吉は、天正十三年（一五八五）八月に織田信雄を従え、現職の関白でありながら越中攻めに出陣した。十月、秀吉は九州の諸大名に「惣無事」すなわち停戦と秀吉の命令による領土裁定を指示し、これを受け入れる証として、出仕を求める。天正十四年になると上杉景勝や、秀吉の妹が嫁いだ徳川家康が相次いで上洛し、それぞれ任官した。特に秀吉の義弟となった家康には東国の「惣無事」を命じた。そして、九月に豊臣姓が秀吉に下賜され、十一月に後陽成天皇が即位すると太政大臣に任官する。

天正十五年、秀吉は将軍足利義昭を介して島津義久に服属を促すだけでなく、自ら薩摩にまで出陣して義久を降した。義昭は同年十二月に大坂城に赴き臣従の意を示すと、天正十六年正月に秀吉と共に参内し将軍を辞任して、准三后の称号を得た。もう諸大名が義昭を利用したり、推戴したりする時代は過ぎ去った。最高級の待遇を得た義昭は出家して「昌山」と称し、その子は興福寺大乗院に入り「義尋」と名乗る。義昭は秀吉が死去する一年前の慶長二年（一五九七）八月に大坂で没し、足利将軍家は名実ともに終焉を迎えた。

そして四月、後陽成天皇は秀吉が京都に建造した聚楽第に行幸した。この際、秀吉は供奉した一門と大名の二九名より、自身に対して忠誠を誓う起請文を提出させている。そのうち平姓の織田信雄と織田信兼、源姓の徳川家康、秦姓の長宗我部元親、家康の陪臣で藤原姓の井伊直政の五名以外は、家康の次男秀康や織田長益も含めて、豊臣姓を名乗っていた。秀吉は、正親町上皇が聚楽第に到着しても、自身はまだ禁裏を出発できないほどの大行進を首都の住民に見せつけ、天皇を庇護して天下一統にあたる自身の威勢を示し、平姓や源姓など異姓を従える豊臣姓の圧倒的優越性を喧伝したのである。これ以降、服属する大名に対し、豊臣姓や羽柴名字の付与を拡大していく。

義昭が厚遇されていることを見届けた毛利輝元も、七月に上洛を果たした。八月には北条氏直も叔父の氏規を上洛させ、臣従の意向を示す。

ところが天正十七年、北条氏直は秀吉による領土裁定を無視し、真田昌幸が治める名胡桃城（群馬県みなかみ町）を奪った。そのため、天正十八年に秀吉は北条氏を滅ぼすと、会津（福島県会津若松市）にまで進み陸奥や出羽も平定した。秀吉は北条氏との取次を務めた家康に北条氏の支配した六か国を与え、蒲生氏郷を会津に配置した。この時、家康の治めていた五か国を与えられた織田信雄は、移封を拒否したため改易されている。また陸奥では一揆や反乱が続発し、羽柴秀次や蒲生氏郷がこれらを平定したのは、天正十九年九月のことであった。

統一の過程で、秀吉は三好康長に河内の安宿部（あすかべ）郡で二六〇〇石の隠居料を、島津義久には摂津の能勢郡より五〇〇〇石を在京賄料として与え、後には北条氏規を赦免し河内の狭山（さやま）（大阪狭山市）で七〇〇〇石を支配させている。逆に子飼いの加藤清正には肥後熊本に移った後も、讃良郡中垣内（なかがいと）（大東市）三〇〇〇石を在京賄料として残した。

こうして豊臣政権のもとで日本一統がなり、天正十九年十二月に秀吉は秀次に関白を譲与した。

羽柴一族の構造　前期豊臣政権では、秀吉の兄弟姉妹が取り立てられた。姉の瑞龍院（ずいりゅういん）は三好吉房（よしふさ）との間に秀次・秀勝・秀保（ひでやす）を産んだ。弟の秀長は共に織田信長に仕え、但馬を管轄するなど、早くから頭角を現していた。妹の旭（あさひ）は徳川家康に嫁いだ。後に家康が秀吉の子の秀頼（ひでより）を滅ぼすため、豊臣政権期から両者は対立していたかのように思われるが、それは結果論で、家康は秀吉にとって頼りになる義弟であった。

天正十三年（一五八五）、羽柴秀長は雑賀攻めと四国平定の恩賞として大和・和泉・紀伊を与えられ、大和の郡山城を居城とした。羽柴秀次も四国で軍功を挙げて近江半国を得ると、織田信長以来の安土城を破城し、八幡城（滋賀県近江八幡市）を築いた。羽柴秀勝は信長の五男で同名の羽柴秀勝の跡を継ぎ、丹波の亀山城（京都府亀岡市）に入る。彼らが大坂城の秀吉を守る藩屏となった。そして、関白太政大臣の秀吉に対し、内大臣の織田信雄がそれに次ぎ、実弟の秀長と義弟の家康が共に権大納言という序列になったのである。

しかし、天正十八年に信雄が改易され、翌年正月に秀長が死去したことで、体制は大きく変化する。秀次が信雄の旧領である尾張へ移り、与力大名を駿河・遠江・三河に配した。秀勝は甲斐を与えられたが、すぐに岐阜城へ移された。秀保は秀長の婿養子となって郡山城を継承する。空いた丹波の亀山城には、秀吉の妻である浅野寧の兄家定（いえさだ）の子で、秀吉の養子となった秀俊（ひでとし）（小早川秀秋）が取り立てられている。こうして、江戸時代風に言えば、秀吉の甥にあたる大和羽柴家・尾張羽柴家・岐阜羽柴家、丹波羽柴家の四家が、羽柴親藩として創設されたことになる。

しかし、岐阜羽柴家は秀勝が朝鮮で夭折すると、織田秀信が継承した。また、秀吉の次男秀頼の誕生により、文禄三年（一五九四）に秀俊が筑前と筑後や肥前の一部を領する小早川隆景の養子となった。文禄四年に秀保が死去し、関白の秀次が失脚して自害すると、大和羽柴家と尾張羽柴家は改易された。それに代わって、大和郡山に増田長盛、尾張清須に福島正則、丹波亀山に前田玄以と直臣層が取り立てられたのである。

秀頼の生母である浅井茶々は長く側室と認識されてきたが、「北政所」「御台所」とも称されており、秀吉の複数いた妻の一人であった（黒田 二〇二一）。そして、秀頼の「御袋様」となったことで、浅野寧に次ぐ地位を確立した。秀吉の死後、茶々と寧は秀頼と共に大坂城に入ったが、ほどなく寧が京都に移ったことや、秀頼が年少であったことから、茶々が羽柴氏の家長として政務を代行する立場になった。

豊臣姓・羽柴名字の下賜

室町幕府では、三管領の斯波・畠山・細川氏、四職の一色・山名・京極・赤松氏のうち、南北朝時代に大功のあった京極・赤松氏を除くと、全て足利一族であった。各地の守護も、三管領四職が複数の守護を兼任しており、関東と九州以外で足利一族以外の守護は、富樫・小笠原・武田・土岐・六角・大内・河野氏にすぎない。

これに対して、豊臣政権では羽柴一族が圧倒的に少ないため、擬似的に一族を創り出すことになった。その方策が、豊臣姓や羽柴名字の下賜である。また、三管領四職の官職が従四位程度で「〜督」や「〜大夫」「〜大輔」であったのに対し、大名らの地位が戦国の争乱を経て社会的に上昇したのを反映させ、室町時代には考えられなかった昇殿できる公家に、豊氏長者として推薦し登用していった。特に公卿である二位相当の内大臣には織田信雄と徳川家康が、三位相当の大納言には羽柴秀長と羽柴秀次、前田利家が、中納言には羽柴秀保と羽柴秀俊（小早川秀秋）、織田秀信、毛利輝元、宇喜多秀家、上杉景勝、小早川隆景、徳川秀忠、前田利長が就任した。参議（宰相）には、羽柴秀勝と織田秀雄、毛利秀元、結城秀康、丹羽長重、京極高次、細川忠興、蒲生氏郷、島津義弘が就いた。その下位には、少将として伊達政宗らが任じられた。

この中で豊臣姓・羽柴名字を称していないのは、織田信雄のみであった。豊臣姓は大名の嫡子や真田信繁のような数万石の小大名、毛利氏宿老の益田元祥のような陪臣にも下賜されている。秀吉は全て豊臣氏の氏人として官位叙任を執奏し、特に公家成大名にのみ羽柴名字を与えた（黒田 二〇一六）。彼らは「羽柴武蔵大納言家康」や「羽柴岐阜中納言（織田秀信）」といったように羽柴名字に居城のある国名や地名、官職名を組み合わせて使用したし、元の名字を併用する者もいた。こうして全国の大名は、官位制と羽柴一族の論理に包摂されていった。

日本国王の「唐入り」

天正十五年（一五八七）五月、九州を平定した秀吉は、対馬の宗氏や朝鮮の李氏に対しても服属を求めた。同時に来航船貿易を行っていたポルトガルやイエズス会に対して伴天連追放令を、翌年には明が足利氏に求めていた倭寇の取り締まりのため海賊停止令を発布する。また、琉球の尚氏にも服属を要求し始める。秀吉は中国船やポルトガル船がもたらす生糸、そして鉄炮の火薬の原料となる硝石を管理し、貿易の利益を独占しようとしていた。

国内の統一を終えた秀吉は、天正十九年にポルトガル領インドの副王やスペイン領フィリピンの総督にも服属を要求し、明への出兵をほのめかしている。そして、同年末に関白を羽柴秀次に譲ると、天正二十年四月に「唐入り」と呼ばれる対明戦争を開始した。秀吉が出兵した目的は複合的で戦況によっても変化していくが、明との貿易の独占とマカオやマニラなどキリスト教国の出航地の統制に大きな焦点があったとされる（佐島 二〇一六）。

先鋒を命じられたのは、堺商人から宇土城（熊本県宇土市）を中心とする肥後南部の大名に取り立てられた小西行長と、その娘婿で室町時代より朝鮮との交渉役を務めるだけでなく、対明貿易も目論む対馬の宗義智であった。両者はキリシタンという共通性もあり、貿易に関心が高かった。当時、明との貿易を行うには国王に冊封され、朝貢を行うより他なかった。しかし、明が日本国王に任命した足利氏を否定し室町幕府を滅ぼした秀吉は、明にとって討伐の対象ではあっても交渉の相手ではない。一方、秀吉には明との交渉ルートがなく、朝鮮も琉球も仲介役になってくれなかった。

そこで、行長らは朝鮮救援のため派遣されてきた明軍との交渉を始める。文禄二年（一五九三）五月、明は使節を名護屋（佐賀県唐津市）に派遣した。翌月、秀吉はこれを謁見し講和条件を示した。行長は同じくキリシタンで松永久秀の甥にあたる内藤ジョアン（貞弘、忠俊、如安）を答礼使として、北京に派遣し交渉にあたらせた。ジョアンはかつて日本国王である将軍足利義昭に仕えたこともあり、日本国王の交代を説明し得る存在でもあった。

朝鮮でも、小西行長と明の兵部尚書である石星が派遣した沈惟敬の間で下交渉が行われていた。秀吉は明の皇帝や皇子に次ぐ皇女の婿の地位を望んだが、これは唐や元と異なり、明には前例がなく拒絶された。そこで、秀吉が絶対条件とした朝貢貿易とその前提となる日本国王への冊封に要求を絞り込む。明と戦争することで交渉を始め、冊封を受けて貿易利権を独占する手法は既にあった。モンゴル・青海・チベットを支配した北元のアルタン・ハーンは、一五五〇年と一五七〇年に明を攻撃すると、順義王に冊封され朝貢貿易を認められた。近現代では朝貢は卑屈な印象を与えるが、当時の周辺国は貿易の権利と認識していた（佐島 二〇一六）。

翌年十二月、万暦帝も北京で内藤ジョアンと対面すると、秀吉を日本国王とする誥命を作成し、冠服および金印と共に正使の李宗城に授け、日本に派遣した。秀吉はアルタン・ハーンの順義王より格上の日本国王となったが、アルタン・ハーンに認められた貿易の権利は認められなかった。また、秀吉は朝鮮八道のうち北部四道は返還するが、南部四道は李氏の嫡子が近侍した後に与えると講和条件を示す。秀吉は朝鮮国王の李氏も諸大名の島津氏らと同様に接したが、明も朝鮮もこれを拒絶した。秀吉による貿易の独占は、失敗に終わったのである。

3　秀頼と片桐且元

文禄検地

文禄二年（一五九三）五月、明との和睦交渉が始まり、休戦状態となった。その頃より大規模な検地が計画され、文禄三年八月に詳細な検地条目が制定されると、常陸・武蔵・伊豆・伊勢・摂津・河内・和泉・日向・薩摩・大隅で、翌年には越中・尾張・大和・筑前・筑後などで惣国検地が行われた。この条目では、それまで一反は三六〇歩だったものを三〇〇歩にする大増税が行われたが、和泉では条目をさらに逸脱して二五〇歩としており、明や朝鮮との軍費が転嫁されたとみられる。摂河泉では、片桐且元や浅野長政、増田長盛、長束正家などが検地奉行を担当した。

そして、文禄四年に一〇〇万石級の大和羽柴家と尾張羽柴家が改易されると、郡山に増田長盛、清須に福島正則、佐和山（滋賀県彦根市）に石田三成と、秀吉の直臣層が二〇万石規模の大名に取り立てられた。こうした大名の設置も、文禄検地の成果といえよう。

また、この時に突如、一二年前の賤ヶ岳の戦いの恩賞として、片桐且元が茨木で五八〇〇石が加増され一万石に、平野長泰が田原本（奈良県田原本町）で二〇〇〇石が加増され五〇〇〇石に取り立てられた。直臣層でも、一定の広域支配を任せる者と、秀吉・秀頼親子に近侍させる者とが分化していった。

関ヶ原の戦い

秀吉は慶長三年（一五九八）六月に伏見城で病床に伏すと、子の秀頼と東日本の大名を大坂城へ移そうと普請を命じたが、八月十八日に伏見城で死去した。臨終に際して、いわゆる五大老（徳川家康、前田利家、毛利輝元、宇喜多秀家、上杉景勝）と五奉行（浅野長政、増田長盛、石田三成、前田玄以、長束正家）が設定される。五奉行は合議して政務にあたり、五大老は秀頼の成人まで五奉行の決定を承認して権威づけた。そして、茨木の片桐且元や岸和田の小出秀政ら五名が秀頼の傅役と定められ、大坂城の警備に当たった。

慶長四年正月、秀頼は大坂城に入り、家康が伏見の屋敷に残った。この頃から、家康と四大老・五奉行との間に確執が生じる。そして、前田利家が死去し、石田三成が失脚すると、家康は満を持して閏三月に伏見城に入り、世間より「天下殿」になったと認識された（『多聞院日記』）。家康は九月には大坂城西の丸に移り、秀頼を推戴し豊臣政権を主導していく。家康は秀吉在世中から江戸の経営を徳川秀忠に任せ、自身は上方で政権を支えており、この頃には宇喜多氏や島津氏の家中騒動を収めるなど、衆望を集めた。

それに対し、毛利輝元や上杉景勝、石田三成らの不満は高まっていく。慶長五年、会津に下向していた景勝について不穏な噂が流れたため、家康は上洛を命じるが、景勝は拒絶した。景勝は五大老として豊臣政権を支える責務よりも、領国経営を優先させた。秀吉段階ではありえない事態を受け、家康は秀頼の代理として上杉討伐のため、六月に出陣した。これを見た三成は挙兵し、輝元と結んだ。輝元は大坂城を占領すると、自らの領国拡大を目論み九州や四国に侵攻する一方、宇喜多秀家や石田三成、毛利秀元を徳川討伐に遣わした。家康は上杉討伐を中止して引き返すと、羽柴一族の小早川秀秋を味方につけ、九月十五日の関ヶ原の戦いで秀家や三成を打ち破った。当時の史料には、いわゆる西軍の主将は三成ではなく、輝元と捉えているものが多い。

家康は豊臣政権で唯一の大老となり、五奉行は崩壊したが、片桐且元は加増され、摂津に四〇〇〇石、大和の龍田（奈良県斑鳩町）に二万四〇〇〇石を得る。小出秀政も岸和田城を安堵されている。二人は秀頼の宿老となり、家康と共に関ヶ原の戦いの論功行賞を行った。関ヶ原の戦いは、家康対秀頼の戦いではなかった。関ヶ原の戦い後も、勅使や公家、諸大名は年賀などに際して、秀頼のもとに伺候した。また、福島正則や加藤清正、蜂須賀至鎮（よししげ）、山内一豊（やまうちかつとよ）、堀尾吉晴（ほりおよしはる）らに豊臣姓が下賜され、蒲生秀行（ひでゆき）や伊達政宗、堀秀治（ほりひではる）、前田利長、京極高知（たかとも）、筒井定次（さだつぐ）、池田輝政、森忠政（ただまさ）、福島正則、細川忠興、島津義弘、宗義智ら国持大名は羽柴名字を使い続けたのである。家康自身は慶長四年七月までに源姓へ改めていたが、秀忠ですら慶長六年三月に豊臣姓で権大納言に叙せられる状況であった。

関ヶ原の戦いの後、事実上の天下人である家康と、成人後に天下人になるはずの秀頼が併存していた。家康は摂関家の九条兼孝（かねたか）に羽柴氏が世襲してきた関白職を返還したり、明の万暦帝に日本国王の金印と勘合を求めたりするなど、豊臣政権から離脱し始める。そして、関ヶ原の戦いで焼失した伏見城を再建し、移り住んだ。慶長八年（一六〇三）二月、家康は伏見城において、足利義昭が辞任して以来、一五年ぶりに征夷大将軍に任官し、豊臣政権の五大老という地位を解消した。ただ、七月には徳川秀忠の娘の徳川千（せん）を秀頼に嫁がせており、協調関係を維持していく。

国奉行の片桐且元

慶長九年、家康は全国の領主に郷帳（ごうちょう）と国絵図（くにえず）の提出を命じた。これは秀吉が天正十九年（一五九一）に行ったことを継承したものであるが、一国の中に複数の大名や寺社の領地が混在する場合、その調整役が必要となった。そのため、国奉行が設定された。同年に小出秀政が死去しており、片桐且元が摂津・河内・和泉の国奉行を務めることになった。秀頼の領地は摂河泉に集中するものの、排他的・面的に支配していたわけではないためである。秀頼の領地は山城・大和・近江・伊賀・伊勢・美濃・信濃・備前・備中・伊予などにも広がっていた。郷帳と国絵図の製作や提出を通じて、豊臣政権の蔵入地は江戸幕府のそれへと性格を変えていく（曽根 二〇〇一）。

また且元は、羽柴家の事実上の家長となった秀頼の母の浅井茶々と共に、多くの寺社の復興に取り組んでいく。慶長六年には竹生島の都久夫須麻神社（滋賀県長浜市）や法隆寺（奈良県斑鳩町）、翌年には片埜神社（枚方市）の修築が始まった。摂河泉では慶長伏見地震の被害もあり、須磨寺（神戸市須磨区）・西宮神社（西宮市）・伊居太神社（池田市）・総持寺（茨木市）・玉造稲荷神社（大阪市中央区）・生国魂神社（大阪市天王寺区）・住吉大社（大阪市住吉区）・常光寺（八尾市）・誉田八幡宮（羽曳野市）・観心寺（河内長野市）・金剛寺（同）・松尾寺（和泉市）などが復興されている。これらは秀頼の動員力や高い技術力、豊富な資金力を示すものであるが、京都の北野天満宮や醍醐寺、方広寺だけでなく、西は堀尾氏が治める出雲大社（島根県出雲市）、東は家康の四男松平忠吉が支配する熱田神宮（名古屋市熱田区）、六男松平忠輝の治める善光寺（長野市）なども再建しており、あくまでも家康との協調関係のもとに進められていた。

また、これらの寺社の再建は、地域の復興や再開発と深く結びついていた。且元は狭山池（大阪狭山市）や大和川中流の亀の瀬（柏原市）の開削など土木工事にも着手する。そして、慶長十三年（一六〇八）には日根野村（泉佐野市）と上之郷村（同）の境目争いや翌年の甲斐田村・片鉾村・田口村（枚方市）で起きた水争いなど、開発とともに引き起こされる相論の裁許にも取り組んだ。

大坂冬の陣

片桐且元は姪を家康の側近本多正信の三男忠純に嫁がせ、大野治長は弟の治純を家康に近侍させるなど、秀頼の宿老は家康との協調を維持しようとした。また、大坂に送られてきた大名の米の移送制限について、且元は京都所司代の板倉勝重や堺代官の米津親勝の決裁を得ており（『大阪城天守閣所蔵文書』）、大坂の行政は家康との協調関係をもとに機能していた。

しかし、秀頼や家康を取り巻く環境は大きく変化していく。慶長十六年（一六一一）三月二十七日、秀吉好きの後陽成天皇が譲位し、後水尾天皇が践祚した。翌日には家康の申し入れに応じた秀頼が上洛し、京都の二条城で両者が会見する。家康は、かつて秀吉が天正十六年（一五八八）に後陽成天皇が聚楽第に行幸した際に諸大名から誓紙を取ったように、翌月の後水尾天皇の即位式に合わせて上洛した諸大名より誓紙を提出させた。この一連の儀式により、家康は天皇や諸大名を完全に従える存在になったことを示した。

徳川秀忠による諸大名の編成も進む。蒲生忠郷や池田忠継、池田忠雄、堀尾忠氏、山内忠義、加藤忠広らに偏諱を与え領地を安堵した。嫡男への偏諱も、伊達忠宗や福島忠勝、黒田忠之、細川忠利らに及ぶ。さらには、秀吉と同様に松平名字を蒲生秀行や伊達政宗、堀忠俊、前田利常、池田輝政、毛利秀就、山内忠義などに下賜しており、国持大名の多くは秀忠との間に主従関係を形成していた。

そして、慶長十九年に方広寺鐘銘事件が起こる。方広寺大仏は、焼失した東大寺大仏に代わり、秀吉が京都東山に造立したものであった。しかし、慶長伏見地震によって損壊したため、且元を奉行とし、秀頼と家康の共同事業として再建工事が行われていた。ところが、鐘銘の文言や棟札などに過失があり、家康は上棟と開眼供養の延期を指示した。且元はこの状況を打開できず、諸大名と同じく、秀頼が江戸に参勤するか、秀頼の母の浅井茶々が証人として江戸に下るか、国替するかを迫られた。かつて秀吉も国替を拒絶した織田信雄を改易した例がある。徳川方では協調派の駿府（静岡市葵区）の家康に代わって、強硬派の江戸の秀忠が台頭していた。また、羽柴方でも、秀頼が慶長十七年より自ら家臣に領地を給付するようになり、茶々が後見人の役目を終えると、秀頼の側近である木村重成らの存在感が増し、織田長益（有楽斎）の子の頼長ら強硬派が秀頼を突き上げていた。追い詰められた且元は、十月一日に大坂城を退去する。交渉を担当する且元の失脚は、徳川方との交渉打ち切りを意味した。茶々と家康の協調関係は、秀頼と秀忠には受け継がれなかった。

十月二日、秀頼は大坂に廻送されてくる諸大名の米の確保に動き始めた。且元も家康の指示を受け、十日に土佐の山内忠義へ大坂廻米を停止させている。十六日には堺で羽柴方が且元の軍勢と戦い、尼崎に敗走させた。尼崎城はもともと秀頼の近習を務めた建部光重が在城していたが、慶長十五年に死去した際、子の政長が幼少であったため、秀頼は改易して尼崎を直轄しようとしていた。そこで政長は家康の取り成しにより、尼崎城を相続したという経緯があったため、徳川方が尼崎を確保していたのである。十一月一日、且元はさらに摂河泉と小豆島に対して、塩・薪・魚類を残らず尼崎に集めるよう命じ、大坂の経済封鎖を断行した。江戸時代に創られた『難波戦記』では、秀頼に味方した真田信繁や後藤又兵衛が瀬田（大津市）に出撃する案を主張したとされるが、尼崎が既に徳川方に確保されている以上、そうした逸話はやはり俗説の類にすぎないと言えよう。

羽柴方が徳川方の進軍を食い止めるため、出口（枚方市）の堤防を崩して淀川の水を溢れさせ、京街道を使えなくしたことで、徳川方は東高野街道を南下し、平野まで迂回せざるを得なくなった（片山 二〇一八）。一方、徳川方も西国の諸大名が神崎川や中津川を越えやすいようにと、上流の鳥養堤（摂津市）を切り崩し、淀川の水をせき止めるよう毛利氏に命じている。地域社会を破壊しながら行われた大坂冬の陣は、実質的な家長に復帰した茶々の決断により、十二月二十二日に和睦が成立した。

大坂夏の陣

慶長二十年（一六一五）三月、京都所司代の板倉勝重は、経済封鎖で飢えた羽柴方の牢人衆が狼藉を働き、兵粮を買い集めているという情報を摑んだ。秀頼はそうした牢人衆を切り捨てられなかった。徳川秀忠は西日本の大名に大坂への廻米を禁じ、米の換金は尼崎を経由して京都や伏見で行うよう命じている。四月になると、大坂の経済封鎖はさらに強化され、米以外の物資の輸送も禁じた。

惣堀を失っていた羽柴方は出撃論に決した。大野治長の弟の治房が四月二十七日に大和の郡山城（奈良県大和郡山市）を落とすと、翌日には徳川方の堺を焼き払い、泉南紀北の一揆を煽動しつつ、紀伊の攻略を目指した。ところが、牢人衆の塙直之が先陣争いをして、樫井（泉佐野市）の戦いで壊滅したため、撤退している。

五月五日、徳川方の水野勝成や伊達政宗、松平忠明は奈良を確保すると、亀の瀬と関屋（奈良県香芝市）の二手に分かれて速やかに国境を越え、国分（柏原市）に集結した。進軍が遅れていた羽柴方の後藤又兵衛らは玉手山（同）に急遽陣取るが、包囲されて壊滅する。六日には、羽柴方の木村重成や長宗我部盛親が大和川の分流を利用し、八尾（八尾市）や若江（東大阪市）で東高野街道を進んできた徳川方の藤堂高虎や井伊直孝と戦うが、敗北を喫した。七日には徳川方が真田信繁らを討ち取り、大坂城に火を放った。

そして五月八日、秀頼と茶々、大野治長らが自害して、大坂夏の陣は終結した。秀頼のため尽力してきた片桐且元も、五月二十八日に病死している。

その一か月後、家康の外孫である松平忠明に、大坂一〇万石が与えられた。忠明は天満橋（大阪市中央区）に住み、城下町の復興を進めた。平野の成安道頓が開削した堀河に、「道頓堀」と名付けたことでも知られる。そして、元和五年（一六一九）徳川秀忠は忠明を大和郡山に移し、大坂を直轄すると、藤堂高虎に縄張りを、元和三年に尼崎城主とした戸田氏鉄に普請奉行を命じて、大坂城の再築にあたらせた。

この徳川大坂城について、近年新たな史料が発見された。備中・河内・近江の国奉行を務め、伏見奉行にもなった小堀政一（遠州）が寛永三年（一六二六）十二月十七日付で藤堂高虎に送った書状によると、大坂城は大御所秀忠か将軍家光の居城になるという見込みを述べている。大坂夏の陣後、薩摩の島津家久は秀忠が大坂城を居城にするという情報を得ていたが、「大坂幕府構想」はこの時期まで存在していたのである。

4　摂河泉の武士の盛衰

第Ⅰ部の最後に、摂河泉を本拠とした武士たちをみておこう。

伊丹氏

伊丹氏は猪名川中流の西岸に本拠を構える武士で、上流東岸の池田氏と競いながら、摂津の有力国人へと成長していく。応仁・文明の乱が終わる頃には、伊丹親時が武庫荘や生島（尼崎市）の代官になるなど勢力を伸ばした。また宗祇の『新撰菟玖波集』には細川氏の被官として、伊丹元親や伊丹之親の連歌が載せられたり、三条西実隆とも交流を深めたりするなど、文武に長けた一族であった。

しかし、細川京兆家の内紛が深まると、親の字を通字とする惣領家に対して、伊丹元扶は細川高国に味方し、伊丹国扶は高国と共に討死するなど、戦乱に巻き込まれていった。伊丹親興は池田氏を挟撃するため、多田荘（川西市）の武士たちを率いる塩川国満や淀川中流の三宅国村と内縁関係を形成し、河内や大和を押さえた木沢長政の弟である左馬允に娘を嫁がせるなど、同盟関係を築き上げた。また、伊丹忠親の弟の玄哉が松永久秀に仕えるが、ライバルの池田氏が三好氏の縁戚に連なったため不遇で、忠親は足利義昭や織田信長にいち早く味方している。やがて義昭と信長が対立すると、信長に与した荒木村重に滅ぼされた。

その後、伊丹一族の加藤重徳（しげのり）が、荒木村重に拘束された黒田孝高を世話した縁で、次男が黒田長政に仕えて黒田一成（かずしげ）と名乗り、福岡藩黒田家の宿老として一万六〇〇〇石を領した。この一成の誘いがあったのか、親興の次男氏親が関ヶ原の戦いで長政の与力として加わり、慶長六年（一六〇一）に筑前国席田（むしろた）郡に四〇〇石を与えられ、再興を果たした。

伊丹氏以外にも、摂津の領主や土豪が仕官した先としては、豊後の岡藩中川家や肥後の熊本藩細川家などがある。

野間氏

野間氏は摂津国川辺郡野間荘（伊丹市）を本拠とする土豪で、細川高国に属し伊丹城に籠城などした。しかし、高国の滅亡により、しばらく活動は見えなくなる。三好長慶が越水城（西宮市）に入ると、野間長久は領地を与えられて、その被官になり、幕府政所伊勢氏の被官の領地を押領するなどして勢力を拡大した。その後も長久は、三好氏のもとで京都の警固を行ったり、摂津北郡の郡代や河内の弓削（ゆげ）荘（八尾市）の代官になったりして、三好氏の在地支配を担う。また長慶の宿老である松永久秀の姉か妹が長久に嫁ぎ、四人の子供のうち、娘が池田氏の庶流家と推測される池田教正の妻に、三男左馬進が久秀の養子となるなど、三好氏の被官同士で何重にも縁戚関係が形成されていく。

その跡を継いだ長男康久は、三好義継の奉行人に取り立てられた。義継の滅亡後には、多羅尾綱知や義理の兄弟となった池田教正と共に若江三人衆を構成し、織田信長より河内北部の支配を委ねられた。特に康久は、織田信忠・明智光秀・佐久間信栄・羽柴秀吉・村井貞勝（むらいさだかつ）と並んで、信長より茶器を下賜される特別な地位にあった。本能寺の変後にはいち早く秀吉に接近している。

康久の跡を継いだのは、勘介であった。勘介は関ヶ原の戦いの後に小早川秀秋に仕え、美作で六三四石を与えられている。その後、秀秋に嗣子がなく改易されると、播磨の池田輝政に四〇〇石で召し抱えられた。勘介の子孫は鳥取藩池田家に仕えている。

また、康久の弟ないし子が、大坂で曲直瀬道三より医業を学び、道安と名乗った。この道安の子の自求は徳川義直に仕え、尾張藩徳川家の奥医師となる。

恩智氏

恩智氏は河内国高安郡（八尾市）を本貫地とする国人で、応仁・文明の乱の頃より、錦部郡において貞成が小守護代、道春が郡代として、畠山政長を支えた。政長は恩智氏だけでなく、紀伊国伊都郡の隅田氏、大和国葛下郡の布施氏など、在地の情勢に明るい国人を積極的に登用した。恩智道春は古市（羽曳野市）を拠点に活動し、丹南郡の丹下氏や和泉国人の和田氏らと共に誉田城を守って畠山義就と戦うなど、その地位を高めていった。

政長の子の尚順の時代になると、尚順の意を受けることなく、金剛寺（河内長野市）には恩智富成が、叡福寺（太子町）には恩智真成が特権などを単独で安堵できるまでに成長する。しかし、徐々に恩智氏は守護代の遊佐氏に取り込まれていった。戦国時代末期になると、恩智定成は走井康秀・盛秀や安見宗房、野尻宗泰と共に守護代遊佐信教の内衆、また守護畠山秋高の家中として、金剛寺や和泉の松浦氏に連署奉書を発給するなど、畠山氏権力を代表する有力者として生き抜いた。

この恩智定成（官途名は左近大夫）は、およそ半世紀後に成立した『太平記評判秘伝理尽鈔』で、南北朝時代に河内で活躍した楠木正成に仕え、忍びの技に長けた武将として登場する恩地満一（左近太郎）の形象に影響を与えたとされる（樋口 二〇〇九）。『太平記評判秘伝理尽鈔』は『太平記』の講釈をまとめた書で、軍記物というより、正成を理想的な仁君として描き、その言葉や行動を通じて、政治思想を語ったものである。そうした正成を支えて活躍した架空の人物「恩地左近」は、江戸時代や明治時代に大変な人気を博し、錦絵にも描かれた。

松山氏

松山重治は本願寺の番士とも堺出身ともされるがよく分からない。小鼓・尺八・早歌などの諸芸に通じ、酒席でも興を添える人であったので、敵味方関係なく、堺の宴席には必ず呼び出されるほど愛されていたという。三好長慶に取り立てられ、天文末年には石成友通らと堺の津田宗達の茶会に参加したり、松永久秀と共に播磨方面の取次として活動したりしている。

永禄元年（一五五八）の長慶と足利義輝の戦いに際しては、長慶より西岡（京都市西京区、京都府向日市、同長岡京市）の国人などを与力として出陣するよう命じられ、軍功を挙げている。この頃には石成友通や寺町通昭と共に「三人衆」と称され、政治・軍事に重んじられた。河内・大和を平定した長慶と共に飯盛城に在城しており、大和に領地を与えられた。教興寺（八尾市）の戦いや多武峰（奈良県桜井市）の戦いでも必ずその名が挙げられるほど戦上手の遊撃隊であった。菊池寛の小説『形』の主人公で、鑓の名手である中村新兵衛尉は重治の被官である。

三好氏が三好三人衆と松永久秀に分裂して争った頃には、重治は亡くなっていたようで、松山彦十郎と松山守勝が見える。松山氏は長慶に取り立てられたことに恩義を感じており、松山新介が長慶の葬礼が行われた真観寺（八尾市）を「聚光院殿（三好長慶）御墓所」として陣取免除や濫妨狼藉を禁止したり、百姓に年貢の納入を命じたりするなど、特別に保護している。そうした松山新介は後に織田信長に降ると、天正十年（一五八二）に高野山攻めの大将として起用されたが、本能寺の変で立ち消えとなった。その後、息子の伊之助が粉河（和歌山県紀の川市）に住んで、羽柴秀長の被官である藤堂高虎に仕えた後、牢人となり鈴木与四郎と号した。その子の少三郎は関ヶ原の合戦後に紀伊を与えられた浅野家に仕え、伊織と改名したという。

松山重治は武士かどうかも不明な出自であったが、戦国時代という特殊な環境下で、劇的な身分上昇を体現した人物であった。

真鍋氏　真鍋氏は備中国小田郡真鍋島（岡山県笠岡市）を本貫地とする水軍で、備中守護の細川氏の被官となり、伊予などにも一族が進出した。この備中守護家より和泉下守護家が出たことから、真鍋氏もそれに従い和泉へ移り、淡輪（岬町）を拠点に海賊として活動していたようだ（藤田 二〇〇一）。

そして、真鍋貞行の時に三好長慶に従い、舎利寺（大阪市生野区）の戦いで武功を挙げた。貞行の孫の貞友は大坂本願寺合戦に際して、織田信長より大津（泉大津市）に領地を与えられ、沼間任世らと共に大阪湾の海上警固の任にあたった。しかし、天正四年（一五七六）の第一次木津川口の戦いで毛利・村上水軍に敗れて討死している。天正六年になると、大坂攻めを担当した佐久間信盛・信栄親子より、貞友の弟の真鍋豊後守が佐野（泉佐野市）や雑賀（和歌山市）の警固を命じれられ、志摩の九鬼水軍の案内を命じられるなど、真鍋水軍は変わらず、友ヶ島水道に睨みを効かせていたことが分かる。また、貞友の子の貞成は信長より四国攻めに際して、鉄炮玉や火薬の調達をはじめ、堺の船役の徴収、人質の差出、兵粮の用意を命じられた。本能寺の変の後は、羽柴秀吉より岸和田城の蜂屋頼隆、次いで城主となった中村一氏の与力を命じられている。

そうした真鍋氏であったが、天正十三年に近江の水口に転封された中村一氏の家臣として一五〇〇石に減知のうえ、和泉の地を離れることを余儀なくされた。真鍋貞成はこれを不服とし、阿波の蜂須賀家政や伊予の戸田勝隆のもとを転々とし、文禄四年（一五九五）には秀吉の直臣となり伊予の蔵入地より三二〇〇石の年貢米を給与されている。関ヶ原の戦いの後には、安芸・備後を領した福島正則より四〇〇〇石の家臣として迎えられた。その正則が改易されると、紀伊と伊勢南部を支配する徳川頼宣に四〇〇〇石で召し抱えられた。

真鍋氏は和泉の在地領主としての地位は秀吉によって否定されたが、自ら主君を選んで諸国を渡り歩き、最終的には紀州藩徳川氏に大身の藩士としての地位を得た。

中　氏

中氏は、十五世紀初期より和泉国日根郡熊取荘（熊取町）に現れ、代々「左近」を称する土豪である。

文明十一年（一四七九）に黒鳥村（和泉市）の安明寺五座より麹を生産・管理する権利を獲得した後、守護代の松浦守に泉南各地における麹荷販売に関する営業特権を保障されながら商業活動を行い、その銭で土地を集積し、天文年間に中氏の子弟が入寺した根来寺の成真院と共に台頭していく（藤田 二〇〇〇）。そして、熊取荘大垣内村を本拠とした和泉上守護家の被官である行松氏より、屋敷や茶園、田畠を次々と買い取る。また熊取荘近辺の賤民から斃牛馬を処理する権利や田畑、屋敷を買得し、運送や傭兵などに従事する彼らを編成した。

中氏のような泉南紀北の土豪は、根来寺の子院の外護者として経済支援を行う一方、根来寺も土豪と百姓の相論を仲裁したり、土豪を軍事的に編成したりするなど、相互に密接な関係を築き上げていく。この根来寺と泉南紀北の一揆は織田信雄や徳川家康に与して、羽柴秀吉と戦った結果、天正十三年（一五八五）に秀吉の進攻を受ける。敗れた中盛吉・中盛豊・成真院盛重の兄弟は存亡の危機に立たされ、受け継いできた売券など土地に関する証拠文書も失ったようだ。新たに和泉の領主となった羽柴秀長が検地を進める中で、盛吉と盛豊は従来通り地主経営の保障を秀長より受けるために、代筆者を使って、ごく短期間のうちに売券の復元を行い、危機を乗り切ろうとした。一方、成真院盛重は根来衆を率いて、家康のもとに逃れている。

彼らの復活がなったのは関ヶ原の戦い以後である。成真院盛重は家康の旗本の根来盛重として熊取谷三〇〇〇石を与えられ、兄の中盛吉と中盛豊が代官となって、一族による支配体制が成立した。その後、熊取谷は岸和田藩岡部氏の領地に組み込まれたが、二つの中氏は大庄屋として続いていった。

名族たちの江戸時代

京兆家の細川信良は、織田信長の死後、織田信孝に与して羽柴秀吉を挟撃するため、四国の長宗我部元親を頼った。信孝滅亡後は織田信雄や徳川家康と結ぶ元親の援助で畿内に渡り、反秀吉勢力の結集を図ったが、動向はよく分からなくなった。ところが天正十七年（一五八九）三月に、秀吉より勘当された信良や斯波義銀らが本願寺顕如に匿われ、天満寺内町に住んでいるとの噂があり、秀吉は顕如の謀反を疑い、二町を焼き討ちにして、六三名を処刑するという事件が起こった。信良は二月に秀吉を中傷した聚楽第落首事件に連座したとされる。その後、天正二十年五月に死去した。その子の元勝（もとかつ）は秀頼に仕えて、大坂の陣で戦うが助命され、龍安寺で蟄居した後、妹婿の秋田実季（あきたさねすえ）に迎えられた。元勝の子孫は三春（みはる）藩秋田氏の宿老となる。

政長流畠山氏の高政の甥の貞政は秀吉の紀州攻めにより没落したが、その子の貞信は片桐且元の娘婿となり、秀頼に仕えた。大坂の陣に際しては、且元と共に行動する。その子の基玄（もとはる）は、徳川家綱により高家（こうけ）、ついで徳川綱吉によって側用人（そばようにん）に取り立てられた。

三好三人衆の一人である三好宗渭の弟の為三や同族の三好房一（ふさかず）は、徳川家康の上杉討伐に従い、関ヶ原の戦いでも徳川方に味方した。家康が大御所となり駿府に移ると近侍した。大坂冬の陣の直前には三好房一が、福岡藩主黒田長政の旧臣である後藤又兵衛の帰参について交渉したが、又兵衛は応じず、後に大坂城に籠城する。房一は古市村（羽曳野市）などで二三〇〇石、為三は南甲賀村（四條畷市）や横小路村（東大阪市）、小山田村（河内長野市）、高向村（同）で二〇〇〇石の旗本となった。

羽柴秀吉の義兄である杉原孫兵衛は、秀吉が頭角を現すと木下家定を名乗った。小早川秀秋の実父にあたる。文禄四年（一五九五）には播磨姫路に二万五〇〇〇石を与えられ、関ヶ原の戦い後に備中足守（岡山市北区）に移された。長男の勝俊は長嘯子と名乗って歌人となり、次男の利房が足守藩主となった。三男の延俊は播磨三木で二万石を得ていたが、関ヶ原の戦いで戦功を立て、豊後日出（大分県日出町）で三万石を与えられた。足守藩と日出藩の両木下氏のみが、江戸時代も豊臣氏の祭祀を行った。

関白秀吉を頂点とする豊臣政権の中枢は、実弟秀長や甥秀次、義弟徳川家康といった一族と、堺をはじめとする畿内の都市豪商によって構成された。秀長らの官職は秀吉に次ぐだけでなく、秀長の大和羽柴家は近畿南部、秀次の尾張羽柴家は東海、家康（武蔵羽柴家）は関東に置かれ、与力を含めると一〇〇万石から二〇〇万石という突出した有力大名となり、羽柴関白家の藩屏となった。また津田宗及や千利休は新たに服属した大名に、豊臣政権での立ち振る舞いを指南し、迎え入れる役割を果たした。棰井氏や安井氏、末吉氏、小西氏は蔵入地の代官となり、豊臣政権の財政確立に寄与する。

しかし、文禄検地の頃より財政基盤が属人的にではなく、構造的に整備されると、石田三成や増田長盛などが二〇万石級の大名に取り立てられ、政権を主導する形へと変化していく。彼らは関ヶ原の戦いにより除かれ、摂河泉は家康と国奉行片桐且元のもとで統治された。

家康は秀吉が織田政権から離脱し台頭した方式を踏襲する一方、浅井茶々や且元との協調関係を維持した。しかし、そうした路線は次世代の秀頼や秀忠には継承されず、両家の関係は破綻を迎えたのである。

第Ⅱ部　大阪平野に漲る活力

本興寺開山堂（尼崎市開明町）（編集部撮影）

第六章　台頭する宗教勢力

中世の仏教の正統とされたのは、南都六宗と天台宗、真言宗からなる顕密仏教であった。平安時代末期から鎌倉時代中期にかけて、念仏系の浄土宗・浄土真宗・時宗や、日蓮に始まる法華宗が生まれ、さらには中国から禅宗が伝来し、臨済宗と曹洞宗が形成された。これらはかつて「鎌倉新仏教」と総称され、顕密仏教に取って代わったようにイメージされてきたが、実際はそうではない。臨済宗は鎌倉幕府や室町幕府の手厚い保護を受け、事実上の官寺として遇されたが、他の宗派の社会的地位は低かった。

室町時代や戦国時代を経て、特に浄土真宗と法華宗は、広く社会に受容され、朝廷や室町幕府、そして宗教界における地位を高めていく。このため、近年では「戦国仏教」と呼ばれている。また、日本仏教に適応する形でキリスト教の布教が始まった。戦国時代の宗教は、都市生活や交易など経済活動と深く絡み合いながら展開していく。

1　本願寺教団の確立

蓮如と大坂御坊

浄土真宗の宗祖である親鸞の血脈を継承する本願寺が教団を形成し、社会の幅広い階層に受容されるようになったのは、八代宗主の蓮如の時代であった。文明二年（一四七〇）には既に、堺北荘の樫木屋道場（真宗寺）の道顕や堺南荘の紺屋道場（慈光寺）の円浄が、有力門徒として見えるが、本願寺教団が大阪平野に勢力を特に拡大させていくのは、蓮如が越前の吉崎（福井県あわら市）を退去し、文明七年（一四七五）

に出口（枚方市）に移って以降である。文明十年には本山として、山科本願寺（京都市山科区）の建立に着手する。その一方、明応三年（一四九四）に堺の真宗寺境内に信証院（後の堺御坊）を再興し、明応五年九月に大坂御坊（大阪市中央区）を建立して隠居所とするなど、晩年は摂河泉を重視していた。

渡辺津の東、上町台地の北端に位置する大坂は、「虎狼のすみか也、家の一もなく畠ばかりなりし所」（『拾塵記』）であったとされる。蓮如の御坊建設が大坂発展の一大画期となったのは疑いがないが、いささか神格化しすぎている。鎌倉時代初期には東大寺の大仏を復興した重源が建立した浄土堂があり、浄土思想の聖地であった。また、十六世紀には現地の荘園を管理する法安寺もあった。坊舎の建立にあたっては、地頭の松田五郎兵衛が蓮如に帰依して土地を寄進し、堺の万代屋や樫木屋が援助したという（『真宗懐古鈔』）。さらに、永正二年（一五〇五）に細川政元が、生玉荘大坂二五〇〇歩の敷地を寄進したともいう（『松谷光徳寺系図』）。

蓮如が開創し子供らを入寺させた寺院は、摂河泉に多い。五男の実如が九代宗主となるが、長男の順如は出口の光善寺に、六男の蓮淳が萱振（八尾市）の恵光寺と久宝寺（同）の顕証寺に、八男の蓮芸が富田（高槻市）の教行寺と名塩（西宮市）の教行寺に、十男の実悟が古橋（門真市）の願徳寺に、一一男の実順が久宝寺の西証寺に、一三男の実従が枚方（枚方市）の順興寺に入っている。この中でも、蓮如の後家にして能登守護畠山氏の一族である畠山政栄の娘の蓮能尼と、彼女が産んだ九男の実賢以下の子供たちが大坂御坊に住み、河内や摂津の門徒が結集するなど大きな力を持っていた。

大坂一乱

本願寺が大阪平野へ拡大すると、細川氏や畠山氏の戦争に関与せざるを得なくなる。永正二年（一五〇五）、細川政元が畠山尚順と畠山義英を攻めるため、実如に援軍を要請した。実如は当初これを断るが、将軍足利義尚が加賀一向一揆の破門を迫った際、政元は本願寺を取り成してくれた恩人であることから、同意せざるを得なかった。しかし、実如の軍勢催促を摂津と河内の坊主衆や門徒衆は拒否したため、加賀より軍勢を呼び寄せ、永正三年正月に両畠山氏を破った。

ところが、事態はそれで収まらなかった。大坂御坊に住む実賢の母である蓮能尼は能登守護畠山氏の出身で、能登の畠山政国が畠山義英の祖父である義就の猶子となったように河内と関係が深かった。実際に、久宝寺の慈願寺法悟も、畠山義英の有力被官である遊佐英盛や遊佐基盛らと連絡を取り合う間柄であった。このため、河内門徒は畠山氏攻めに動員されることを嫌ったのであり、実如との間に禍根が残ることになった。

そして、大坂御坊に結集する門徒は実賢を担ぎ上げ、実如を廃して宗主に就けようとする騒動が起きた。最終的には蓮能尼・実賢親子が大坂を退去して抗争は回避されたが、実如は大坂の実賢や実順、実従らを破門している。いわゆる「河内錯乱」や「大坂一乱」である。その影響は大きく、永正四年に細川政元が暗殺されると、政元と結んだ実如も二年余り堅田（大津市）に没落せざるを得なくなった。後に実如は山科に復帰すると、実賢らの破門を解き、教団の融和とともに一門衆や一家衆の編成に取り組む。

大坂六人坊主

大坂御坊には、大坂六人坊主と称された常住の留守衆が存在していた。それは、大坂寺中の浄恵、三番（大阪市東淀川区）の定専坊、森（大阪市中央区）の祐光寺、平野の光永寺、萱振（八尾市）の恵光寺、雁多尾畑（柏原市）の光徳寺で、いずれも大坂御坊の膝下や大和川中流域に拠点を置き、大坂に支坊を設けていた。天文の一向一揆により、本山が山科から大坂に移ると、彼らの重要性は増した。

萱振の恵光寺は、一〇代宗主である証如の外祖父の蓮淳が文明年間ないし明応五年（一四九六）に開創したという。天文の一向一揆の最中の天文三年（一五三四）には、焼き討ちに遭っている。それにもかかわらず、恵光寺は数百人の人夫を動員して、萱振と大坂の普請を同時遂行できる有力寺院であった。ところが、天文七年に住持の賢心が死去したため、恵光寺の門徒は相談し、後継者の派遣を証如に要請した。そこで証如は蓮淳の息子実恵の次男慶超を入寺させ、一家衆寺院に取り立てている。これにより、恵光寺は大坂六人坊主より外れた。この頃、証如は久宝寺にも蓮淳を遣わし、久宝寺の西証寺を顕証寺として再興するなど、河内中部の有力寺院を取り込んでいった。

そのため、大坂本願寺合戦でも萱振は激戦地となり、織田方の細川藤孝の攻撃を受け、恵光寺は焼失している。再建されたのは、慶長二年（一五九七）になってからであった。

雁多尾畑の光徳寺は、永延二年（九八八）の開基とされる。安貞元年（一二二八）に園城寺の俊円が親鸞に帰依し、信乗と改め、浄土真宗寺院として再興された。光徳寺八世の乗順が実如・証如親子に重用され、天文の一向一揆の際には定専坊了宗と共に大坂近郊の軍勢催促も行っていた。九世の乗賢もたびたび、証如の斎や相伴を務めた。寺地は往古より諸税や年貢が免除されていたという。雁多尾畑は古代の龍田道の往還に位置し、戦国時代には上町・下町と町場化したが、江戸時代になると主要な街道から外れ、農村に留まった。

三番の定専坊は、元は真言宗の寺院であったが、永徳二年（一三八二）に楠木正勝が隠棲し、その孫の掃部が本願寺存如の時に改宗し、浄賢と名乗ったという。有馬村秀や荒木村重と音信を交わすなど、本願寺顕如と摂津の領主との取次にあたった。また、近隣の尼崎にいる「大物衆中」との取次だけでなく、天文二十一年（一五五二）に三好氏が法華宗の本興寺の後見となり、大物惣道場が破却された折には、定専坊了誓が下間頼言と共に再興に尽力している。大坂本願寺合戦の後、顕如が大坂を退城する際には「摂州坊主衆中・門徒衆中」に対し、軽挙妄動しないよう戒めるなど、定専坊は摂津の門徒たちの取りまとめ役となっていたようだ。

宗主の権威化

本願寺証如は大永七年（一五二七）に代々の宗主に倣って、延暦寺の門跡寺院の一つである青蓮院で得度し、享禄元年（一五二八）に本願寺宗主では初めて、九条尚経の猶子となった。これにより、証如は摂関家の子弟として遇されることになり、直叙法眼に任じられるなど異例の身分上昇を遂げる。その一方、天文の一向一揆で山科の本山が焼き討ちされるなど、教団存続の危機を迎えた。

天文五年（一五三六）に和睦が成立するが、その前年に法印、大僧都に任じられ、天文十八年には歴代宗主として初めて権僧正に昇った。証如は朝廷と交流を深め、教団の安泰を図ったので、大坂本願寺には多くの公家や後奈良天皇の弟である青蓮院門跡の尊鎮などが来訪するなど、公家社会の一員として認められていった。

証如は天文二十三年に死去するが、跡を継いだ顕如も証如の路線を継承する。弘治三年（一五五七）には公家の三条公頼の三女で、細川晴元の妻や武田信玄の妻を姉に持ち、細川晴元、さらには六角義賢の猶子となった如春と結婚している。そして、永禄二年（一五五九）十二月に正親町天皇より門跡の勅許を受け、顕密仏教寺院として最高の寺格へと昇進を果たす。本願寺はようやく宗派として公認されたのである。その背景には、キリスト教を排除し、かつては異端視していた浄土真宗や法華宗を取り込もうとする正親町天皇の意図があった（安藤 二〇一六）。

門跡寺院となった本願寺は、家政を司る坊官として、下間道嘉・下間頼充・下間頼総を任命した。また、法務を助ける院家として播磨英賀（兵庫県姫路市）の本徳寺と三河土呂（愛知県岡崎市）の本宗寺を兼帯する証専、伊勢長島（三重県桑名市）の願証寺証恵、河内久宝寺（八尾市）の顕証寺証淳が補任され、その後、摂津富田（高槻市）の教行寺実誓、河内枚方の順興寺実従、近江堅田（大津市）の慈教寺実誓、越中安養寺（富山県小矢部市）の勝興寺慶栄、大坂寺内の常楽寺証賢と光教寺顕誓、大和飯貝（奈良県吉野町）の本善寺証珍、河内門真の願得寺実悟が加わっていった。また、顕如の次男である興正寺顕尊は永禄十二年に脇門跡となるが、その別院が河内富田林と讃岐野原（香川県高松市）にあった。

こうした寺院には大坂を頂点とする寺内特権が認められたり、一向一揆の拠点となったりするなど、それぞれの地域社会において権威的存在になった。興正寺顕尊も大坂本願寺合戦に際して中国地方に広がる教線を活かして、毛利輝元と連携を深めたことから、顕尊の子の准尊が輝元の養女を妻としている。

一方、天正八年（一五八〇）の大坂退城をめぐって、顕如は抗戦を主張する長男の教如を義絶した。信長の死後、興正寺顕尊の尽力で父子は和解し、天正二十年十一月に顕如が死ぬと、教如が宗主となり、秀吉より朱印状が与えられ、その地位が公認された。ところが文禄二年（一五九三）に顕如の妻である如春が秀吉に、三男の准如に対する顕如の譲状があると訴えたので、秀吉は教如に隠居を命じ、准如が宗主となった。こうして、宗主の地位が武家政権により左右されることになった。

関ヶ原の合戦の直後、近江の大津城で徳川家康と面会した教如は、慶長七年（一六〇二）に京都に寺地を寄進され、東西分派に向かっていくことになる。

2　法華宗の諸門流

天文法華の乱と三好氏の保護　天文の一向一揆が起こった際、山科本願寺を焼き討ちにしたのは、京都の法華宗を信仰する町衆によって結成された法華一揆と近江の六角定頼であった。ところが将軍足利義晴も細川晴元も上洛できない状態が続き、法華一揆が京都を実質的に支配する状況となった。その結果、将軍義晴や延暦寺は法華一揆の排除を企てるようになり、天文五年（一五三六）に延暦寺が六角氏や細川氏と共に京都に攻め入った。この天文法華の乱により、上京の三分の一と下京が焼失し、法華宗の二一本山は堺へ没落した。

堺に滞在した法華宗寺院は延暦寺との交渉を重ね、天文十六年にようやく京都への復帰を果たすが、その時には一五本山に減少していた。

一方、この頃より、大阪湾の港町で勢力を伸ばした法華宗寺院があった。それが京都の本能寺と尼崎の本興寺を両本山とする日隆（にちりゅう）門流である。西日本の末寺頭である堺の顕本寺が、堺公方足利義維や三好元長に味方したことから、子の三好長慶や三好実休、安宅冬康より元長の位牌所として特権を与えられただけでなく、日隆門流自体が保護されるようになった。

越水城（西宮市）に入った長慶は、兵庫津（神戸市兵庫区）の豪商で久遠（くおん）寺の檀那でもある正直屋棰井氏の買得地を安堵し、淡路水軍を統括する安宅冬康も金融業の営業を永代免許したうえ、その債権を保護する特権を与えた。棰井氏は十五世紀に日隆に帰依したが、所蔵する最も古い文書は、長慶のものであることから、三好一族の保護により発展し、江戸時代に兵庫津の都市共同体の一つである岡方（おかがた）の名主を独占していく基盤を形成したのである。

また、室町時代の尼崎は、律宗の大覚寺をはじめ、日隆門流の本興寺、浄土真宗の大物道場、禅宗の広徳寺、氏神の貴布禰（きふね）神社などを、それぞれ都市核とする複合的な都市であった。しかし、十六世紀中期になると、本興寺と大物道場の主導権争いが激化し、安宅冬康は本興寺を支援し介入した。さらに長慶は、弘治二年（一五五六）

三月に本興寺が貴布禰神社の敷地を寺内化していたのを公認し、様々な都市特権を与える。これを受け、本興寺は尼崎全体の都市共同体である尼崎惣中の借金を肩代わりする形で、貴布禰神社の敷地を事実上買収し寺内町を完成させた。三好氏は本興寺を後見する形で、神崎川・淀川を介して京都の玄関口となっていた尼崎の掌握を目論んでいたのである。

永禄の規約

三好氏の保護はやがて、日隆門流から法華宗全体へ拡大する。法華宗は法華経八巻二八品のうち、前半一四品（迹門）と後半一四品（本門）の教義の解釈をめぐって、大きく勝劣派と一致派に分かれ、さらに、有力な僧侶や寺院ごとに形成される門流に細分化されていた。しかし、法華一揆や京都復帰の交渉に際して、教義を超えて結集する共同体が臨時的にではあるが形成されるようになった。

そうしたなか、永禄六年（一五六三）に房総半島で、勝劣派日什門流妙満寺末で東金（千葉県東金市）の領主である酒井胤敏が、一致派日朗門流である平賀（同松戸市）の本土寺の末寺を奪い取るという事件が起こった。この解決に動いたのが、三好長慶の宿老の松永久秀である。久秀は一致派の代表寺院である本国寺（現在の本圀寺）の檀那という繋がりがあった。

京都では教義を超えて結集しようとする機運が高まっていたこともあり、妙満寺は久秀の意向を受け、酒井胤敏を破門した。同じ頃、長慶も勝劣派が一味同心し、都鄙和睦の上は教義による相論を行わないよう調整に当たっている。こうした京都の動きがあったうえ、久秀も堺出身の薬草院日扇（後に堺経王寺四世日梁）を関東に下向させたので、関東の諸寺院も勝劣派と一致派の和睦を望み、十二月には久秀に仲裁を依頼した。

久秀は当時、本国寺の門跡成も支援しており、法華宗の寺院間の調停についても親身になって対処した。永禄七年四月には、三好長慶や安宅冬康が保護する勝劣派日隆門流で、伏見宮家王子の本能寺日承と本興寺日諦が、和睦の条文を検討している。八月になると、三好実休親子が帰依した一致派中山門流で堺の会合衆油屋伊達氏出身の頂妙寺日珖が、堺の妙国寺より上洛し内談にあたった。そして八月二十日に、京都の一五本山が長慶の被官である今村慶満の屋敷に集まって「一致勝劣都鄙和睦之条目」に連署し、「永禄の規約」を結ぶに至った。九月二十一日には堺南荘の松永久秀の母の屋敷にも、堺の二三寺より二八名の僧侶が参会している。

永禄の規約により、一味同心して布教に努めること、他門流を中傷しないこと、末寺・衆徒・檀那を奪い取らないことが定められた。これにより、共有の文書と財産を有する恒常的な結合体「京都十六本山会合」が成立したのである。

こうして三好氏は、京都と堺の富裕層に対し、新たな都市支配の回路をつくろうと目論んだ。一方、法華宗は本願寺と同様に存続の危機に立たされることがあったが、一揆など武力による解決手段を放棄し、多方面外交と非戦による平和維持を目指した。

本興寺と長遠寺の葛藤

元亀年間に、三好三人衆・本願寺方と将軍足利義昭・織田信長方の戦いが始まると、尼崎の本興寺は三人衆方に味方した。このため信長は元亀三年（一五七二）に尼崎でも勝劣派の本興寺とは教義の解釈が異なる一致派の長遠寺（じょうおんじ）を支援し、寺内町の建設を認めた。信長に属し摂津を治めた荒木村重は、天正二年（一五七四）に信長の朱印状に基づいて、長遠寺の特権を安堵し、尼崎惣中に対して寺内町の普請を命じる。阿波には三好長治が健在であったことから、その上陸拠点となる尼崎を、信長と村重は長遠寺を介して掌握しようとしたのである。

このように三好氏と織田氏が法華宗寺院を相互に支援しあった結果、永禄の規約を結んだにもかかわらず、勝劣派と一致派の対立が煽られたようだ。規約の成立に尽力した薬草院日扇と見られる人物が、本興寺と長遠寺に対して、宗論の中止を求める事態となった。日扇は「殿様（織田信長）」の耳に入ることをかなり恐れており、両寺に永禄の規約を遵守するよう求め、堺代官の松井友閑よりも意見がなされたため、宗論は回避されたようだ。信長に圧迫される本興寺が巻き返しを図ったのか、信長以前の古文書を有しない新興の長遠寺が信長の権勢を背景に対決を迫ったのかは不明であるが、かなり危険な状況にあったようだ。

本興寺と尼崎城

織田信長の死後、本興寺は羽柴秀吉や石田三成と贈答を重ねており、親密な関係を作り上げていく。一方、長遠寺と秀吉の関係は不明である。秀吉は聚楽第や伏見城で政務をとっており、淀川や尼崎の重要性は変わらなかった。

ところが大坂の陣で秀頼が滅亡すると、将軍徳川秀忠は元和三年（一六一七）に畿内近国に譜代大名を一斉に配置した。この時、五万石を拝領して尼崎に入った戸田氏鉄は、わざわざ本興寺を郊外に移し、その跡地に新たに尼崎城を築き始めた。これにより、本興寺の勢力は削られ、塔頭が一六坊から八坊に減じている。

また伏見城が廃され、多くの住民が移転した大坂が、西国における徳川氏の最大の軍事拠点として整備された。戸田氏鉄も元和六年より大坂城の普請大奉行となっている。これにより、尼崎城は岸和田城と共に大坂城の防衛を担うことになり、尼崎城の南側に大坂へ通じる街道が整備された。尼崎は京都の海の玄関口から、大坂の陸の玄関口へと、その性格を変えていく。

なにより、それまでの尼崎の町の核は本興寺などの寺社であった。細川高国や荒木村重の中世尼崎城は、尼崎の周縁部である大物に位置するにすぎなかった。しかし、戸田氏鉄はそうした寺社を追い出し、石高に分不相応の四層の天主を設け、尼崎の中心は武家であることを示す。これは町の景観が変わっただけでなく、寺社の役割が宗教活動のみに制限され、武家が公家も寺社も従える社会に変化したことを端的に示すことになった。

3　禅宗と庇護者

真観寺

亀井（八尾市）の真観寺は臨済宗南禅寺派の寺院で、創建時より河内守護の畠山氏と密接な関係を築いてきた。開基の畠山満家は、鎌倉五山の建長寺から京都五山の建仁寺に出世した大業徳基を開山とし、応永十七年（一四一〇）から応永二十一年頃に真観寺を創建する。大業徳基は京都五山の上に置かれた南禅寺の塔頭金地院の開山にもなったため、両寺院の交流は江戸時代にも続いていく。三代将軍足利義満は相国寺を建立して京都五山に特別な庇護を加え、義満が鹿苑院殿、義持が勝定院殿と、相国寺に創建した塔頭にちなむ法号を贈られている。満家はこうした有様を河内に導入し、「真観寺殿真源道瑞」という法号を贈られた。

戦国時代になると、真観寺は押領された領地の回復だけでなく、新たに課税しようとする動きに対して、その免除を粘り強く働きかけねばならなかった。天文九年（一五四〇）、住持の靖叔徳林は、段米の免除を訴えるため、歴代の住持と畠山氏当主の由緒を主張した（『真観寺文書』）。真観寺は畠山満家の位牌所として領地が寄進されるだけでなく、塔頭の鄧林庵も守護代遊佐氏の菩提所となるなど、守護および守護代の保護を得る体制を築いた。

戦国時代初期の住持である韶首座は、出雲・飛騨・隠岐の守護で四職の家格を誇る京極氏の出身であったが、畠山政長の妻は京極持清の娘であることから、韶首座と政長は縁戚関係にあったことになる。ところが、寿首座が住持になると、政長と対立する畠山義就が足軽を雇うための税を賦課してきた。義就の子の義豊には、領地を没収されるという憂き目に遭うなど、真観寺は両畠山氏の争いに翻弄された。

やがて遊佐長教が勢力を拡張すると、住持の靖叔徳林は古代中国の兵書である『六韜』を贈ったり、『三略』の書写の依頼に応えたりするだけでなく、毎月の長教の誕生日ごとに祈禱を執り行った。こうした祈禱は、武家では足利義満と禅僧の間で始まり、公家や有力守護の間に広がっていたことから、真観寺は長教を畠山氏と同格とみなし厚遇したのであろう。靖叔徳林は地蔵信仰で知られる常光寺（八尾市）の再建にも尽力し、南禅寺末に加えるなど、精力的に活動した。

また、三好長慶の葬礼は靖叔徳林の弟子の笑嶺宗訢が導師を務め真観寺で催されたことで、長慶の遺臣からその菩提所や墓所と認識され「聚光院殿御茶湯料」や「聚光院殿御灯明料」として、領地が寄進されている。その後も、織田信長の堺代官松井友閑や大坂攻めを担当した佐久間信盛、河内北部を支配した若江三人衆より保護された。

ところが秀吉の検地によって、領地を失ってしまう。この危機を救ったのが、靖叔徳林の弟子で住持になった以心崇伝である。崇伝が徳川家康の側近となったため、真観寺や常光寺は崇伝を頼って寄進を求め、崇伝が住持の金地院も真観寺のある亀井村や常光寺のある西郷村より一〇〇〇石を得るなど、関係を深めていく。

真観寺は畠山氏という庇護者を失うも、靖叔徳林や以心崇伝の活動を媒介に新たな庇護者を得ることで、戦国時代を乗り切ったのである。

南宗寺

堺の南宗寺は臨済宗大徳寺派の寺院で、三好長慶によって創建された。応仁・文明の乱後、京都の大徳寺の復興を支えたのは、一休宗純に帰依した堺商人であった。堺は中世の禅林文学で「泉南仏国」と称され、貿易港として栄えた福建省泉州における仏教興隆になぞらえられた（矢内 二〇一〇）。永正六年（一五〇九）に大徳寺に塔頭の大仙院を開創した古岳宗亘の活動は多岐にわたり、明に渡海した堺商人の宗叱が帰依し、琉球国王の尚氏の菩提寺である円覚寺（那覇市）や天王寺（同）とも交流があった。貿易に従事する堺商人にとって、海外に通じた禅宗の知識は不可欠なものであり、両者を結び付けていった古岳宗亘は、堺に南宗庵を開き、特に会合衆の一人で茶人でもある天王寺屋津田宗達の帰依を受けている。

古岳宗亘が亡き後、その弟子の武野紹鷗は大徳寺で出世を遂げた大林宗套を招き、南宗庵をもとに南宗寺を建立しようとした。武野氏は堺で皮屋（武具の製作）を営む商人で、紹鷗は三条西実隆に師事して古典や和歌を学び、連歌師や茶人として名を馳せた。しかし、建立は果たせずに死去する。その構想を引き継いだのが、将軍足利義輝を追放し、京都を支配した三好長慶である。長慶は父元長の二十五回忌を機に、その菩提を弔うため、弘治二年（一五五六）に自らも帰依する大林宗套を開山として創建に取り掛かった。その後、南宗寺は長慶の末弟で和泉を治めた十河一存の菩提を弔い、長慶の嫡子義興の葬礼を主導するなど、三好一族の菩提寺として活動していく。また、宿老の松永久秀も妻の広橋保子が死去すると、塔頭の勝善院を建立した。そして、長慶の三回忌も営まれた。

こうした三好一族との結び付きだけでなく、津田宗及が父の宗達のために諡号に因む大通庵を創建し、宗及の子の江月宗玩は、南宗寺および大徳寺の住持へと出世していくなど、津田氏の庇護を得た。特に古岳宗亘を派祖とする大徳寺北派（大仙院派）で、琉球と関係を持つ古岳宗亘・春屋宗園・古渓宗陳・玉甫紹琮・沢庵宗彭・江月宗玩は、全て南宗寺の住持となっている。また春屋宗園や古渓宗陳のもとには、琉球から僧侶だけでなく、明との貿易に従事する俗人や女性、官人も参禅した。

長慶による南宗寺創建の背景には、日本国王足利氏と五山が担ってきた勘合貿易の体制が崩壊していくなか、堺商人と大徳寺が連携する琉球貿易を促進させようとする動きがあったのである。

なお、大林宗套に帰依した堺商人に野遠屋阿佐井野宗瑞がいる。宗瑞は医学に通じており、十五世紀中葉に中国で編まれた『医書大全』を翻刻し刊行した。さらに清原宣賢に『論語』を借り受けて出版に取り掛かっている。その版木は南宗寺に残っていたが、第二次世界大戦で焼失した。私財を投じて医学や学問の普及を目指した宗瑞は、本物の「有徳人」であった。

4　河内キリシタンの盛衰

三好長慶の布教公認

イエズス会の宣教師フランシスコ・ザビエルはキリスト教布教の許可を得るため、天文二十年（一五五一）に上洛したが、将軍足利義輝は近江に没落しており、後奈良天皇にも拝謁することはできなかった。ようやく、永禄三年（一五六〇）に宣教師ガスパル・ヴィレラが将軍義輝に拝謁し、他の仏教寺院並みの待遇を受けることになる。この頃のイエズス会は現地の文化や宗教をある程度尊重する適応主義を採っており、僧侶のような格好をし、デウスを大日如来とするなど仏教の概念を利用していた。

しかし、正親町天皇はキリスト教を忌避しており、法華宗や延暦寺も反発していた。そこでヴィレラは畿内を治める三好長慶の保護を得ようと、結城左衛門尉アンタンの仲介により、永禄七年にロレンソ了斎を飯盛城（大東市、四條畷市）に派遣した。長慶はロレンソ了斎の説教を聴聞しなかったが、帰依していた臨済宗大徳寺派の奥義に達した後に聴くとし、キリスト教布教を認め保護を約束した。これを受けて、ロレンソ了斎は飯盛城で三箇頼照サンチョや結城弥平次ジョルジ、三木半大夫、池田教正シメオン、庄林コスメなど、七三名の長慶の被官に洗礼を授けている。いわゆる河内キリシタンの始まりで、長慶の公認により、他宗からの排撃も止んだという。

飯盛城の東麓には、支城の田原城（四條畷市）があった。城主である田原レイマンは、一五七四年やその翌年のフロイスの書簡によると、三箇氏の「一元老」であったという。千光寺（四条畷市）で発見された田原レイマンの墓碑には、イエズス会の紋章であるＩＨＳの一部と考えられるＨの文字と共に、「礼幡、天正九年辛巳、八月七日」

と刻まれている（図6-1）。天正九年（一五八一）のキリシタン墓碑は、池田教正シメオンらが城主となった八尾で出土したマンショ（満所）の墓碑の一年前のもので、日本最古のキリシタン墓碑とされている。

三箇親子と池田教正

三箇（さんが）氏は飯盛城の西麓に広がる深野池（ふこのいけ）という湖の水運に基盤を置く領主で、三好長慶が飯盛城を居城とするとそれに従い、城内の曲輪に住むほど取り立てられ、キリシタンとなった。ところが、長慶の後継者である三好義継は正親町天皇の伴天連追放令に従ったことから、三箇頼照サンチョ・頼連マンショ親子と義継の関係は悪化し、一時は堺に退去したり、長く引見が許されなかったりした。しかし、親子は三好三人衆の筆頭である三好長逸の保護を受け、三箇（大東市）にアルメイダやフロイスを招き、教会を拡張して復活祭（イースター）や降誕祭（クリスマス）を催すなど熱心に活動した。深野池の周辺では、結城氏の岡山（四條畷市）にも教会が建てられ、キリシタンが集住した。

同じく河内キリシタンの池田教正シメオンは、越水衆に編成され、野間長久の娘を妻に迎えており、摂津出身と考えられる。摂津最大の国人である池田氏の庶流の可能性が高く、長慶の側近として三好氏の拠点城郭に出仕していたようだ。

三箇親子は三好長逸が死去すると力を失っていったが、池田教正は三好義継の側近として活動し、義継の滅亡後も、義弟の野間康久や多羅尾綱知と共に若江三人衆として織田信長より河内北部の支配を任された。そうしたところ、大坂本願寺合戦の最中の天正六年（一五七八）に、キリシタン嫌いの多羅尾綱知が三箇頼連は毛利輝元に通じていると信長に讒言した。信長は頼連を執拗に処刑しようとしたが、大坂攻めの大将である佐久間信盛は無実を信じ、三箇親子を自分の領地である永原（ながはら）（滋賀県野洲市）に匿った。こうした混乱に乗じて、本願寺方が三箇を攻め取り、池田教正が

図6-1　田原礼幡キリシタン墓碑
（四條畷市教育委員会所蔵）
（大阪府指定有形文化財）
（奈良文化財研究所撮影）

奪還するといった事件もあったので、信長も三箇親子に三箇への帰還を命じた。

信長の仕打ちに不満を持つ頼連は、庇護者の佐久間信盛の改易や本能寺の変後に明智光秀に味方したことで、領主の地位を失ってしまった。頼照はその後、大坂に住んだが再興を果たせず死去したようだ。頼連は大和で筒井順慶の養子の定次に匿われ、後に定次が改宗するのに強い影響を与えた。

池田教正は天正四年には若江に教会を立て、布教に努めた。三箇親子の弁明をしたり、烏帽子形城（河内長野市）の伊地知（いじち）文太夫パウロが幼少であったことを理由に信長に改易されそうになると、娘婿として後見するからと取り成したりするなど、河内キリシタンの代表として活動していく。教正は八尾城に移ると小さな教会を二つしか建てられないとガスパル・コエリョに嘆いたが、八〇〇人ほどのキリシタンがおり、独自にキリシタンの王国をつくる構想を抱いていた。伊地知氏も堺に家を数軒有しており、それを寄進して教会にするなど裕福な領主であった。こうした教正はキリシタンとしての側面以外にも、茶会や能に秀でており、信長が京都馬揃を行った際には高山右近ジュストと共に兜を賞賛される風流人でもあった。

その後、教正は、河内を若江三人衆と共に支配した三好康長の養子となり「三好信吉」と名乗った羽柴秀次に仕えた。天正十二年には、秀次と共に長久手の戦いに参戦している。秀次は徳川家康に敗れ、結城ジョアンをはじめ多くの河内キリシタンが戦死するなか、教正は三〇〇の兵を率い、巨大な金色の十字架を描いた旗を掲げて、敵中を突破したため、一躍有名になった。秀吉が伴天連追放令を発布すると、教正は秀次に、棄教せず仕えることを認めるか、放逐するかを訴えたが、秀次は教正を思慮分別に富む相談役として認め、キリシタンのまま仕えることを許した。教正は清須（愛知県清須市）の町奉行を務め、木曾川の堤防を建設するなど領国の整備にあたったが、秀次が自害すると九州に移った。

高山右近と伴天連追放令

三好長慶がキリスト教布教を認める一年前、松永久秀が奈良にロレンソ了斎を召喚し、高山飛騨守や結城忠正（ただまさ）、当代随一の学者である清原枝賢（えだかた）に尋問させた。この時、三名はロレンソ了斎の答弁に感銘を受け改宗する。高山飛騨守ダリオは、妻子や被官にも入信を勧めた。飛騨守の子が右近ジュストである。

右近の実名は不明で、ジュストの洗礼名には「重出」「重友」「寿子」「寿須」などの漢字が宛てられる。

高山親子はやがて大和の沢城（奈良県宇陀市）を離れ、和田惟政の被官として高槻城へ移った。しかし、惟政の子の惟長と対立し、右近が城主となって、荒木村重に属す。貧しいキリシタンが亡くなった際、高山親子が身分にとらわれず、自ら棺を担いだことが、多くの人に衝撃を与え、キリスト教は高槻で広がっていった。城下での布教は主に飛驒守が担った。荒木村重が挙兵した際、織田信長は村重から離反しなければ、キリスト教を弾圧すると右近に迫った。高山親子は家族を村重に人質として差し出していたため苦悩し、飛驒守は村重に味方したが、右近は城主の地位を捨て信仰に生きる決断をした。

そうした右近を信長や羽柴秀吉はあくまでも城主として遇し、右近も山崎の戦いをはじめ数々の戦いで武功を挙げた。また、黒田孝高（如水、ドン・シメオン）や蒲生氏郷レオンをキリシタンへと導く。秀吉は右近を高槻城から船上城（兵庫県明石市）に移し、六万石の領地と二〇〇艘の船団を与えた。九州平定の後にはキリシタンが多くいた肥前を任せるつもりであったという。しかし、天正十五年（一五八七）に秀吉は伴天連追放令を発布した。秀吉はイエズス会から貿易を切り離し、貿易の主導権を握りたかったようだ。ただ右近は領内の布教活動に対する干渉と捉えて拒否したため、キリシタン大名として唯一改易された。右近は小西行長によって小豆島に匿われた後、前田利家に預けられる。

一五八八年五月十日、畿内のキリシタン一一名がイエズス会総長クラウディオ・アクアヴィーヴァに宛てて、フランシスコ・ザビエルの来日以来、四〇年にわたって様々な迫害を乗り越え、キリスト教が九州や畿内で広まったことや、伴天連追放令により殉教の機会が到来したことを述べ、キリスト教がますます広まることを望んでいると決意を伝えた（『イエズス会文書館所蔵文書』）。連署者のうち、庄林コスメ・池田教正シメオン・三箇頼照サンチョは飯盛城で受洗した河内キリシタンの最古参である。伊地知文太夫パウロは烏帽子形、清水レウゴは高槻、卜蔵ジムアンは近江の出身で、瀬尾ハスチアンと真柄加介ロマンも加わった。また堺からは、商人の日比屋了珪ディオゴ・日比屋了荷ヴィセンテ親子や、了珪の娘婿にして、小西行長の兄で後に堺代官となる小西如清ベントがいる。

右近は後に秀吉と対面し勘気も解かれ、前田利家も右近（南坊等伯）は「律儀」なので大切にせよと遺書に残した。前田利長は右近だけでなく、内藤ジョアンらも受け入れている。しかし、江戸時代初期にはキリシタンが絡む事件が続いて、禁教令が強化されていき、慶長十九年（一六一四）に右近と内藤ジョアンは国外退去の処分となった。二人はフィリピンのマニラで手厚い歓迎を受けたが、右近は一六一五年二月に死去した。ジョアンは日本人町サンミゲルの建設に尽力し、一六二六年に死去した。

小西行長と肥後へ

堺商人から宇土城（熊本県宇土市）一九万石の大名に取り立てられたのが、小西行長アウグスティヌスである。父の小西立佐（りゅうさ）ジョウチンは京都に移住してキリシタンとなり、堺へ避難するフロイスを助けた。元亀四年（一五七三）にはフロイスの使者として織田信長に謁見する。そして、イエズス会と信長の取次を務めるうちに羽柴秀吉に仕え、堺商人とも交わって長男の如清が日比屋了珪ディオゴの娘アガタと結婚した。この如清の弟が行長である。

行長もこのような父の人脈を生かし、秀吉に仕えた。播磨の室津（むろつ）（兵庫県たつの市）や讃岐の小豆島を与えられ、大型船の安宅船を率い、平時には海上輸送を担い、戦時には水軍として活動した。父の立佐は河内の蔵入地や堺の代官に登用されていく。そして、秀吉が九州を平定すると、行長は肥後南部の大名となり、立佐は室津と小豆島の支配を引き継いだ。小西親子が、堺から瀬戸内海を経て、九州西岸に至る海上交通を管轄することになったのである。

この時、行長は、日比屋了荷ヴィセンテやその縁戚の小西末郷ジアン、内藤ジョアン、伊地知文太夫パウロ、結城弥平次ジョルジを取り立て、一部は親類衆として、肥後へ下向した。伴天連追放令が発布され、秀吉の膝元である畿内での活動は憚られるところもあり、行長は彼らの受け皿となった。彼らは布教だけでなく、天草一揆との戦いや朝鮮出兵でも活躍する。特に内藤ジョアンは、明の万暦帝に謁見して和睦交渉にあたった。万暦二十三年（文禄四年、一五九五）に、万暦帝が秀吉を日本国王に封じた勅諭にも、「豊臣行長遣使藤原如安」と記されている。結城弥平次ジョルジは、名護屋城（佐賀県唐津市）で明使の接待役の一人となった。彼らはキリシタンだからといって西洋かぶれであったわけではなく、白村江の戦い以来なかった日本の国外出兵という未曾有の事態の収拾にあたった国際人であった。

一方、河内キリシタンである三木半大夫の子の三木パウロは、秀吉の命令によりキリスト教の信仰を理由に長崎で処刑され、いわゆる「日本二十六聖人（聖パウロ三木と仲間たち）」の一人となった。その後、関ヶ原の戦いで敗れた行長は処刑され、小西氏は改易された。日本人のキリシタン武将が中央政権に重用された時代から、ウィリアム・アダムスなど直接イギリス人などが徳川家康の側近となる時代へ移り変わっていく。

摂河泉においては堺を除くと、キリシタンを領主とする城下町でしか、キリスト教は広まっていない。領主がある程度主導しないと、ほとんどの日本人には理解することが難しかったようだ。ジョアン・ロドリゲスは『日本教会史』で、一向宗を農民の宗派と捉えたのに対し、キリシタンを身分の高い者の宗教と対照的に述べている。

❖　❖　❖

戦国仏教を代表する浄土真宗の本願寺や法華宗は、顕密仏教や五山禅宗とは異なり、経済基盤としての荘園を持たず、多くの門徒や檀那の支援によって支えられていた。その本山寺院は山科や京都にあったが、本山に次ぐ御坊や末寺頭をそれぞれ大坂や堺に置いていた。ところが、天文の一向一揆で本願寺は大坂に移り、天文法華の乱により法華宗の諸本山は堺に避難した。後には、キリスト教宣教師も天台宗や法華宗の迫害を受け、正親町天皇の伴天連追放令により京都を追われ、飯盛城や堺を頼った。

京都盆地から追放された新しい宗教を受け入れたのは、大阪平野であった。それは僧侶の移動だけでなく、寺院を支える人・物・金の移動である。大坂と大和川流域の密接な結びつきは経済面で、本願寺の門跡成は政治面で、浄土真宗寺内町の発展の前提となった。法華宗日隆門流や臨済宗大徳寺派、キリスト教は、三好氏の庇護を受け、尼崎に法華宗寺内町を形成し、堺の南宗寺や三箇・岡山の教会など新たな核を創り出していく。そして、大徳寺派の津田宗及や千利休、小西行長をはじめとするキリシタンは、豊臣政権を支えるテクノクラートとなった。その一方、阿佐井野宗瑞のような、庶民のために出版事業に尽力した人物も忘れてはならない。

第七章　まちの発展と海外貿易

戦国時代の大阪平野を代表する都市は、貿易都市堺と大坂寺内町である。堺は、戦前は対外貿易が海外雄飛の象徴となり、戦後は会合衆（かいごうしゅう）による高度な自治が民主主義の根源として評価された。大坂の始まりは、近年では羽柴秀吉の大坂城ではなく、蓮如の大坂御坊と認識されるようになった。大坂寺内町を頂点とし、大阪平野には寺内町が形成されたが、それらは本願寺が大坂の地を去った後も発展を続け、現在でも自治体名や鉄道の駅名となるなど、現在に至る町の基礎を築いた。

その一方で、堺の自由は、織田信長や羽柴秀吉、徳川家康によって抑圧されていったとされる。また、大坂も信長との戦争の末に焼失した。いわば「敗北」や「仇花」とイメージされやすいが、そもそも武家権力の排除によって、堺や大坂の繁栄はあったのだろうか。そのような図式は成り立つのであろうか。

1　自治都市堺と平野

会合衆と環濠

自治都市として知られる堺は、その担い手として会合衆が注目されてきた。キリスト教宣教師のガスパル・ヴィレラが、一五六一年八月の書簡で、訪れた堺について、十人委員会が治め、神聖ローマ皇帝への納税が免除された自由都市ヴェネツィア（ベニス）に喩えた。日本で最も安全な町で皆が平和に暮らし、海と深い堀で堅固に守られていたという。そのためか、堺は武家の支配を排除して、自由を謳歌したが、織田信長に代官を置かれ、羽柴秀吉によって堀を埋められて、自治を失っていくとイメージされてきた。

しかし、堺の住民たちの地縁に基づく共同体は、摂津の住吉郡に属し、細川京兆家が支配する堺北荘と、和泉の大鳥郡に属し、相国寺の塔頭崇寿院が管理する堺南荘のそれぞれに形成された。永正五年（一五〇八）には幕府が「堺北庄名主沙汰人中」に対して撰銭令を発布しており、天文七年（一五三八）には「南庄中」が大坂本願寺に対して贈答を行っている。荘園の枠組みから、「堺北庄中」「堺南庄中」が形成されたのである（図7－1）。

南北それぞれの「庄中」の下には一〇を超える個別の町が存在しており、それらが自治の主体として、天文四年（一五三五）には念仏寺の築地の修理費用を取りまとめた。翌年に木沢長政の軍勢が駐屯した際には、舳松・今市・小屋の三町がまとまって、大坂本願寺に仲介を頼み退去を求めるなど、活動していく。

一方、会合衆は文明年間に堺南荘に居住していた季弘大叔が記した『蔗軒日録』によると、構成員は一〇名で、材木商の三宅主計（眼阿弥陀仏）、貿易商の池永入道、そして和泉屋道栄が代表格となり、堺北荘鎮守の菅原神社と堺南荘鎮守の開口神社の祭礼頭人を勤めた。また、会合衆として文明十七年（一四八五）には畠山義就被官の誉田正康の軍勢による狼藉禁止を交渉する一方、池永氏や三宅氏が開口神社の賽銭をめぐる相論で住吉大社の津守国則と掛け合って解決策を話し合ったり、念仏寺と馬場町の相論を仲裁したりするなど、堺の顔役として活動していく（藤本 二〇一七）。軍記物の『続応仁後記』などで構成員が三六名とされたため、教科書でも三六名説が採用された。しかし、天正二年（一五七四）に織田信長が相国寺で催した茶会に、堺より出席した紅屋宗陽・塩屋宗悦・納屋今井宗久・茜屋宗左・山上宗二・松江隆仙・高三隆世・魚屋千宗易（利休）・油屋伊達常琢・天王寺屋津田宗及が会合衆と考えられることから、構成員は一貫して一〇名のままであったようだ。

南北の庄中と個別町の枠組みは江戸時代にも生き続け、会合衆は糸割符年寄の祖と認識されていく。

また堺北荘と堺南荘の両方を取り巻く環濠が成立したのが確実に分かるのは、天文十八年（一五四九）九月である。和泉守護代の松浦守は三好長慶や遊佐長教と結び、細川晴元や和泉守護の細川元常、岸和田兵衛大夫、根来寺と対立した。この際、根来寺の猛勢に対して、守は堺に籠って戦うが「堺津堀際」まで根来寺が迫った（『古簡雑纂』）。後には三好長慶が「堺南庄中」に、堤や土塀の管理が等閑になっているから監督せよと命じている。武家は

地図2　江戸時代、元禄2年（1689）の堺の町
（「戸別位置番号図配置見取図」
〔前田書店出版部編『元禄二己巳歳堺大絵図』1977年、同部発行に収載〕に加筆）

図7－1　堺歴史地図（戦国時代の推定地図と江戸時代の地図）

企画・編集：吉田豊（摂津堺郷土史研究所）図版加工：山本ゾンビ（山本書院グラフィックス）
本図作成に際して，主に以下の文献を参考にした。

- 武藤直・原図「付図Ⅲ，中世」（小葉田淳『堺市史続編付図』堺市役所，1976年）
- 奥田豊「堺中・近世環濠比較図及び焼土検出地 慶長20年以前」（井溪明編『堺衆——茶の湯を創った人びと』堺市博物館，1989年）
- 増田達彦・土井和幸ほか『茶道具拝見——出土品から見た堺の茶の湯』（堺市博物館，2006年）
- 續伸一郎『よみがえる中世都市堺——発掘調査の成果と出土品』（堺市博物館，2010年）
- 永井正浩「堺——都市をかこむ堀を中心として」（『関西近世考古学研究』22号，2014年）
- 「世界に誇る堺環濠都市遺跡」（吉田豊編『さかい利晶の杜展示館案内』堺市博物館，2015年）

不安定な軍事情勢の中で、環濠の必要性を認めていた。

秀吉は天正十四年（一五八六）に堺の環濠を埋めるよう命じた。堺の自由を抑圧した象徴とされるが、これは前年に四国と紀伊を平定したためである。すなわち、堺周辺の軍事情勢は安定した。秀吉による平和の象徴として、環濠が廃されたと考えるべきであろう。兵庫城の廃城も同様に考えられる。

堺代官の変遷

堺の自治は武家を排除して成立したものではなく、細川京兆家が常に代官を設置していた（藤本二〇一七）。嘉吉年間に香西之長、文明年間には香西元長と、有力内衆の香西氏が堺北荘の代官の地位を世襲し、本庄（西山）氏を政所として現地に置いた。一方、堺南荘は延徳二年（一四九〇）に有力内衆の安富元家に与えられた。元家は小坂氏を政所に任じ現地に配している。その後、文亀三年（一五〇三）に元家が失脚すると、細川政元は側近の赤沢朝経（ともつね）に堺南荘を与えた。堺の経済力をあてにして、政元や畠山尚順が税を賦課してくることもあった。大永六年（一五二六）に細川高国が堺北荘の香西元盛を自害させると、その隙を狙って、翌年には足利義維・細川晴元・三好元長が堺に渡海している。

三好氏段階では、三好三人衆と連署するなど、彼らに並ぶ地位にあった譜代の宿老である加地久勝が堺代官となった。フロイスの『日本史』ではその地位をGovernadorとするが、信長の堺代官である松井友閑や、秀吉が任命した石田三成や小西立佐もGovernadorと記している。久勝は、渡辺津の渡辺氏を阿波の三好長治の被官による押領から守り、足利義昭や織田信長への反攻にあたって、大坂本願寺との交渉に当たるなど、その活動は多岐に及んだ。

信長は上洛すると、義昭に堺や大津（滋賀県大津市）、草津（同草津市）に代官を置く権利を求めたとされ、重商主義政策を採ったとか、先進性があったと指摘されるが、軍記物の『足利季世記』にしか見えず、事実かどうか疑わしい。堺商人の今井宗久を取り立てて徴税にあたらせているが、三好三人衆方より淡路水軍の安宅神太郎を離反させるために、堺南荘を与えており、それほど重きをおいてはいなかったようだ。信長が被官の松井友閑を堺代官として設置したのは、天正三年（一五七五）に河内の三好康長を服属させ、堺より三好義堅を排除してからである。

友閑は信長の茶会を取り仕切る一方、大坂本願寺との和睦交渉を担当したり、離反した松永久秀・久通や荒木村重との交渉や、豊後の大友宗麟などの取次を行ったりしている。京都所司代の村井貞勝と行動を共にすることも多く、堺の支配というよりも畿内全般を管轄した。

しかし、松井友閑は天正十四年に突如、秀吉によって改易される。秀吉は石田三成と堺商人でキリシタンの小西立佐の二人を堺代官とした。同年には環濠の埋め立てが始まり、堺の支配は目に見える形で一新された。立佐は三成に次いで堺代官となった三成の父の正継と塩風呂の掟書を定め、さらに堺代官を正継から継承した富田政澄と堺の一六ヶ寺の取次を行った（渋谷 二〇二一）。天正二十年に立佐が死去すると、子の如清が継承した。小西如清は石田三成の兄の正澄と共に代官を務めるが、河内・和泉の蔵入地の代官も兼任している。

関ヶ原の戦いの後、徳川家康は成瀬正成と米津親勝を堺代官に任じた。大坂夏の陣で堺が羽柴方の大野治胤に焼かれると、長崎奉行の長谷川藤広が堺代官を兼任し新たな町割りが行われた。菅原神社と開口神社を除く寺院は周縁部に移され、復興が図られていく。

平野の代官忌避

明応の政変に伴う正覚寺合戦で正覚寺（大阪市平野区）が衰退したのに代わり、経済的に繁栄し始めたのが、平野川の対岸に位置する杭全荘の平野（同平野区）である。平野の氏神である杭全神社は牛頭天王を祀ると共に、当時は熊野三所権現と呼ばれ、熊野信仰の中心の一つでもあった。近畿南部に広がるも本尊を安置する寺院を持たなかった融通念仏宗も、平野に定堂化していく動向を示す。浄土真宗も仏光寺派、遅れて本願寺派が平野に進出し、光永寺は大坂五人坊主の一角を占めた。さらには閻魔信仰の長寶寺も所在するなど、平野は様々な核を持つ都市であった。

そうした平野の住民は杭全神社を中心に結集し、長衆と烏帽子着衆からなる共同体を結成することで、堺に並ぶ高い自治を達成していた。そうした平野にも、三好氏の勢力が及んでくる。天文二十一年（一五五二）十二月、松永久秀は、坂上田村麻呂の末裔とされ、平野殿と呼ばれた杭全神社神主の坂上氏に領地を与え、被官の本庄加賀守と甥の松永孫六に執行を命じた。神主の権益を保護する形で、平野の支配を目論んだのである。

ところが、弘治三年（一五五七）七月、平野の年寄衆である成安氏や徳成氏ら一七名が代官の本庄加賀守を嫌い、一味同心して対処するため、連判状を作成したのである（『含翠堂文庫所蔵文書』）。対立の原因は不明であるが、いざという時には一揆を結ぶ意識を有していた。

永禄十一年（一五六八）に足利義昭と織田信長が上洛し、堺に税を賦課した際には、堺の「会合衆等」が「平野庄年寄御衆中」と、日本の歴史上初めて都市間同盟、都市連合を結ぼうとした（『東末吉文書』）。元亀元年（一五七〇）に大坂本願寺合戦が始まると、信長やその被官で平野代官を任じられた蜂屋頼隆は「平野庄中（惣中）」に交通税の免除や債権の保護などの特権を与え味方につける一方、年貢や天王寺砦を築くための用材は徴収した。大坂攻めを指揮した佐久間信盛・信栄も、平野の荷馬は免税されることを保証した。

平野では、三好義継が滅亡した天正元年（一五七三）に、一五ヶ条の定書をつくり、正月の年中行事から日常生活まで規定するなど、激化する周辺の戦争に対して結束を図っている。そして、天正六年五月には、年寄衆一一名が再び連署して蜂屋頼隆の下代である平井四郎兵衛の更迭を訴えている（『土橋文書』）。こうした不満を懐柔するためか、翌年に信長や松井友閑は平野に堺の馬座の権利を安堵した。長慶も信長も堺や平野を重視すればこそ代官を設置したが、それは往々にして反発を招いていたようだ。天正十一年のルイス・フロイスの記録には、この頃の平野は城のように竹で囲まれた美しい村で、富裕な人々が住むと記されている。

そうした平野に羽柴秀吉は目を付け、住民を大坂へ移住させるだけでなく、蔵入地としている。そして、天正二十年より秀吉の妻である浅野寧の支配となる。平野庄は四八〇〇石余の大きな領地であったが、寧は代官を置かずに、年寄衆より年貢を徴収した。大坂夏の陣後も寧の領地であったが、徳川秀忠は年寄衆の末吉吉康（すえよしよしやす）を代官に取り立て、寧が寛永元年（一六二四）に死去すると収公した。

こうしたなか、末吉増久（東末吉家）・利方（西末吉家）兄弟も豊臣政権と結びつき、それぞれ秀吉や上杉景勝から商人の交通税免除の特権が与えられた。増久は山形の最上義光、利方は徳川家康からも同様の特権を得ている。特に景勝からは船が免許されており、海運へも進出していた。利方は京都の後藤庄三郎と共に、慶長六年（一六〇一）に堺の両替商で銀吹きの大黒常是（湯浅作兵衛）を取り立て、伏見で銀座を設置するよう家康に進言し認められた。一〇名の頭役には利方の子の吉康もおり、資本を蓄積し朱印船貿易に乗り出していく。

融通念仏宗と大念仏寺

融通念仏とは、念仏を唱えると得られる功徳は一人だけの者ではなく、念仏を唱える全ての人に共有されるという信仰で、平安時代の良忍を祖とするが、法然や一遍も融通念仏の勧進を行っており、裾野が広い民間信仰でもあった。後には、浄土真宗の仏光寺派や本願寺派が拡大する前提にもなっていく。

南北朝時代に法明が出ると、融通念仏は河内中部を中心に近畿南部で爆発的に拡大し、中心となる六つの集団を形成していく。下別時（東大阪市）・八尾別時（大阪市平野区）・十箇郷別時（松原市）・錦部別時（河内長野市）・石川別時（河南町）・高安別時（八尾市）の六別時からくじ引きで大念仏上人が選ばれ、その上人の在所に本尊が移動する挽道場という形式を取っており、長く本山寺院を持たなかった。

ただ、天文十一年（一五四二）に大念仏上人が平野で練り供養（万部おねり）を行っており、平野は徐々に本山としての役割を果たし始める。そして、元和元年（一六一五）に代官の末吉吉康より寺地を寄進され、大念仏寺は平野に堂宇を定めることになった。

2　寺内町の成立

寺内とは寺の内部という論理で、浄土真宗寺院や法華衆寺院が獲得した特権が適用された空間を指す。

大坂

本願寺蓮如が明応五年（一四九六）九月に隠居所として大坂御坊を築いたのが、日本最大の寺内町となる大坂寺内町の始まりである（図7-2）。

本願寺証如は、天文元年（一五三二）に法華一揆に山科（京都市山科区）を焼かれると、大坂に本山を移す。そして、細川政元と澄元より獲得した債権保護と免税の特権を先例として交渉し、天文七年七月に細川晴元からも認められた。このため、非門徒も数多く居住し、発展していくことになる。当初、本願寺を取り巻く形で北町・西町・

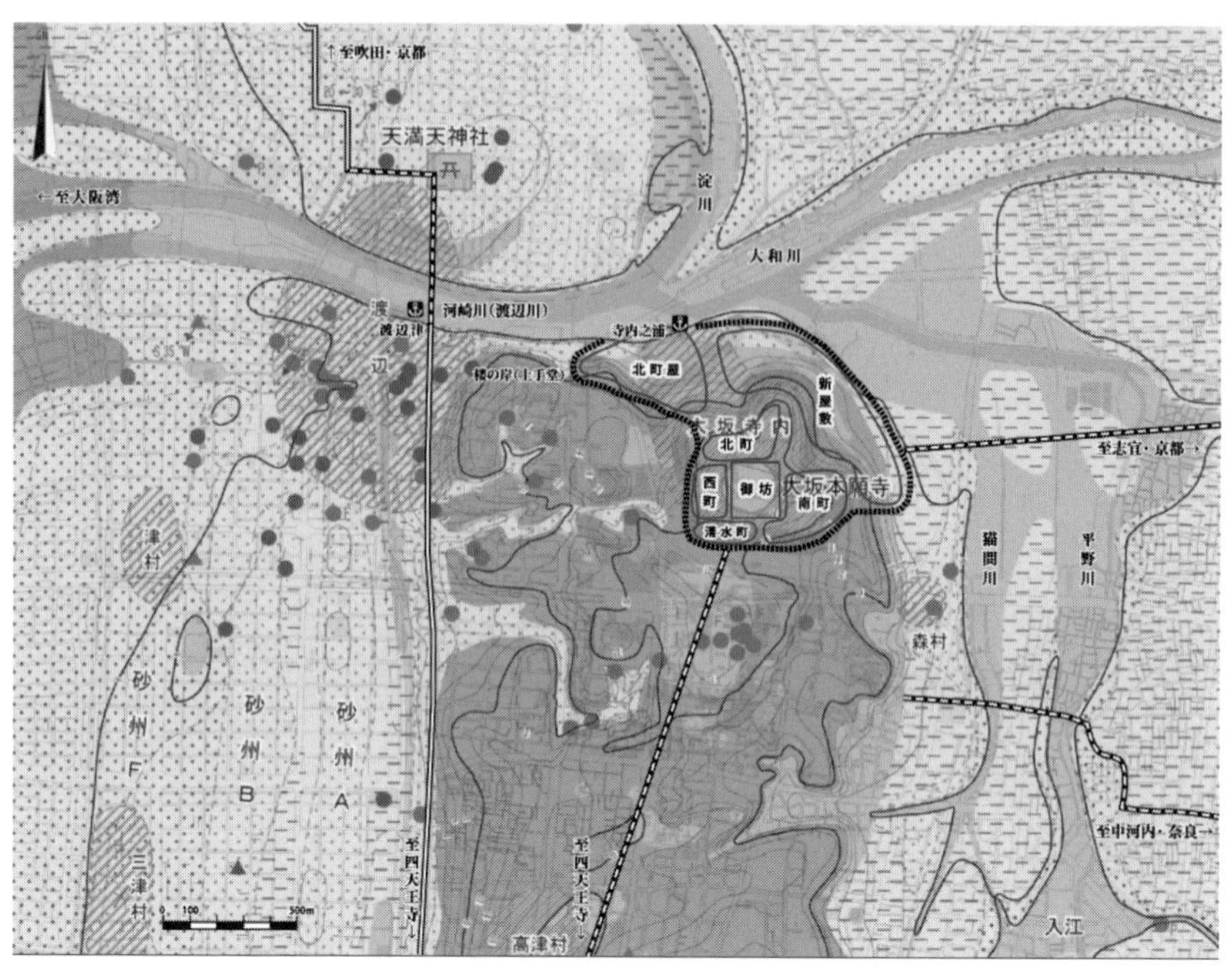

図７－２　大坂寺内町復元図（石川美咲作図 2018）

南町が成立したが、北町には「唐船（からふね）」が回航する「寺内の浦」が含まれており、拡大していった結果、北西の北町屋と北東の新屋敷が分離していった。西町は上町台地上を南へ伸び、清水町が独立する。南町は生玉（いくたま）神社（生国魂神社、大阪市天王寺区）の神宮寺である法安寺を包摂し、合わせて六町となった。

六町にはそれぞれ「町中」と呼ばれる共同体や、「老若」という年寄衆と若衆が存在しており、それらが町内の自治や揉め事の調停にあたった。その一方、領主である本願寺の裁許を仰ぐ場合も往々にして存在していた（仁木 一九九七）。町人の衛門四郎の遺産をめぐる娘婿と弟たちの争いでは、本願寺は譲状をもとに娘婿に権利を認めた。新屋敷の檜物屋町の排水をめぐって北町屋と相論が発生すると、双方に排水溝の設置を命じた。ところが、こうした証如の決定が速やかに行われたわけではなかった。敗訴した衛門四郎の弟たちは御堂に乗り込んで、参詣に訪れた門徒に対して、証如を罵った。このため証如は彼らを誅殺している。また排水をめぐる訴訟についても、北町屋は虚偽報告をしたうえ、北町屋も檜物屋町も排水溝設置を懈怠している。住民は領主である本願寺に、唯々諾々と従ったわけではなかった。

天文二十一年、北町に居住する「十六人番匠」が町共同体に対して納めるべき役を懈怠するという相論が起こった。番匠側は蓮如以来、町の番屋や櫓、橋、塀、釘抜を作るという御用を果たしてきたのだから、町の役は務めなくて良いのだと主張した。それに対し北町側は、番匠がきちんと仕事をせず、材木を不正に持ち帰ったりするので、近年は日雇いを使っていると反論した。証如は蓮如以来の番匠はほとんど絶えて、新入りばかりであること、ここ一〇年はきちんと仕事もしていないことから、番匠に蓮如以来の特権を認めず、町共同体に役を納めるよう命じた。本願寺自身が寺の論理より、町の論理を重んじたのである。

こうして見ると、証如と町衆は対立関係にあったかのように見えるがそれは違う。天文十五年六月、生玉神社の遷宮にあたって六町の衆が能を奉納したが、証如が見られなかったため、わざわざ再演している。また本願寺がひいきの能楽師である春日大夫にも町衆は援助したし、天文二十三年二月には、証如が病気より快復したことを祝って町衆が能を催すなど、町衆の保護者として信頼していた。

しかし、大坂本願寺合戦が終わり、天正八年（一五八〇）八月、教如が大坂寺内町の保護者の地位を降りるにあたって、町衆はそのまま大坂に残ってもよいことを信長は確約している。大坂の町衆は、本願寺の枠組みを乗り越えていく志向を有していたのである。

富田林と「大坂並」

富田林は、近畿南部の政治の中心である高屋城（羽曳野市）から南へ五キロの地に建設された寺内町である。文明十三年（一四八一）に浄土真宗仏光寺派の一四世である経豪（きょうごう）が本願寺蓮如に帰依し、興正寺蓮教（れんきょう）と名を改めた。そして、一六世の興正寺証秀が永禄三年（一五六〇）三月に畠山高政の被官である安見宗房より、諸税や債権破棄の免除、商人の座に関する免税、違法な質取の禁止について、いずれも「大坂並」に認めるという特権を「富田林道場」宛で付与された。この大坂本願寺と同等の特権は、畠山氏に代わり河内南部を支配するようになった三好実休の副将三好康長からも引き続き認められた。

そして、大坂本願寺合戦が行われていた元亀三年（一五七二）には、畠山秋高と対立する遊佐信教が本願寺と結ぼうとしたのか、「大伴道場（富田林市）」に「富田林・大ヶ塚並」の特権を認めている。こうして本願寺が細川政元・澄元・晴元から獲得した都市特権は、本山の大坂から半国規模の地域の中核寺院である富田林、さらに村落の道場である大伴へと、上位から下位へ都市ヒエラルキーに従って広まっていった。門徒は堺や平野、尼崎といった既存の大都市にもおり、本願寺は大坂が摂河泉の周辺諸都市より卓越した存在になっていく基礎を築いた。

ただ、こうした都市特権は、本願寺が武家権力との闘争の末に勝ち取り、統一政権や江戸幕府によって否定されたものではない。むしろ両者は協力関係にあり、寺内という経済特区が地域の興隆を牽引するとして、細川氏や畠山氏、三好氏によって認められ、その建設や存続が保証された。それゆえ永禄五年には、三好康長ら高屋城在城衆六名は、「惣国」の「寺内並」に特権を認めるという宛所がない文書を発給している（『聞名寺文書』）。三好康長らは本願寺の論理ではなく、支配する地域社会（河内南部）の論理で特権を付与しようとしていた。

また、大坂本願寺合戦は教団存亡の危機であり、本願寺の求心力は強化されたが、摂河泉の町や村が望んだ特権は本願寺の末寺であることを理由に認められることはなくなった。町や村の共同体である「惣中」が個別に織田方と交渉し、認可されるものとなった。さらに、債権保護や違法な質取行為の禁止は特権でなく、統一政権によって社会全体に保障されるものとなっていく。

貝塚と卜半家

貝塚は岸和田城から南へ三キロほどの海岸部に位置する。天文十九年（一五五〇）、本願寺証如は天文の一向一揆からの復興がなった和泉や紀伊を巡覧した。そして、同年八月に「和泉国南郡麻生郷堀・海塚」へ方便法身尊像（阿弥陀如来画像）を下付した。裏書には「願主卜半斎」とあるがこれは後筆で、卜半氏の自庵ではなく、「海塚坊」という御坊寺院に与えられたものと考えられている（大澤 二〇〇七）。証如は嘉祥寺（田尻町）以北を海塚坊に、以南を紀伊の御坊（鷺森別院）に管轄させようとした。

そして、天文二十四年に親鸞絵像と証如絵像が下付されて御坊としての体裁を整えると、近隣の有力国人である岸和田兵衛大夫からも、その地位が認められるようになった。大坂本願寺合戦の最中である天正五年（一五七七）

には、貝塚に和泉一国の一揆が立て籠もるなど、海塚坊は中心的な役割を果たした。

こうした海塚坊を支えたのは、津田右衛門や雑喉屋藤右衛門といった門徒で、雑喉屋は大坂か堺の商人であったという。そして、大坂本願寺合戦を通じて、佐野川卜半が本願寺顕如のために忠節を尽くし、顕如が大坂を退去する際には、卜半斎了珍が抗戦を続ける教如に与しないよう戒める書状を得ており、有力門徒として現れてくる。了珍は日根郡瓦屋村（泉佐野市）の有力土豪である新川氏の出身で、根来寺の福永院に住んだこともあるなど、戦国期に和泉南部を支配した根来寺とも通じた人物であった。

顕如は大坂から鷺森（和歌山市）へ移った後、天正十一年七月に貝塚へ入った。そして、天正十三年に本願寺は大坂天満へ移転することになり、顕如が海塚坊の留守居を卜半斎了珍に命じたことで、了珍の貝塚における地位は確立する。

本願寺が東西に分派していく際、教如の妻が新川氏の出身であったため、了珍とも親しく、慶長五年（一六〇〇）には徳川家康より、貝塚は教如の寺内と認められた。それに対して、准如は慶長十二年に海塚坊として存続させたうえで「願泉寺」いう寺号を下付した。こうして願泉寺は、両派に属する兼末寺院として位置づけられる。慶長十五年には貝塚の住民が卜半氏の苛政を訴えるという騒動が起こったが、家康より卜半氏勝訴の裁許を受け、「卜半寺内」は免税と認められた。これにより、卜半氏は貝塚寺内における領主としての地位が公認されたのである。

名塩と有馬氏

名塩（西宮市）は六甲山地東麓に位置し、中心寺院である教行寺は、文明七年（一四七五）に本願寺蓮如が村民の求めに応じて道場を開いたのが始まりとされている。その後、蓮如の八男にあたる富田（高槻市）の教行寺蓮芸が名塩の教行寺を兼帯し、蓮芸の長男実誓が富田教行寺を、次男の賢勝が名塩教行寺を継承した。

天文十九年（一五五〇）八月、有馬郡を支配する有馬村秀は、教行寺賢勝に名塩村と木之元（西宮市）を寄進した上で、月別山手・棟別銭・日役・陣夫役を賦課し、それ以外の税や債権破棄については免除した。村秀は教行寺が役を納めない時には改易するとしており、無制限の寺内特権を認めたわけではなく、名塩寺内の経済発展による税の安定的な収納を目論んでいたのである。

なお、名塩は名塩川の峡谷に位置するため、町場を展開できる平坦地は存在しないが、木之元は名塩川と武庫川の合流点で渡し場がある。摂津西部には六甲山地の南側を走る西国街道と、郡山（茨木市）で分岐し六甲山地の北側を通り有馬温泉（神戸市北区）へ向かう湯山街道があった。湯山街道には生瀬渡（西宮市）や、木之元で武庫川を渡って名塩を経る道があったが、戦乱の時代に西国街道に対して比較的安全な街道として頻繁に利用され、交通関も設けられていた。そうした事情が、名塩や木之元の町場化を促したのであろう。

3　堺の黄金の日々

遣明船と池永（湯川）氏

戦国時代における東アジアの貿易は、明を中心とする国家間の朝貢貿易と民間人による密貿易（倭寇）の二本立てであった。明は民間人の海外渡航を禁止する海禁政策を取り、国王号を付与した朝鮮の李氏や日本の足利氏、琉球の尚氏などにのみ朝貢を許し、それに皇帝の威信を見せつけるため、莫大な回賜品を授けた。そのため、遣明船を派遣する幕府が利潤を独占した。

幕府は兵庫津に来航する琉球船より薬種・香料・染料などを輸入し、明へ輸出していたが、応仁・文明の乱で兵庫津は焼かれ、来航は途絶えてしまう。そのため、堺より琉球に渡海しようとする者が相次いだ。そこで幕府も文明六年（一四七四）に堺の湯川宣阿や小島三郎左衛門の子らに遣明船派遣を命じ、その輸出品を調達するため、琉球に渡海させようとした（『島津家文書』）。また文明七年十二月には、池永（池長）兵庫助久重が坂本源次郎に預け置いた生糸が夷屋五郎に押領されたと幕府に訴えている（『親元日記』）。このうち宣阿は文明十五年四月に死去するが、稀代の「有徳人」と称えられ、その葬礼には貴賤が集まり市を成すほどであった（『親長卿記』）。宣阿の子の新兵衛は会合衆で池永入道とも呼ばれ、同年には遣明船に乗り込んでいる。この新兵衛・新五郎親子をはじめ堺商人は、大徳寺に復興費用を寄進した。また宣阿の妻芳仙は長享二年（一四八八）に堺南荘鎮守である開口神社の神宮寺の念仏寺に畠地を寄進し、池永永阿も明応四年（一四九五）に念仏寺に貸し付けを行っている。池永長阿は天文二十一年（一五五二）に父の永阿が貸し付けていた一〇〇貫文をそのまま寄進した。遣明船の実務を請け負った池永氏の富裕ぶりがうかがえる。

こうした貿易の利潤を独占しようと、細川氏は琉球に渡海する者を許可制にしようとしたし、博多を治める大内氏も遣明船に関与しようと目論んだ。大内氏は堺に代官として杉氏を置き、文明年間より博多禅の中心的門派であった聖一（しょういち）派に属する堺の海会寺や、池永氏と連絡を取り合っていた。そして、大内義興は永正十三年（一五一六）に遣明船を派遣する権利を将軍足利義稙より獲得すると、大永三年（一五二三）に池永修理に命じて、浙江省寧波（ニンポー）に遣明船を派遣した。その直後、細川高国が派遣した遣明船も明の役人に賄賂を払い入港したため、大内船は、細川船だけでなく、寧波を焼き払った。いわゆる寧波の乱である。

細川高国を倒した細川晴元も堺商人と結んで、天文初年に遣明船派遣を計画する。土佐に在国する公家の一条房（ふさ）家（いえ）のもとで船が建造され、本願寺証如の助力も得た。堺南北の「客衆中」と本願寺の交渉にあたっては、木屋宗観と小西宗左衛門が仲介にあたっていた。ところが、細川氏綱を担ぐ畠山稙長が妨害したり、大内義興の子の義隆が将軍足利義晴に細川船の派遣延期を訴えたりしたことから、出航できないでいた。

義隆は天文八年（一五三九）に遣明船を派遣するが、一号船船頭は博多の神屋運安、二号船船頭は博多の河上杢左衛門と堺の池永新兵衛、三号船船頭は堺の池永宗巴となった。この時、明に輸出する瑪瑙（めのう）を調達するため、本願寺証如と交渉したが、両者を取り次いだのは堺の日比屋一族であった。天文十六年の遣明船は、一号船は博多商人が中心となったが、二号船には日比屋代助四郎や小西与三衛門、三号船には盛田新左衛門や池永次郎左衛門など堺商人が乗り込み、四号船の船頭は薩摩の田中豊前守が勤めた。

池永氏が半世紀にわたって堺の貿易商人の代表として重要な役割を果たしてきた遣明船貿易は天文十六年で途絶し、新たな道を模索せざるを得なくなった。それが渡辺津や難波荘への進出で、渡辺氏との抗争が展開されていく。

図7－3　狩野内膳筆『南蛮屏風』右隻
（神戸市立博物館所蔵／Photo: Kobe City Museum/DNPartcom）

来航船と日比屋一族　十六世紀中期、東アジアの貿易体制は転換期を迎えた。中国船が日本の銀を求めて倭寇となり、キリスト教布教と一体化したポルトガル船が新たに現れた。彼らは九州や畿内にやってきて、来航船貿易を展開していく。大阪湾にも「唐船」が来航し、天文十五年（一五四六）には堺と兵庫津に、翌年には大坂にやってきた。

天文年間の遣明船に関与し、本願寺や大内氏との繋がりを有していた日比屋一族は、キリシタンとなり来航船にも対応していく（岡本 二〇二二）。日比屋一族は堺の櫛屋町に屋敷を構える商人で、日比屋助四郎は天王寺屋津田宗達と茶会を行う茶人でもあった。

天文十九年（一五五〇）には、日比屋空道が周防より上洛しようとしたイエズス会のフランシスコ・ザビエルに堺で宿を提供した。翌年、その子の了珪（りょうけい）の紹介で、ザビエルは京都で小西立佐の歓待を受けている。了珪と了荷（りょうか）の親子は、永禄三年（一五六〇）に将軍足利義輝に謁見したガスパル・ヴィレラの保護者となり、翌年に堺へ招いた。この時、まず了荷が受洗しヴィセンテの洗礼名を得た。そして、了荷の説得により、永禄六年に了珪も改宗しディオゴの名を得る。

そうした了珪と了荷は来航船貿易のため、豊後府内（大分市）や横瀬浦（長崎県西海市）、平戸（長崎県平戸市）へ頻繁に赴いている。遣明船を請け負った池永一族が衰えていくなか、日比屋一族はキリシタンになることで来航船へ対応しようとしたのである。

了珪は娘のモニカを、本願寺の門徒であった一族の宗礼に嫁がせ改宗させた。また、モニカの妹のアガタが小西行長の兄で堺代官となる小西如清ベントの妻となっている。堺の都市の規模からすると、キリシタンの数はかなり少なく、商人も日比屋一族と小西氏に留まったが、ザビエルはマラッカ総督に堺商館の建設に向けた手応えを伝えている。

こうした来航船貿易は、徳川家康の貿易統制により変化していく。家康は慶長六年（一六〇一）にベトナムとフィリピンに対して朱印船貿易を通告し、東南アジアに順次拡大していく。慶長九年より、平野の末吉吉康（孫左衛門）が毎年朱印状を受け、フィリピンに貿易船を派遣している。堺からは今井宗薫が参加した。また同年五月には京都・堺・長崎の商人が来航したポルトガル船と最初に交渉して、中国産生糸の輸入価格を決定した後、それ以外の売買を行う糸割符制度を導入した。さらに日本の貿易体制は管理が強化され、徳川家光の時に朱印船を廃止し、長崎に来航船を一元化することで、徳川氏が利潤を独占するものとなった。

堺と鉄炮

鉄炮の日本への伝来は、天文十二年（一五四三）にポルトガル人や倭寇の王直（おうちょく）が種子島にもたらしたものとされる（『鉄炮記』）。しかし、実際には倭寇を通じ、分散波状的に伝えられたと考えられている。

種子島の鉄炮は、様々な経路で畿内へ伝えられた。一つ目は、橘屋又三郎（またさぶろう）が種子島に渡って炮術を学び、堺に持ち帰ったという。二つ目は、根来寺の杉坊が津田算長（かずなが）を派遣して鉄炮を持ち帰らせ、鍛冶の芝辻清右衛門（しばつじせいえもん）に製作させたという。当時の杉坊には、河内守護代遊佐長教の弟である明算が入寺していた。また、根来寺は加太（かだ）（和歌山市）の港を支配しており、坊津（ぼうのつ）（鹿児島県南さつま市）には末寺の一乗院が進出するなど、東シナ海に独自の教線を保持していた。この二つは、その後の堺と根来における制作とも関連する逸話である。

また、種子島で製作ないし購入されたものが畿内へ伝えられた経路もある。それが法華宗日隆門流の教線で、細川晴元は本山の京都本能寺より種子島の鉄炮を贈られ、本能寺に返礼するだけでなく、種子島にも謝意を伝えるよう依頼している（『本能寺文書』）。十五世紀中期に種子島の日典が奈良で律宗を学んだ帰途、堺で帰島する船待ちをしている時に、尼崎本興寺の日隆に師事し改宗した。それ以降、種子島は全島が日隆門流に帰依し、本源寺（ほんげんじ）は領主である種子島氏の菩提寺となった。本源寺からは、鉄炮以外にも硝石（焔硝）や唐目の五色糸、琉球布、屋久島織物などが、本能寺へと進上されている。

畿内に持ち込まれた鉄炮は、すぐに戦争に使用された。天文十九年（一五五〇）二月、足利義晴は三好長慶の鉄炮に備え、二重の壁に石を詰めた中尾城（京都市左京区）を築いたという（『万松院殿穴太記』）。同年七月には義晴方が長慶方の与力を鉄炮で討ち取っており、両軍共に一定数の鉄炮を備えていたようだ。また、翌年十二月には、本願寺の寺侍である下間頼言が鉄炮で仕留めた雁を証如に献上し、証如が雁汁にして順興寺実従らに振る舞っているので（『私心記』）、鳥銃として狩猟にも用いられていた。

こうした鉄炮の火薬製造に必要な硝石については、天文二十一年十二月に足利義輝より調達を命じられた本願寺証如は、堺で購入して献上している。元亀元年（一五七〇）六月には今井宗久が羽柴秀吉より鉄炮薬と硝石の調達を依頼され、天正三年（一五七五）九月には千利休が織田信長に鉄炮玉を送っている。火薬のうち硫黄は自給できるが、硝石はほぼ全て海外から輸入するしかなく、不足しがちな鉛はタイやカンボジアの鉱山に頼っていた。これらを調達できるのは、堺商人をおいてなかったのである。

また、鉄炮自体は堺で製造が始まっており、天文二十二年五月に、足利義輝が霊山城（京都市東山区）に南方（堺か）より鍛冶を召し寄せて作らせた鉄炮を上野国人の横瀬成繁に贈っている。弘治二年（一五五六）に来日した明使の鄭舜功が記した『日本一鑑』には、鉄炮の製作地として、和泉・豊後・平戸・坊津が挙げられている。フロイスの『日本史』によると、一五六五年に福田（長崎市）に入港したポルトガル船を襲った日本人が堺製の鉄炮を使用しており、九州にまでその使用が広がっていたことが分かる。

このような鉄炮が大量に使用された戦いとして、大坂本願寺合戦がある。本願寺は雑賀衆に対して、大筒をはじめ、鉄炮を数百丁単位で狙撃手と共に派遣を要請していた。これに対抗するため、織田信長も天正六年に鉄炮を防ぐため鉄板を貼った鉄船を堺沖に廻送し威嚇している。大坂の陣では、堺の榎並屋勘左衛門ら三名が徳川家康より大筒一二丁を受注した。その功績により、榎並屋三名と芝辻家二名の五名で構成される鉄炮鍛冶年寄が、平鍛冶を支配する体制が形成された。

　堺や平野はその繁栄ゆえに、武家権力は常に代官を配置してきた。当然、そうした代官を忌避する時もあるが、武家権力全般を排除する動向にはなかった。堺で三好長慶が建立した南宗寺は会合衆の天王寺屋津田氏も檀那となり、三好実休が帰依した日珖は実休の菩提のため、実家で会合衆の油屋伊達氏の援助により妙国寺を設けている。池永一族や日比屋一族が深く関わった海外貿易も、武家権力との密接な繋がりがあった。

　大坂寺内町を頂点とする浄土真宗の寺内町も、本願寺が一向一揆により武家権力から特権を勝ち取って作ったものではない。地域の復興や経済発展を進める中で、本願寺と武家権力が協調し、両者が建設した都市であった。そこに集った人々が求めた特権は免税や債権の保護、狼藉の禁止であったが、それはやがて、一部の寺内町だけのものではなく、社会全体で保障されるものとなっていく。

◈　◈　◈

第八章　人々の暮らしと生活の再建

戦国時代、庶民は絶え間なく続く戦乱に加え、自然災害や飢饉にも苦しめられた。公権力が分裂している状況では、郡や国を越えて広がる災害に対処できなかったのである。また統一政権ができあがっても、大災害の場合には現在と同様に、復興には一〇年単位の年月を要した。人間を遥かに超える自然の力に対して、人々は年中行事を通じて、安穏と豊作を神仏に祈った。だからこそ、領主も堤防を維持し管理するだけでなく、寺社再興も心掛けるのである。

そして、日頃の生活が苛酷だったぶん、祭りや参詣は活況を呈し、時には喧嘩が起こり、暴徒化する場合もあった。現在まで続く祭礼や観光もあれば、変わってしまったものや、途絶えてしまったものもあるが、公家や武士、アジアの外交官やヨーロッパの宣教師の目に映った庶民の姿は、悲惨なものばかりではなく、風流もあり、荒々しく賑やかである。

1　日根荘の一年

春から夏へ　文亀元年（一五〇一）三月、前関白九条政基（くじょうまさもと）は、和泉両守護に押領された日根荘（泉佐野市）の支配の再建のため、自ら家僕など一〇名余を伴って下向し、前代官の根来寺に代わって直務支配を開始した。日根荘は日根野村と入山田村で構成され、日根野村はさらに東方と西方に分かれ、さらに東方の中には久の本村・西上村・溝ノ口村といった小村があった。入山田村も船淵村・菖蒲（しょうぶ）村・大木村・土丸（つちまる）村の四つの小村から成っていた。政基が在荘した三年半の間に記した日記『政基公旅引付』からは、村人の一年の生活が見えてくる（木村 一九九五）。以下は全て旧暦である。

正月の最初の行事は吉書始である。番頭や古老五〇余名が政基のところへ行き、仏神事の興隆、勧農の励行、年貢の進納といった相互の義務を確認する儀礼で、饗宴が行われた。七宝瀧寺では領主の安穏を祈る修正会が行われ、政基に大般若経と牛王宝印が進上される。十五日に長福寺で三毬打（どんど焼き）が行われると、荒田起こしをして、水を入れ、しろかき、苗代つくりと、本格的に農作業が始まっていく。

四月二日は、日根荘の鎮守で和泉五社の一つでもある大井関社（日根神社）の祭礼があった。無辺光院は政基に赤飯や酒を献上している。大井関社では根来寺や守護方よりそれぞれ数十頭の馬を借りてきて、馬行列や射礼を行い、夜には猿楽が興行された。四月中・下旬になると前年の冬にまいた麦を収穫し、田植えの準備を行っていく。この麦で、秋の収穫までを食いつながねばならない。五月五日には茅巻を食べ、政基は菖蒲を屋根に葺いた。そして、六月には村人から段銭が政基に納められるが、政基はそれを使って大井関社で連歌を催している。連歌はたんなる歌会ではなく、神事の側面も有した。

秋から冬へ

夏から秋にかけては、何度も旱魃に見舞われた。対処方法はなく、神に祈るしかなかった。雨乞いは滝宮（火走神社）で行い、降らなければ七宝瀧寺、次いで不動明王堂で催した。その最終手段として、犬鳴山の滝壺に鹿の死骸などの不浄なものを投げ込み、神を怒らせて雨を降らせる習俗があった。そして、霊験があり雨が降ったら、「雨喜の風流」として、船淵村と菖蒲村は絹の旗を、大木村と土丸村は紺の旗を立て、相撲を奉納した。

雨が降らなければ、稲を踏み返し、蓬を植える決断をしなければならなかった。また蕨を採取して水にさらし粉にして救荒食としたが、飢饉になると寡婦と子供の世帯が最初に追い詰められて蕨の粉を盗んだりしたため、村人に殺される事件が発生した。

七月十五日の盂蘭盆を挟んで、十日頃から各村で念仏踊りが始まり、政基が住む長福寺の本堂の前の庭で披露した。十三日には船淵村の村人が風流念仏を催したが、政基は村人の所作は仕草も台詞も京都の能の名手に劣らないと感心し、酒を振る舞った。十五日の菖蒲村、十六日の大木村と滝宮にも「興あり」と褒めている。

そして、八月十三日に野宮（野々宮）の祭礼があり、十五日には府中惣社（泉井上神社、和泉市）に大鳥社（堺市西区）・穴師社（泉大津市）・聖社（和泉市）、積川社（岸和田市）・大井関社の和泉五社の神輿が集結する「五社宮放生会」が催された（田村 二〇〇八）。多くの見物衆が集まるため、守護の被官が警固にあたったにもかかわらず、喧嘩が起こり、警固人も狼藉に加わって、死者が多数出ている。滝宮では二十四日に猿楽、二十五日に田楽が催された。こうして五穀豊穣を祈り、収穫への機運を高めていった。

九月になると、松茸・柿の収穫や紺染の原料にする灰焼が山で行われ、下旬には稲刈りが行われた。十月には麦蒔きをし、年貢や段銭を納入した。十一月十日には滝宮で、木でいろいろな物を積んで焼き、来年の豊作を神に祈願するホタキをした。

年末には、番頭や僧侶が政基に歳暮を献上し、長福寺では煤払いが行われ、新年を迎える準備をする。

2　祭礼と観光

堺と天王寺の祭り

寺社で催される祭礼は宗教行事や信仰に留まらず、多くの人々の参詣や見物、観光を促すハレの場であった。摂河泉で代表的なものが、住吉御祓である。住吉大社（大阪市住吉区）の夏の例大祭で、夏越の日である六月晦日に、疫病にかかりやすい夏を乗り切るため、茅の輪をくぐって心身を祓い浄めるだけでなく、堺の宿院にある頓宮まで神輿渡御を行った。少なくとも八世紀後半には、「六月御解除」として恒例行事となっていたようだ。

堺の海会寺住持であった季弘大叔は『蔗軒日録』に、文明十六年（一四八四）の住吉御祓について、騎馬一〇〇人ほどが外国を討つべく古の武装をした神（神功皇后か）を捧げ持ち、神輿を送ってきたとし、その様子は京都

図8－1　『住吉祭礼図屏風』右隻部分（堺市博物館所蔵）

の祇園会や深草祭のようであったと評している。宣教師のガスパル・ヴィレラも書簡に、永禄四年（一五六一）のその様子を記している。まず、両手に刀を携えた偶像（猿田彦か）が騎乗して進み、弓矢を携えた小姓が続き、鷹匠が従った。その後、徒歩や騎馬で偶像の伴をする大勢の者が武装して「千歳楽、万歳楽」と唱えながら歌い踊っていると、大群衆が殺到したという。その後ろに白衣の社僧が続き、さらに巫女が美しく着飾った婦人に付き添われて歌いながら歩いた。それに続くのが、三、四〇人に担がれた神輿で、見物する全ての人から大いに畏敬されていた。その後ろにも、「千歳楽、万歳楽」と繰り返す人々が続いた。街路の両側には柵を張り巡らせていたから、熱狂的な見物人により喧嘩も起こっただろう。

十七世紀初頭の祭礼が描かれた『住吉祭礼図屏風』（堺市博物館所蔵。図8－1）によると、毛槍を先頭に南蛮人や母衣武者の仮装をした者が参加し、偶像は猿田彦であった。サンフランシスコ・アジア美術館所蔵の屏風には、平野から出仕した花笠を付けるアハラヤという少年や鼻の高い南蛮人もみえる（堺市博物館 二〇二三）。

一方、少なくとも十五世紀前半から十七世紀初頭まで盛大に行われていたものの、現在途絶えてしまったのが、天王寺の土塔会である（本多 二〇二二）。四月十五日に、四天王寺南大門の前の土塔宮で行われた祭礼であったようだ。公家の甘露寺親長や山科言経、本願寺蓮如や証如、順興寺実従が見物に訪れている。住吉御祓と同様に喧嘩が起こるほど、見物人が熱狂した。大坂本願寺合戦の最中の天正四年（一五七六）五月に四天王寺が焼亡して一時中断したが、貴賤が群衆するまでに復興を果たした。土塔会には、「山」や「ホコ（鉾）」、「タンシリ」が出ていた。

だが、大坂冬の陣で四天王寺は再び焼失する。その後、大坂と天王寺を繋ぐ南北平野町からは住民の流出が続き、四天王寺周辺も火除け地を設けるため住民が立ち退かされたことで関係が薄れ、土塔会はすっかり凋落したという。

有馬温泉

室町時代後期の禅僧で歌人でもある万里集九（ばんりしゅうく）は『梅花無尽蔵（ばいかむじんぞう）』で、日本で最も良い湯は草津・有馬・下呂であると評している。有馬温泉（神戸市北区）は当時、湯山と呼ばれ、貴賤が病気の治療や観光のために訪れた。よく知られているのは、前関白の近衛政家（まさいえ）、連歌師の宗祇・肖柏（しょうはく）・宗長（そうちょう）、僧侶では本願寺蓮如や興福寺大乗院尋尊、武家では伊勢国司の北畠政郷（まささと）や播磨赤松氏の家宰浦上則宗（のりむね）、そして将軍足利義稙と足利義輝も来訪した。女性も、将軍足利義晴女房の佐子局（さこのつぼね）や正親町天皇の女官の長橋局（ながはしのつぼね）が訪れている。

豊臣期になると、羽柴一族やその妻だけでなく、小早川隆景や前田利家・徳川秀忠などと共に、蒲生氏郷や細川藤孝など諸大名の妻の湯治が相次いだ。本願寺関係者の湯治も多いが、摂津中島の紺屋市右衛門尉夫妻や京都油小路の孫右衛門妻といった庶民も見える。

こうした有馬温泉への湯治は、東から池田や生瀬（西宮市）を経て向かう経路や、南の兵庫津から北上する経路があり、客がこれらに宿泊することで発展をもたらした。このため、有馬郡を支配する有馬氏も、郡内に西より三本松・湯山両関・船坂両関・生瀬の関所を設けている。

湯山の中心は、行基に因み薬師像を祀る律宗の温泉寺（おんせんじ）で、源泉は一の湯と二の湯があった。湯治客は温泉寺に参詣し、一の湯を使う御所坊・上大坊・二階坊・角坊・中之坊・尼崎坊・奥之坊・伊勢屋や、二の湯を用いる下大坊・素麺屋・兵衛・池之坊・息殿（休所）・水舟屋・大黒屋・川崎屋などの湯宿に宿泊した。滞在日数は二一日ないし一四日で、この間に鼓滝や鎌倉谷などの見物も楽しんでいる。湯山の名産は木製品で、柄杓や楊枝、特に印籠・香合などの挽物が土産として喜ばれた。

観光地として栄えた湯山であったが、享禄元年（一五二八）十二月に温泉寺が大火によって焼失した。この際、宝塔の下より埋蔵経が見つかり、西大寺の長老や三条西公条によって後奈良天皇の叡覧に供された。こうした所縁もあってか、三条西実隆が温泉寺再建のための勧進帳を書いている。また、戦乱に際しては、阿弥陀堂が有馬氏や幕府、秀吉夫妻より領地の安堵を受けたほか、湯宿が結集して「湯山中」や「(有馬)惣中」といった共同体をつくり、町を守った。

秀吉が湯山を支配するようになると、善福寺・池之坊余田氏・奥之坊浅野氏の三者が代官に取り立てられ、税の徴収を行ったり、賓客の接待を命じられたりした。文禄三年(一五九四)には秀吉が町屋を壊して御殿を造営しているが、湯山の住民は相次いで酒や肴を買ってまで進上しようとしており、秀吉は菜や大根、餅といった手作りの品のみ受け取るとしていることから、両者の関係は良好だったようだ。

文禄五年閏七月、慶長伏見地震によって、秀吉の御殿は倒壊し、一の湯も二の湯も熱湯となり、湯治客が入ることができなくなるなどの被害が出た。秀吉は翌年六月に三田城主の山崎家盛が地獄谷に新たな湯を掘ろうとしていたのを止め、源泉修理を命じるなどして復興に努めている。

深野池と新開池

大和川の分流は深野池や新開池に流れ込み、大坂の西北で淀川(現在の大川)と合流し、大阪湾に注ぐ。足利将軍家と細川・畠山両管領家の権益が複雑に絡み合う、この地域の東西に、飯盛城(大東市、四條畷市)と大坂寺内町という大きな中心核が成立した。そうすると、本願寺の関係者が周辺に物見遊山に出かけるようになり、大坂や飯盛城に訪れる人も相次いだ。

本願寺証如は、天文二十年(一五五一)四月に新開池へ船遊びに出かけている(『天文日記』)。証如はお付きの女性たちと共に船で、小者や鑓持ちといった従者は陸路で向かった。新開池では二艘の屋形船に乗り替え遊覧を楽しんでいたが、強風が吹き始め、網を入れても魚がかからなかったようである。証如は世話になった六ヶ郷(東大阪市)の年寄に、酒盃を与えて礼を述べた。夕方になると海上のように時化てきたので、遊覧を諦め、大坂寺内町の浦に帰った。新開池は大坂と河内各地を繋ぐ水路であるだけではなく、観光地でもあったのである。

三好長慶がキリスト教布教を公認したため、飯盛城には多くの河内キリシタンが居住していた。永禄八年(一五六五）、宣教師のアルメイダが堺より飯盛城に向かう際、彼を出迎えたのが、深野池に拠点を置き、多くの漁船を支配した三箇頼照サンチョ・頼連マンショ親子であった。頼照は飯盛城でガスパル・ヴィレラを歓待していたため、頼連が二艘の船を用意してやって来た。一艘は料理専用船で、船上で料理した温かい食べ物を振る舞い、茶湯も提供した。その後、アルメイダらは六名の者が担ぐ駕籠で、山上に登っている。

元亀四年（一五七三）の復活祭（イースター）が三箇（大東市）の教会で催された際、ロレンソ了斎やフロイスをはじめ、多くのキリシタンが堺や京都から集まり、キリシタン以外の者も見物にやって来た。頼照らは、多くの漁民や二〇〇艘もの漁船を動員し、四艘の船を連結させて座敷船を設え、フロイスらに漁撈を見学させている。

深野池や新開池の楽しみは、船で網漁を見物し、採れたばかりの魚を肴に酒を飲むことであった。江戸時代になっても三箇村が深野池と新開池の漁業権を持ち、鯉・鮒・鯰・はす・わたか・えび・鰻・つがになどを採り、大坂に売りに行っている。

3　参詣客・外交使節が見た摂河泉

三条西実隆と『高野詣眞名記』

戦国時代の摂津・和泉の様子を記した紀行文として、三条西実隆が高野山に参詣した際の『高野詣眞名記』『実隆公記』『再昌草』『住よし紀行』がある。

大永四年（一五二四）四月十九日、七〇歳の実隆は連歌師の周桂（しゅうけい）と共に、後柏原天皇の爪を高野山に納めるため、輿に乗って京都を出発した。まず伏見で乗船し、鵜殿（うどの）・三島江（みしまえ）（高槻市）の景色を楽しみ、榎並（えなみ）（大阪市城東区）で夕食を取りながら淀川を下って、大坂で宿泊した。通行証については、細川高国の被官である波々伯部正盛が用意したので、関所で交通税を取られることはなかった。翌日、大坂御坊を歴覧したという。そうしていると、堺の光明院の檀那より迎えの輿がやってきたので、四天王寺に赴き石鳥居や金堂、亀井を巡礼し宝物を拝見したり、歌を詠み、長老衆と酒宴を催したりした。その後、住吉大社へ参詣して神楽を拝見し、和歌を奉納すると、堺に向かった。そして、堺に住む連歌師で中院通淳の子の牡丹花肖柏と酒食を共にした後、二十二日に大鳥大社、信太森（和泉市）へと進むと根来寺より迎えがあり、二十三日に粉河（和歌山県紀の川市）に詣でて、高野山に入った。二十五日には下山し、二十六日に根来を発つと、和歌吹上（和歌山市）、佐野（泉佐野市）、高師浜（高石市）を経て、堺に帰った。二十八日には塩風呂に入り、浜を見て楽しんでいる。しばらく肖柏をはじめ数人と歌会や連歌を楽しんだ後、五月二日には住吉大社や四天王寺に再び詣でた。念仏堂では六甲山に出現した弥陀三尊や聖徳太子の書物などを拝見したが、西行の座像が以前の地震で砕けたことを知り衝撃を受けている。高津（大阪市中央区）で光明院の人夫などを堺に返して、代わりに芥川城（高槻市）の能勢国頼より迎えに来てもらい、中島天神（大阪天満宮）の松原を散策し、渡辺津から船に乗って長柄渡などを経て、芥川の善住寺に一泊している。三日に水無瀬（島本町）の御影堂に参詣した後、四日には京都に帰り、参内して報告を行った。

三条西公条と『吉野詣記』

天文二十二年（一五五三）二月二十三日、六七歳の三条西公条は連歌師の里村紹巴と共に寺社参詣と桜の花見のため、大和へ向かった。公条は三月五日に吉野山へ到着した。そして、十日に信貴山（奈良県平群町）に登り、朝護孫子寺の本尊である毘沙門天（多聞天）を拝観し、懸造の舞台より景色を絶賛している。下山すると、八尾木（八尾市）の金剛蓮華寺へ向かった。十一日には、八尾の地名の由来について、鶯の尾が他所の鶯は一二枚であるが、この地の鶯は八枚であるからと聞いている。その後、太子堂（同）の大聖勝軍寺に立ち寄り、秘仏の聖徳太子像を密かに拝観し、紹巴と歌を詠んだ。その後、住吉大社に詣で、松原のあちらこちらで酒盛りをして歌を詠んだり、浜で潮干狩りしたりする人々を眺めつつ、四天王寺に向かい、別当の大覚寺門跡の被官である野路井氏の案内により薬師院で一泊した。十二日早朝には特別に舎利出しの法要を見せてもらい、大いに喜んでいる。ここで、六代将軍足利義教が京都へ舎利を召し出した際に、亀井の水が止まってしまった逸話などを聞いた。そして、執行職の秋野房亨順に渡辺津・大江まで送ってもらい、酒宴を催してもらう。十四日に水無瀬より輿で帰京した。

実隆・公条親子は、各地をめぐる案内人として最適な連歌師を伴い、歌枕の名所を実際に目にして歌を詠んだ。

路次においては、守護の被官や領主、檀那、寺院といった地域の有力者の伝手を活用し、出迎えや宿泊、見送りなどの縁を得た。時には公家の特権を活かして、秘宝を拝観し喜んでいる。また二人の路次から、四天王寺と住吉大社が観光地として確立された地位にあることや、川港としての渡辺津の重要性が明らかとなる。そして、戦乱の最中でも、庶民が参詣にかこつけ遊興する姿も見え、公条も「ここちよけなり」と微笑ましく見ており、庶民が生活を楽しんでいた様子がうかがえる。

鄭舜功と『日本一鑑』

弘治二年（一五五六）、明の鄭舜功は嘉靖帝の裁可を得て、倭寇の取り締まりを足利将軍に要請するため、日本にやって来た。鄭舜功は豊後の大友宗麟に留め置かれたが、副使の沈孟綱と胡福寧が京都で後奈良天皇や三好長慶と交渉した。鄭舜功は日本滞在中に収集した情報を持ち帰り、日本の歴史や人物をはじめ、その習慣、地理、日本語についてまとめた『日本一鑑』を編纂した。

『日本一鑑』によると、大阪湾内には大きく二つの航路があった（大澤 二〇一九）。一つは友ヶ島水道を越え、淡輪（岬町）を経て、堺から底が浅い平船を用いる航路である。渡辺川を経て、大坂、守口を過ぎ、八幡へと進む。もう一つは瀬戸内海を進み、室津（兵庫県たつの市）から明石海峡を越える航路である。兵庫津の中では平船を用いた。その後、西宮を経て、神崎川に入り、吹田、山崎と淀川を進む。

また、摂河泉の各地についても描写がある。摂津では、「小坂（大坂）」が「城」として表記されており、大坂寺内町が都市（城市）として繁栄していることを示す。大坂の北には幡部川（渡辺川）や「長川（中津川）」、「杉田川（吹田川）」が流れており、中島地域は「大長島」と「小長島」に分かれていたようだ。中津川には「長原橋（長柄橋）」がかかっており、船が通行する障害になっていたという。渡辺津の姿は見えず、大坂に既に包摂されていた。西宮は「摂津司牧」、つまり摂津の国主が住む場所としている。西宮は下郡の守護代が西宮代官を兼ねていたし、越水城が近隣にあったことからも正確な情報と言える。また尼崎の記載がなく、吹田川に接するように兵庫津・西宮・「杉田（吹田）」がある。淀川と神崎川の分岐点となる吹田が、河川交通の要所として重視されていた。西宮からは西国街道が分岐し、「小屋（昆陽）」が宿場としてある。

河内では淀川沿いに、守口が大坂と八幡を繋ぐ川港として見える。堺は紀伊熊野への街道としても意識された。また、堺と兵庫津のみが、喫水の浅い「平底舟」で「内港」に入ると指摘されている。両港は遣明船の発着港であり、鄭舜功の関心も高かった。また、和泉では「深暴（淡輪）」や「来島（小島）」も取り上げられているが、これは水軍の真鍋氏の拠点があったからである。

島津家久と『中務大輔家久公御上京日記』

天正三年（一五七五）、薩摩や大隅を支配する島津義久の末弟家久は伊勢神宮に参詣するため上洛し、『中務大輔家久公御上京日記』を記した。

二月二十日に薩摩を出発した家久は瀬戸内海を進み、四月七日には風待ちのため、室津へ入った。家久はここで数日にわたって、同宿になった堺の松井甚介や助兵衛、船で乗り合わせた兵庫津の商人などと酒を飲み交わしている。そして、十四日に明石海峡を越えた。船からは『古事記』で国生み神話の舞台になった絵島（兵庫県淡路市）や『平家物語』の古戦場である一の谷（神戸市須磨区）、観阿弥・世阿弥の謡曲『松風』に謡われた松風・村雨姉妹に因む須磨の松を望み見て、兵庫津へ到着した。兵庫津では平清盛らの「御歌」を見物し、築島（神戸市兵庫区）にある金泥の御堂へ参拝するなど、平家の旧跡を観光した。十五日に兵庫津で乗船して、荒木村重が築いた花熊城（神戸市中央区）や生田森（同）を眺めつつ東へ進み、西宮に上陸した。江戸時代に酒の名産地として名を轟かす灘五郷の一つであるが、既に名物として「錫（徳利の酒）」があり、焼餅と共に賞玩している。ここから西国街道で京都に向かい、村重の居城が伊丹城から有岡城に改称されたことや池田城が城割されたことなどを書き留めている。十六日にも茨木城や高槻城を眺めている。

家久は京都で連歌師の里村紹巴らと歌を詠みあったり、寺社に詣でたりするだけでなく、坂本城（大津市）の明智光秀に歓待されている。その紹巴に見送られ、伊勢神宮に参詣し、奈良の多聞山城を経て、京都に戻った。

六月八日、家久は里村紹巴と昌叱に暇乞いをし、茨木城主の中川清秀の娘婿である古田重然（後の織部）の案内で石清水八幡宮に参拝した後、総持寺（茨木市）に宿泊した。九日に吹田を過ぎ、神崎川沿いに多くの城が築かれているのを眺め、尼崎より乗船して、堺の車町にある木屋宗礼のもとで一泊する。十日には住吉大社に詣で松原を逍遥した後、堺の町を見て回った。十一日、木屋宗礼の知人や根来・高野山、京都の人々と名残を惜しみつつ、船で尼崎に渡り、有岡の城下町にある小物屋与左衛門のもとに泊まった。石垣普請の現場では、侍までもが石を運ぶのを目にして驚いている。夜には相撲を見物した。十二日、池田を通って、槻瀬村（三田市）の北林彦左衛門のもとに泊めてもらった。翌日には丹波へ入り、日本海側を通って、七月二十日に薩摩へ帰った。

家久は武将らしく、畿内の城郭に注意を払っていた。特に織田信長の勢力が畿内に大きく伸長したばかりであり、関心も高かったであろう。明智光秀に手厚く歓待されたのも、織田氏の威厳を示すためというのもあったろう。一方で、家久は名所旧跡を数多く書き残しており、古典に造詣が深かったことも明らかである。そして、兵庫津は平氏関連の観光都市でもあり、西宮は宮水に恵まれた酒造業が発展していたことがうかがえる。

慶暹と『海槎録』

慶長十二年（一六〇七）、朝鮮国王の宣祖は国交回復と捕虜返還の交渉を行うため、徳川秀忠に回答兼刷還使を派遣した。副使の慶暹（慶七松）は、日本に滞在した七か月間の記録を『海槎録』として残している。

四月六日、播磨の室津を船で出発した慶暹らは、明石へと進んだ。明石の繁盛ぶりは赤間関（山口県下関市）の比ではないとし、源平の戦いで死んだ平敦盛の笛が須磨寺（神戸市須磨区）にあると記している。同日、羽柴秀頼が支配する兵庫津に到着した。民屋の繁盛ぶりと住民の多いことは、それまで通ってきたところでは随一としている。慶暹らの宿泊所として使用されたのが、かつての兵庫城で、堀がめぐらされており、門は三重に設けられていた。接待のための調度品は豪華で、燭台にまで金銀が用いられていた。兵庫津の代官として慶暹らを歓待したのは、片桐且元の弟の貞隆であった。その兵庫津は慶長伏見地震で五〇〇余の家が倒壊し火事が起こったため、住民の多くは震災後に移り住んだ人々であったといい、復興過程がうかがえる。

七日には船で大坂に赴いたが、水深が浅いので小舟に乗り換えている。堺は山（大仙陵古墳）と海に取り囲まれた町で、遠近の船舶や商人が集い、物品の倉庫・集散地であるとしている。戦乱の際にも双方から保護されたので、多くの人が避難する町であった。

八日に迎えの舟が来て、大坂へ赴いた。大坂城は楼閣が層をなし、青い瓦や白い城壁が映え、板橋が川にかかっていた。その下を船で進み上陸すると、駕籠が待っていた。老若男女が見物に集まり、その喧騒は天にも届かんばかりであった。慶暹らは長崎代官の寺沢広高（てらざわひろたか）の屋敷に泊まり、片桐貞隆の接待を受けた。大坂の町は道がまっすぐで、川水を引き入れて堀を通し、高架橋が所々にあって、船舶が充満しており、民家は数万戸を下らないと繁栄ぶりを記す。その後、江戸へ向かうため、淀川を遡っていったが、浅野寧ないし浅井茶々が淀川右岸の蘆を刈る権利を持っていることや、庶民が淀川の岸で布を洗ったり、晒したりしている姿も記している。

また、秀頼は性格が傲岸不遜で奢侈を好み、なすことが柔弱なので、日本人は世間知らずと噂していたとか、浅井茶々の不義の子で、徳川家康がそれを糾そうとしたなどと記しており、当然ながら、羽柴氏への恨みと、徳川氏への期待がうかがえる。

フロイスと『日本史』

ルイス・フロイスはポルトガル人のキリスト教宣教師で、三一年間も日本に滞在し布教に尽力した。自身だけでなく、他の宣教師のイエズス会への報告書などから日本での布教の歴史をまとめた『日本史』で知られる。フロイスは一五六五年から一五七七まで京都や堺を中心に活動するが、この時の畿内は、キリスト教布教を公認した三好長慶が死去し、正親町天皇が禁教（「大うすはらひ」）を命じるなど、危険な状態であった。また庇護者であった三好氏被官の結城左衛門尉アンタンが毒殺され、三箇頼照サンチョが失脚するなどしたが、長慶の宿老である三好長逸によって助けられ、堺に退去した。堺にはキリシタンの日比屋了珪ディオゴがいたが、それほど有力ではなく、了珪自身も九州にいたため、住むための家屋にも苦労している。

一五六六年のキリストの誕生を祝う降誕祭（クリスマス）ではキリシタンの告解を聴き、夜中・黎明・日中と三回のミサを挙げ説教を行った。その頃、堺の周辺では三好三人衆と松永久秀の軍勢が戦っていたが、双方に多くのキリシタンがいたという。彼らはお互いに愛し合っていることを異教徒に示すため、堺の町衆より会合所を賃借りし、聖夜に一同が参集して、翌日の正午までミサを行った。その午後には互いに料理を持参して招待しあい、デウスについて語り、歌を歌ったため、その様子を一目見ようと、異教徒の群衆が押し寄せたという。日本初のクリスマス休戦とも言えるが、ミサの食事を終えると、再び堺の外で戦っている。

一五六七年には三箇頼照サンチョの強い要請を受け、三箇の教会で復活祭（イースター）を祝うことになり、フロイスは堺より赴いている。この時、頼照は教会を拡張し、京都や鳥羽（京都市伏見区）、堺、尼崎、その他の地からやって来るキリシタンのため、被官の家に宿泊先を割り振って歓待した。

フロイスは堺を拠点にしつつ、頼照の用意した船で尼崎に赴き布教したり、同じく三好氏被官の庄林コスメに郡山（茨木市）へ招かれ、その家族や被官に受洗したりした。やがて織田信長が上洛すると、フロイスは尼崎へ一時避難するが、将軍足利義昭の側近で摂津支配を任された和田惟政やその被官となった高山飛騨守ダリオの支援で、一五六九年に京都に復帰する。

ロドリゲスと『日本教会史』

ポルトガル人のキリスト教宣教師で、天正五年（一五七七）に日本にやってきたロドリゲスは日本語に堪能で、秀吉や家康と直接話したり、貿易の主製品であった生糸の交渉にも関与したりするなど、日本に精通していた。そのロドリゲスが、イエズス会より編纂を命じられた『日本教会史』の中で、摂河泉についても叙述している。

河内は摂津とは淀川で区分されており、その河口に一向宗の門跡が居住していることで有名な大坂がある。長年この地に根を張っていて、信長に抵抗したり、加賀を征服したりしていた。農民たちは門跡を生きた阿弥陀であると敬っていた。大坂は後に秀吉の宮廷となった。秀吉は一五八七年に伴天連追放令を発布したが、それは自身の神格化を望んでいたからで、それは実現したと記す。また、河内は天下を治めていた三好長慶の時代に身分の高いキリシタンが多くいて、その宮廷である飯盛城があったとする。

大坂は摂津ではなく、河内に属するという認識は『柴田合戦記』などにもあり、当時の日本人の認識を正確に掴んでいる。また、キリスト教布教を公認した長慶や飯盛城に対し、他宗派の本願寺顕如や、宣教師を追放しようとしたり、死後に自身が豊国大明神となったりした秀吉の大坂を対比させて述べているのは、宣教師ならではの視点である。和泉と河内の境界には堺があり、商取引で有名でザビエルが上陸した地であることを記す。また、内乱状態の日本とは異なる支配形式で治められていたが、「天下殿」のもとで代官が設置されている。

摂津には兵庫津があり、平氏の時代に短期間では都があったことや一の谷（神戸市須磨区）の古戦場があることを述べている。また、高山右近ジュストが秀吉の迫害により大名の地位を失ったことや、徳川家康によって家族と共にマニラに追放されたことを記し、栄光に満ちた殉教と高く評価した。

このように、摂河泉におけるキリスト教布教の聖地を示したものと言える。

4　災害と復興

風水害

庶民の生活を破壊したのは、戦乱だけではない。自然災害も大きな脅威であった。特に中世は分権的な社会であり、個々の領主の枠組みを越えて対処せねばならない災害には弱かった。

応仁・文明の乱の末期である文明七年八月六日（グレゴリオ暦一四七五年九月六日）、台風が近畿地方に襲来し、大きな被害が出た（『尋問大僧正記』『親長卿記』『鎌倉大日記』）。堺には高潮が押し寄せ、在家数千軒、船数百艘が流され跡形もなくなった。堺の海岸部には戦乱の京都から逃れてきた人が多くいたため、被害が拡大したという。天王寺でも被害を免れた在家が一、二しか残らないという有様であった。難波や尼崎でも多くの人が死んでおり、大阪湾岸の港町の被害が大きかった。

この文明七年の台風被害に匹敵すると評されたのが、弘治三年八月二十六日（グレゴリオ暦一五五七年九月十八日）の台風被害である（『細川両家記』）。朝の東風が夕方に南風に変わると、急に盆をひっくり返したような大雨となり、各地で洪水を引き起こした。さらに、摂津沿岸の尼崎・別所（尼崎市）、鳴尾（なるお）・今津・西宮（西宮市）、兵庫津、須磨（神戸市須磨区）に高潮の被害が出ている。死者は幾千万ともいい、村々にあった堤防は流され、全て平地と化した。同年は五月から八月まで旱魃だった上に、この台風で米価が高騰した。古老たちはこのような洪水に見舞われたのは文明七年以来であるとし、近年は戦争が収まっていたのにこのような天災が襲うとは末世だと嘆き悲しんだ。当時の記録には、風水害だけでなく地震についても、古老が何十年以来のこととか、近年にはないと感想を漏らしており、口伝で被害が伝承されたようだ。

文禄年間には豊臣政権のもとで淀川の堤防建設が進んだが、慶長十三年（一六〇八）六月には大雨により摂津側の堤防で越水し、慶長十六年六月には河内側の守口で洪水が起きている。慶長十九年四月二十七日（グレゴリオ暦一六一四年六月四日）には、降り続いた大雨により守口で堤防が切れて大洪水になっており、近畿や東海地方で被害が発生した（『当代記』）。そうしたところの八月二十七日（グレゴリオ暦九月三十日）に台風が襲来し、再び守口で堤防が切れ、飯盛山の麓まで河内北部が浸水して一六万石もの刈り入れが不可能となった。大坂市中では天満橋が落ちている。その一か月後には大坂冬の陣が始まっているので、地域の復興は後回しにされたであろう。

地震

永正七年八月八日（グレゴリオ暦一五一〇年九月二十一日）、近畿地方中部を震源とする地震が発生した（『多聞院日記』『寿楽寺所蔵写本大般若経奥書』）。特に被害が大きかったのは、西琳寺（さいりんじ）（羽曳野市）や葛井寺（ふじいでら）（藤井寺市）、常光寺（八尾市）、四天王寺などで、四天王寺の石鳥居が倒壊している。畠山尚順の奉行人丹下盛知は再建修理のため、西琳寺に大工や人足を動員することを約束した。西国三十三カ所の霊場である葛井寺は勧進帳を作成し、翌年二月に三条西実隆に清書してもらっている。地蔵信仰で有名な常光寺も、翌年六月に諸国で勧進を募った。四天王寺では、三綱（寺院の管理運営担当者）の秋野房宗順が永正九年十月に金堂本尊を修復するための勧進を行い、永正十二年には京都の北野天満宮で鐘を鋳直してもらった。永正十三年十一月に浄土信仰の中心である石鳥居が再建されるが、それにあたっては一五〇名以上の人々や三条大工国久らによる結縁交名（けちえんきょうみょう）が作成された。ほとんどの場合、被災した寺社が自ら勧進し、募金を集めるしかなかったのである。

天正十三年十一月二十九日（グレゴリオ暦一五八六年一月十八日）には、近畿地方と中部地方の広範囲に被害が及んだ大地震が発生した（『多聞院日記』『貝塚御座所日記』『フロイス日本史』）。帰雲（かえりくも）城（岐阜県白川村）など越中・飛騨・美濃・尾張・三河・伊勢・近江の諸城が倒壊し、若狭湾や伊勢湾では津波が発生した。畿内では、木沢長政が滅亡した天文十一年（一五四二）正月二十日に匹敵する大地震であったという。大坂にあった羽柴秀長の屋敷が倒壊し、十二月七日には住吉沖の海面や御牧（京都府久御山町）の池が血のように赤く染まった。その余震は翌年まで続いている。この頃、織田信雄や佐々成政、長宗我部元親を降した羽柴秀吉が、徳川家康を総攻撃するために大軍を動員していたが、断念に追い込まれるなど、豊臣政権に大きな影響を与える地震となった。

慶長伏見地震　日本と明・朝鮮の休戦中に、慶長伏見地震が発生した。文禄五年（一五九六）六月二十七日に、秀吉は伏見城で明使を迎え講和交渉を行ったが、この日より数日にわたって、京都や伏見、大坂、堺で灰が降るという異変が起こった（『義演准后日記』『日本西教史』）。そして、閏七月十三日（グレゴリオ暦一五九六年九月五日）の午前零時頃に有馬―高槻断層帯および六甲・淡路島断層帯を震源とする直下型地震が発生した。伏見城の天主や諸大名の屋敷が倒壊し、木造の方広寺大仏が損壊したことで知られる。余震が続いたことから十月に慶長に改元されたが、余震が収まったのは翌年の四月である。

公家の山科言経（やましなときつね）によると、閏七月十三日だけで、京都の本願寺寺内で三〇〇人、上京の被害は少なかったが、下京で二八〇人余の死者が出たという。京都の寺社の損害は大きかったが、近江以東の東日本に被害はなかった。山城の山崎や八幡では家が悉く倒壊した。兵庫津では建物が倒壊しただけでなく大火事が発生し、死者数は数えることができなかった。堺の損害もひどく死者は多数に及んだ。上町台地の上に築かれた大坂城は無傷で済んだが、城下の町屋は大部分が倒壊し、死者は数知れなかった。人々は地震小屋を設けて避難し、言経は流言飛語が流れるなか、盗賊に備え夜番を置いたが、特徴的なのは、地震除けの祈りを込めた和歌を門に貼り付けるというまじないを行っていることである（松岡 二〇〇六）。

被害は京都から四国東部に集中していた。摂河泉では総持寺（そうじじ）（茨木市）や瀧安寺（りゅうあんじ）（箕面市）が倒壊し、慶長八年に再建された。大坂では屋根瓦に覆われた家などが特に川沿いの町で倒壊し、六〇〇人以上が圧死した（『一五九六年日本年報補遺』）。堺では六〇〇人以上が死に、明の使節団のうち二〇名も亡くなっている。兵庫津の火事はフロイスによると、竈からの出火が原因で、乾燥した木材に火が燃え移り家々を焼き尽くしたという。須磨寺も全壊したうえ、裏山の斜面が崩壊し圧死者が出たり、敦盛塚（あつもりづか）が倒れたりした（『当山歴代』）。多奈川（たながわ）（岬町）の興善寺の大日如来座像も大破したが、僧侶たちによって翌年に補修されている。

慶長伏見地震は、豊臣政権の本拠地である京都盆地と大阪平野に大きな被害を与えた。慶長三年五月に伏見にある北国・東国の大名屋敷を大坂に移転させるための普請や、そのために渡辺津や玉造から立ち退かされた住民が移転した船場（せんば）の開発は、震災復興の側面も有していただろう。秀頼による大阪平野の寺社の修築も、秀吉の追悼や信仰心、羽柴家の威信よりも、震災で傷ついた庶民の精神的支柱を再建するためであった。

5　生活の成り立ち

芥川の用水相論

永禄二年（一五五九）、三好長慶の居城である芥川城の麓を流れる芥川の用水をめぐり、右岸の郡家（ぐんけ）村（高槻市）と左岸の真上（まがみ）村（同）の間で相論が起こった。長慶は双方の村に井手床（井堰）の場所を記した絵図を提出させたが、お互いに決め手となる証拠がなかった。ただ真上村は、昔から郡家村が主張するような井手床はないと反論しているので、長慶は検使を現地に派遣したところ、井手床が実は存在していたことが明らかになった。そこで長慶は郡家村に理があると判断し、用水の支配を「郡家惣中」に命じた（『郡家財産区所蔵文書』）。長慶は裁許状と共に、郡家方が提出した絵図の表に三名の検使が、裏に長慶自身が花押を据え、証拠文書とした（図8－2、図8－3）。

中世ではこうした相論の関係文書は、京都の荘園領主が保管するのが常であったが、長慶の頃から村落共同体が法人として認められ、その共有文書ないし庄屋・年寄の所蔵文書として、現地で保管されるようになる。当該期に成立した村落共同体は、二十世紀の高度成長期まで地域社会で影響力を持ち続けた。

それゆえ、江戸時代前期の寛文八年（一六六八）に郡家村と東五百住村（高槻市）との間で用水相論が起こった際、郡家村は長慶の裁許状と絵図を根拠に一村支配であることを主張した。また証拠文書として重要であるため、裁許状と絵図の写も作成された。

江戸時代の郡家村の人々は、水利権を保障した長慶を神として尊崇し、芥川城跡に社を建て祀った。これは原村（高槻市）の絵図に「三好長慶社」として描かれている。この社に収められている二枚の棟札のうちの一枚によると、宝暦七年（一七五七）と文政九年（一八二六）の二度にわたって再建されたようだ。もう一枚は昭和三十年（一九五

図 8－2　三好長慶裁許状
（郡家財産区管理会所蔵，高槻市立しろあと歴史館寄託）

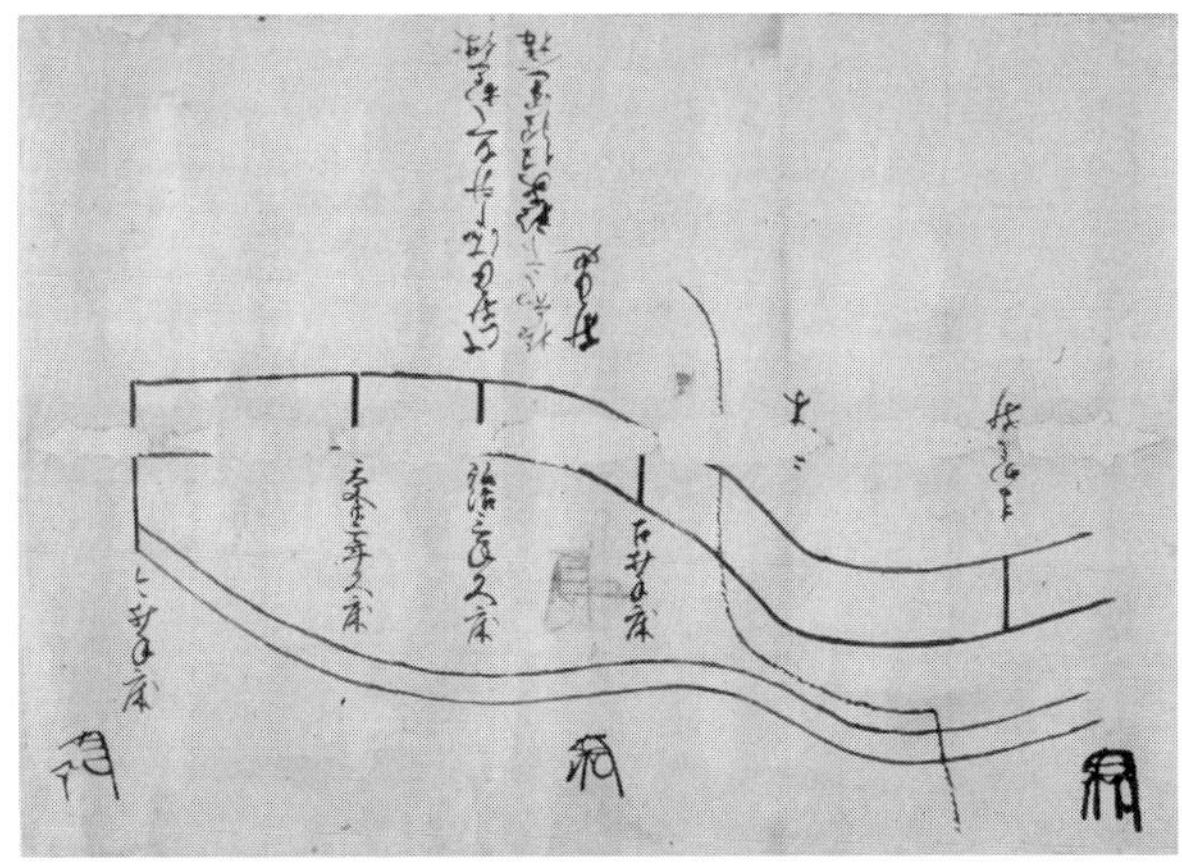

図 8－3　三好長慶水論裁許井出絵図
（郡家財産区管理会所蔵，高槻市立しろあと歴史館寄託）

五）に再建された際のもので、表には「三好大権現」、裏には寄進者として郡家水利組合などが記されている。藩祖でもない戦国武将が神格化されるのは珍しいが、村の生活を保障してくれた恩人として祀られたのである。

六甲山の山争い

十六世紀中葉、六甲山地の南麓にある西宮、芦屋庄、本庄（ほんじょう）（神戸市東灘区）との間で山争いが発生した。三好長慶は天文二十四年（一五五五）に本庄と芦屋庄の争いについて、本庄を勝訴とする裁許状と絵図を発給した。また永禄二年（一五五九）までに、検使を現地に派遣して絵図等を検証し、西宮社家中が廣田神社の末社である六甲山神社を支配していることを根拠に、西宮の勝訴とし芦屋庄との境目を確定した。

ところが、この相論は江戸時代中期の寛保二年（一七四二）から寛延三年（一七五〇）にかけて再発する。この時、本庄は長慶の裁許状と絵図を論拠とし、山の領有の正当性を主張した。それに対して芦屋庄は、長慶の裁許は芦屋庄の百姓が逃散（ちょうさん）中に行われたもので不当であると反論した。そして、弘治三年（一五五七）に芦屋庄と本庄、永禄三年（一五六〇）には芦屋庄と西宮の再審が三好長康によって行われ、いずれも芦屋庄が勝利したと大坂町奉行に訴えている。大坂町奉行は三好長康の裁許状を先例として認め、芦屋庄を勝訴とする裁許をくだした。

その三好長康の裁許状は現存するが、使用されている紙や、使われている文言は戦国時代のものではない。特に「（公儀から）拝領の山」という観念は、江戸時代になってからのものである。そもそも、三好長康なる人物自体が実在せず、三好長慶の宿老である三好長逸に仮託して創作された人物のようだ。つまり、三好長康の裁許状とは、長慶の裁許を先例にして、大坂町奉行が本庄や西宮を勝訴とする判決を下すことを恐れた芦屋庄が創作したものである。大坂町奉行はそれを見抜けず、したたかな芦屋庄が山の用益を確保することに成功した。

鳴尾村と河原林村の相論

天正二十年（一五九二）の夏、畿内は旱魃に見舞われ、鳴尾村（西宮市）と河原林村（同）の間で北郷と呼ばれた用水をめぐって水争いが発生した（酒井 一九九九）。北郷用水とは、鳴尾村が武庫川より分流する枝川の底をくり抜いて設けたものである。これに対して、河原林村は弓や鑓（やり）で武装し、隣村より加勢を得て、鳴尾村と合戦に及び、双方共に多くの死者を出した。この騒動にあたって、地元の年寄が調停したが功を奏しなかったようだ。そして十月、豊臣政権は双方の村の代表者を糺明のため召し出した。その結果、武力衝突に及んだ者だけでなく、調停した年寄までもが投獄され、喧嘩停止令に違反したとして、磔（はりつけ）にされたのである、その数は八三名にも及んだ。

戦国時代の用水争いでも、村同士の話し合いや、周辺の村の古老による仲裁がうまくいかず、武力衝突に発展することはよくあった。しかし、豊臣政権は武力衝突そのものを抑止しようと、喧嘩に及んだこと自体を罪に問うた。そして翌年以降に、検使が現地に派遣され、双方の主張を聞き、絵図を作成して検討した結果、鳴尾村に理があると、長束正家・増田長盛・前田玄以が連署状を発給している。

この相論は、長くぬぐいがたい記憶として鳴尾村に記録された。浄願寺には、南無阿弥陀仏と書かれた左右に磔になった二五名の法名を記した掛け軸が残されている。江戸時代になると、彼らの尊い犠牲により、用水は秀吉より与えられたものと認識されるようになった。幕末には用水を争った両村のみならず、加勢した村々や江戸時代になって開発された新田も含めて、二百五十回忌の法要が呼びかけられ、義民として顕彰される。

淀川の堤防

両畠山氏の争いや大坂本願寺合戦、大坂冬の陣などで、しばしば淀川左岸の堤防が切られるなど、河内十七箇所や大坂本願寺、大坂城にとって、淀川の治水は重要な問題であった。畠山尚順が河内を回復した永正五年（一五〇八）から大永七年（一五二七）頃、その守護代である遊佐順盛が中心になって、分国支配の再建に取り組んでいた。順盛は尚順の子の稙長に近侍し政務に当たっていた丹下盛賢を介して、出口（枚方市）・伊香賀（いかが）（同）・今津（大阪市鶴見区）などの堤防が大破し、河内十七箇所をはじめとする嶋中地域で洪水が起こり、百姓が苦しんでいるので、土屋氏にきちんと管理するよう命じている（『土屋家文書』）。土屋氏も伊香賀に復帰したばかりで、堤防の維持管理にまで手が回っていなかったようだ。順盛は出口と今津、盛賢は伊香賀と分担して、修築にあたった。

その四半世紀後には、遊佐長教が土屋氏に対して、堤防の普請に土屋氏自身も参加したと、その功を直接賞している。淀川左岸が決壊すると、文明十五年（一四八三）の両畠山氏の戦いのように、若江郡や渋川郡にまで被害が及ぶ可能性があり、畠山氏や遊佐氏にとって、その維持管理は欠かせないものであった。

一方の淀川右岸の自然堤防上には、鳥養郷（摂津市）や一津屋村（同）が立地していた。芥川の支流である玉川や安威川、神崎川に囲まれ、鳥養郷の他に西面・柱本・唐崎・三島江村からなる三ヶ牧（高槻市）が巨大な輪中を形成していた。輪中の中には、道路と堤防を兼ねる縄手も設けられている。この低湿地帯では悪水の排水がたびたび問題となっており、天文年間より、鳥養郷の鳥養氏や柱本村の柱本氏、三島江村の奥田氏といった土豪たちの間で、排水の手順や縄手の管理について協議されている（『葉間家文書』）。また、天文末年から永禄年間にかけて活動した鳥養宗慶に因むと考えられる宗慶島と呼ばれた中州が、大正十年（一九二一）まで淀川右岸に存在した。現在でも淀川地先に宗慶という小字が残っており、治水のために設けられた人工島の可能性がある（野田 二〇二二）。

淀川右岸の治水については、やがて三好氏が積極的に関与するようになり、三好長慶が損壊した堤防の修築を早急に行うよう命じるだけでなく、長慶の被官の石成友通や寺町通昭らも洪水の排水を指示したり、「堤足の嶋」について上使を派遣したりした。そうした中で、三好氏は鳥養氏らを介して、三ヶ牧惣中や三島江・柱本惣中といった村落共同体に対し命令する体制を形成していく。

この地域の治水問題は、秀吉も関心を持っていた。天正十六年（一五八八）に排水路の敷設をめぐって三ヶ牧と島村（茨木市）の間で相論が起こると、増田長盛や片桐且元、安威了佐らが検分し、三ヶ牧に普請を命じている。天正十九年になると、秀吉は山城より人足を徴収して鳥養堤の普請を行うなど、豊臣政権の直轄事業となっていた。

秀吉は文禄三年（一五九四）に淀城（京都市伏見区）を廃して、伏見城築城を本格化させると、淀川上流である宇治川の流路を変更し巨椋池から分離した。翌年六月には河内八箇所（大東市、門真市、大阪市鶴見区）で堤防が切れ、大坂城周辺で大きな被害が出たことに対し、京都の秀次が大坂の秀吉に見舞いを送るが、秀吉は伏見で会おうと返礼している。伏見城の整備が進むなか、大坂城との交通路が断たれかねない危機が生じた。こうした事態を受け、文禄五年に毛利一族が淀川右岸を、関東の諸大名が左岸の堤防築造を命じられた。特に左岸の堤防は文禄堤と呼ばれ、堤防上は京街道として使用されるようになる。淀川の堤防は、豊臣政権の首都伏見城と羽柴家の本拠地大坂城を結ぶ首都圏の交通網の整備という側面もあった。

大和川の堤防

大和川の堤防については、文明十五年（一四八三）八月に畠山義就が植松（八尾市）の堤防を切って、畠山政長を水攻めにしたことが知られる。だが、中世における堤防維持や洪水はほとんど分からない。

十六世紀になってようやく、堤防普請に関して少ないながらも分かるようになる。永正五年（一五〇八）から八年頃、畠山尚順の守護代遊佐順盛が、久宝寺（八尾市）寺内町の中核寺院であった浄土真宗の慈願寺に対して、大和川分流の一つである長瀬川の堤防の普請にあたり、寺内の住民を動員して参加したことを謝している（『慈願寺文書』）。この件を取り次いだのは、久宝寺と同じく浄土真宗の寺内町であった萱振（八尾市）の領主の萱振氏であった。本願寺教団は大和川流域に拡大していったが、その前提として、川を固定化する土木技術を持っていたようだ。そして、こうした治水工事は広域にまたがることから、守護が管掌すべき案件となっていたのである。

また、大和川が河内と大和の国境である亀の瀬（柏原市）を流れる際、川幅は二〇メートルほどしかなく、急流となる。そのうえ、地すべりの多発地帯であるため、土砂の堆積に加え、川の中に崩落した亀石やゑぼし石、雲石などの巨石が数多く露出しており、船の往来を妨げていた。慶長六年（一六〇一）に大和の平群郡で二万石余りを加増され、羽柴秀頼の宿老となった片桐且元は、年貢米運搬のため、角倉了以（すみのくらりょうい）の子の素庵（そあん）の助言を得て、慶長十四年に亀の瀬の開削を行ったという。しかし、船が通行できるほどの開削はできなかったようで、江戸時代には河内側の剣先船（けんさきぶね）と大和側の魚梁船（やなぶね）との間で積み替えが行われている。

この開削の失敗により、且元が怒って亀岩の首を切り落としたところ、血が噴き出したとか、亀の瀬の滝を切り落としたことで逆に土砂の流出が激しくなり、川床が浅くなり洪水が起こったという逸話が、江戸時代には語り継がれている（柏原市立歴史資料館編 二〇一五）。

狭山池の修築

河内の狭山池（大阪狭山市）は、飛鳥時代に築造された日本最古のダム式溜池とされる。東大寺の大仏造立に尽力した行基が、飛鳥時代の樋を延長するなどの改修を行った。また、鎌倉時代には大仏を再建した重源や勧進聖が、古墳の石棺などを転用し樋を繋ぎ、修復を行っている。

そして、戦国時代の永禄初年に狭山池の改修を試みたのが、飯盛城主の安見宗房である（小谷 二〇一四a）。飯盛城は石垣が多用された城であり、最後の城主である三好氏だけでなく、宗房の段階から石垣が築かれていた可能性もある。そうした動員力と技術を持つ宗房が、狭山池の改修に着手したが、三好氏との戦争が始まり未遂に終わった。

狭山池は慶長伏見地震の被害を被ったうえ（大阪府立狭山池博物館編 二〇〇四）、旱魃に苦しむ百姓が秀頼に訴えたこともあり、秀頼は片桐且元に改修を命じたという。慶長十三年（一六〇八）、且元は普請奉行として林又右衛門尉ら三人を派遣し、下奉行に浄田三右衛門ら五人を置いた。底樋には大型船の部材が転用された可能性が高く、造船技術が用いられた。また、且元が徳川家康より国奉行を命じられた摂河泉から人夫を動員したり、翌年には狭山陣屋の北条氏信（うじのぶ）に、その領地を狭山池の一部としたので替地を用意したりしていることから、狭山池改修は徳川氏の広域支配の側面も強かったのである。

この改修により、狭山池の大きさは鎌倉時代の一・四倍になり、灌漑範囲は摂津・河内・和泉の八〇か村に及んだ。この後、下奉行の田中孫右衛門は池尻村に留まり、池守を世襲していく。

❖　❖　❖

庶民は生活を守るため、共同体に集った。共同体の内部は、二、三の土豪層が主導するもの、年寄衆と若衆の対立が激しいものなど、様々な形態があり、決して一枚岩ではなかった。しかし、山や川、用水路の共同管理、そして納税などの面で、庶民が農業に従事し生き抜くためには不可欠な存在であった。庶民は村落を通じて、隣村や権力に対峙し、勧農や損免などの権利を主張した。そして、三好長慶や羽柴秀吉は、こうした共同体としての町や村をそれまでの荘園に代わる社会の基礎単位として位置づける。このような戦国時代に成立した村落の共同体は、昭和の高度成長の時代まで、地域社会に影響を与えていくのである。

また、大阪平野を形作ってきた淀川や大和川の治水は戦国時代より行われてきたが、秀吉の大坂城と伏見城の築城により、豊臣政権の直轄事業となっていく。そこには慶長伏見地震からの復興という要素も加わり、幅広い社会基盤の整備が進められていった。

（以上、天野忠幸）

第九章　堺を中心に花開いた文化

茶の湯・生け花・香など、現在、日本の伝統文化としてイメージされるものの原型は室町時代に形作られた。室町時代の文化は、京都を母胎とする。幕府が京都に開かれ、公家・武家・禅宗の本拠が同地に集まったため、足利将軍の主導のもとでそれぞれの文化が混淆してこの時代の文化が生まれた。

戦国期の文化についていては、室町文化における応仁・文明の乱以降の変化として捉えられる。この時期の文化の特徴としては、京都の中央文化が、武士の在国化や文化人の地方下向などをきっかけとして地方へと伝播したことと、特権階級の弱体化に伴って、都市の住民、いわゆる「町衆」が文化の新しい担い手として台頭したことが挙げられる。町衆による文化が最盛期を迎えたのは、十六世紀半ばの天文年間であるが、これは三好長慶が畿内で勢力を伸ばした時期と重なる。

町衆の文化は「都市文化」とも称されるが、戦乱の舞台となった京都に代わり、都市文化が大きく花開いたのが、摂津と和泉の境界に発達した堺の町であった。堺には商工業者のほか、宗教者、武士層や公家層の者など、多様な身分の人々が集住しており、連歌や茶の湯を通じて身分を越えた交流が行われた。堺の他にも、摂津と河内の境界にあたる平野の町や、大坂本願寺とその寺内町も都市文化の舞台として知られる。

本章では、京都を離れて展開したこの時代の文化、とくに茶の湯・連歌・絵画・歌謡について、堺を主として見てみたい。

1　茶の湯

名物の流出と価格高騰　集まって茶を飲む。そういう行為が文化として成熟したのが茶の湯である。茶の湯では茶を供する人と供される人とが同じ場所で一定の時間を過ごすため、その場を演出する「しつらい」が重視され、茶道具はその最も大切な要素である。

堺の茶人、山上宗二が天正年間に著した『山上宗二記』には、以下のような記述がある（谷端編 二〇二二掲載の岩屋寺本の翻刻より引用。以下同様）。

夫レ御茶之湯之起者、普光院殿、鹿薗院殿之御代ヨリ御唐物同ク御絵讃等歴々集畢ヌ。（中略）其後、東山慈照院殿御代ニ、悉御名物寄給畢ヌ。

茶の湯の歴史を説く文章の冒頭であるが、鹿苑院殿（足利義満）以来、将軍家で収集されてきた中国渡来の唐物（からもの）や唐絵（からえ）のコレクションを、普広院殿（足利義教）が充実させたことに、茶の湯の始まりを求めている。さらに、慈照院殿（足利義政）の代に至って「名物（めいぶつ）」のコレクションが完成したとする。宗二にとって、茶の湯の歴史は、将軍家収集の名だたる優品、いわゆる「東山御物」から語り始めるべきものであった。

義政の頃、弱体化していた幕府の財政難はますます進み、将軍家の名物は財力のある町衆や地方武士らの手に渡っていった。名物は売買や贈与によって移動を繰り返し、そのため、名物の履歴情報が必要とされるようになったのであろう。名物の名称、現所蔵者と旧蔵者、価格などの情報を記した「名物記」が編纂された。

近年、この名物記の研究が進展しており、十六世紀の情報を記した写本がいくつか発見されている。写本そのものは比較的新しい時代のものが多いが、矢野環氏らによって伝本系統や記載内容の分析が行われ、『往古道具値段付』（天文十七年までに京都で編纂）、『清玩名物記』（天文末期成立）、『凡諸名物』（永禄二年頃成立）、『唐物凡数』（永禄〜天正年間成立）、『天正名物記』（天正三〜五年成立）などが紹介されている（筒井編 二〇〇一、矢野 二〇〇八a・b、山田 二〇〇九。『往古道具値段付』『凡諸名物』は未公刊）。

これらの名物記からは、名物が移動に伴って価格高騰したことが分かる。たとえば、唐物茶入「富士茄子」（現在は前田育徳会所蔵）は、『往古道具値段付』によると、京都から「東国公方」（鎌倉公方あるいは堀越公方）に渡り、さらに駿河の今川家の被官、串間和泉守のもとへと移ったが、そこに訪れた商人の藤九郎によって二万疋の具足と交換されて再び京都に戻り、半井長元（医家）に二万疋で売られた。その後、下間兵庫（本願寺防官）に五万疋で所望されたこともあったが、『往古道具値段付』編纂当時には祐乗坊（京都の医家）が所蔵し、評価額は七万疋であったという。さらに『凡諸名物』では、富士茄子の評価額は三〇〇〇貫（三〇万疋）に高騰している。

ほかにも、唐物茶壺「三日月」は一〇〇〇貫余りから三〇〇〇貫に、釣舟花入「貨狄」は一〇万疋から三〇〇〇貫（三〇万疋）に、青磁の「松本茶碗」は八万疋から五〇〇〇貫（五〇万疋）に、というように、『往古道具値段付』と『凡諸名物』を比べることで、天文期から永禄期にかけての価格高騰のすさまじさが分かる。将軍家伝来の由緒を伴った茶道具は、貨幣にも勝る動産としての価値が認められるようになったのである。

また、『唐物凡数』からは名物茶道具の多くが堺に集まっていたことが分かる。同書に掲載された名物四二二件のうち、約半数の二〇八件が堺の町衆の所蔵である。ついで件数の多い京都と奈良はそれぞれ三六件と格段に減り、大坂（本願寺等）二六件、平野八件と続く。当時の堺の、群を抜いた経済力と茶の湯愛好を示す数字と言えるだろう。

「侘」の茶の湯

堺は、海に面した砂堆に立地し、陸海の流通拠点として栄えた町である。町の中を街道が通り、その先には奈良や高野山といった消費地・文化先進地が存在した。文明元年には遣明船の発着港となって海外も商圏に含むようになり、十六世紀後半以降は火縄銃や弾薬の販売でも利益を得た。海と濠で囲まれた南北約二キロ、東西約八〇〇メートルに満たない区域に町屋が密集し、大坂夏の陣の前哨戦に際して堺が大坂方に焼き討ちされた慶長二十年（一六一五）四月、焼失した家屋は二万軒であったという（「イエズス会総長宛一六一五・一六年度日本年報」による）。

この堺の経済的な豊かさに反し、そこで行われた茶の湯は、「侘（わび）」という語で表わされるものへと深化していった。侘茶といえば千利休であるが、近年の茶道史研究では、利休の事績が見直されつつある（神津 二〇〇五、田中 二〇一九、橋本・三笠編 二〇二二）。堺の商家に生まれた利休は、堺の豪商で茶人として知られた武野紹鷗を師とし、紹鷗の「侘茶」を受け継いで大成したとされてきた。しかし、利休と紹鷗は本当に師弟関係にあったのか、多数の名物を所持した紹鷗は「侘茶」を志していたと言えるのか、そもそも「侘茶」という言葉は当時なかったなど、根本的な疑問が投げかけられている。

ここでは、利休の茶の湯の革新性を考える前提として、そのベースとなった堺の茶の湯を見てみたい。たとえば、利休の茶の湯の大切な要素として茶室の狭小化が挙げられるが、その前段階として堺の風土の問題と、「侘数寄（わびすき）」の茶の湯があったと考えられる。

堺の茶の湯については、イエズス会士ジョアン・ロドリゲス（日本滞在期間一五七七〜一六一〇）が、その著書『日本教会史』（第三十三章第二節）に、堺の人々が「市中の山居」で「数寄（すき）」と呼ばれる新しい茶の湯を楽しんでいることを記している。堺の人々は小さな茶室を作り、わざわざ樹木を植えて田園の一軒家を模倣し、隠退の場所としているが、それは堺は土地が狭く、砂地で泉や森も無いことによるというのがロドリゲスの解釈である。

『山上宗二記』には、茶室の広さは名物の有無によって決まると記されている（図9-1）。同書によると、名物の茶道具を数多く所持した武野紹鷗は四畳半を好み、これを基準として唐物を一点でも持つ者は四畳半の茶室を、名だたる道具を持たない「侘数寄」と呼ばれる茶人たちは三畳の茶室を用いたという。

同書は、「侘数寄」たちが自ら給仕し、しつらいを「麁相（そそう）」という語で形容されるものとするなど、高価な茶道具に頼らずに客をもてなす方法を工夫したことも伝えている。そういう「侘数寄」たちによる茶の湯と、美意識や観念としての「侘」がどのように関係するかについては、今後の研究によって解き明かされていくのだろう。

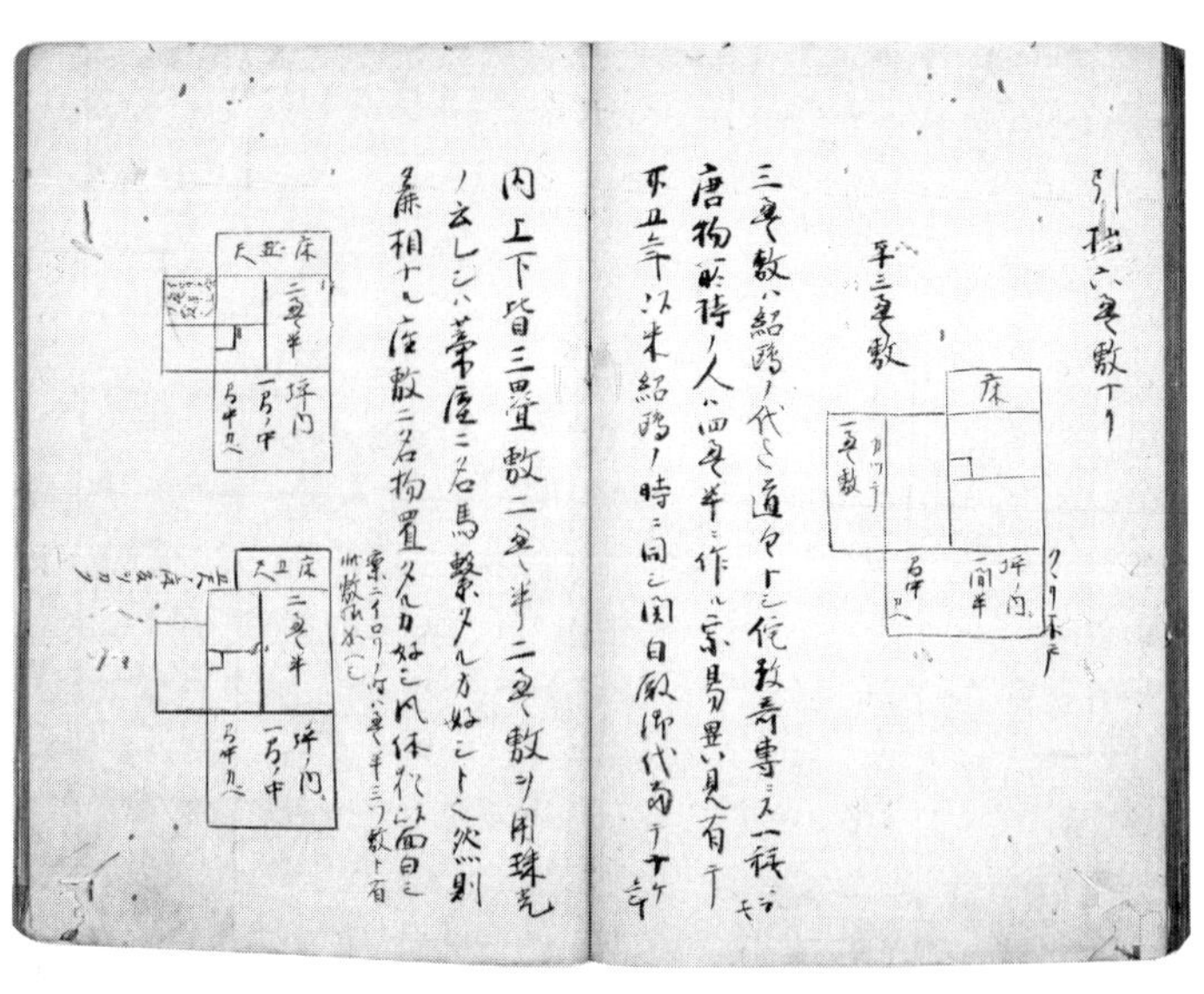

図９－１　『山上宗二記』（堺市博物館所蔵）

同書を著した山上宗二は、堺の商家出身で、利休に茶の湯を学んだ。秀吉の茶頭を務めたこともあったが、天正十八年（一五九〇）四月、秀吉から死を命じられた。死の前の天正十六年正月から同十八年三月にかけて、自らが学んできた茶の湯について書き記し、息子をはじめ複数の宛先に贈ったのが『山上宗二記』であり、利休の茶の湯についても多くのことを伝えている。

宗二によれば、唐物を持つ茶人から「侘数寄」まで、皆が三畳の茶室やさらに小さい二畳半や二畳の茶室を使うようになったのは、秀吉の時代になってからのことという。宗二は、利休が京都に一畳半の茶室を作ったことにも触れ、利休は山を谷、西を東というように茶の湯のルールを破って自由にしているが、これは利休だから面白いのであって、利休以外の人が真似たら邪道になると語る。この記述によって、利休が実験的とも言える茶の湯を行ったのは、秀吉に仕え、死を命じられるまでの天正十年代、六〇代になってからのことと分かる。

その頃までには名物の茶道具も、あるいは織田信長に渡って本能寺の変で焼失し、あるいは秀吉の手中に収まるなど、多くが堺の町衆の手から離れていった。利休や宗二ら茶人たちの関心は、名物に匹敵する茶道具を新たに見出すことや創作することに向かっていったようであり、宗二は自らが見出した井戸茶碗（高麗茶碗の一種）が名物と認められて、秀吉がそれを所持していることを

『山上宗二記』に誇らしげに書いている。そして、唐物の茶碗はすでに流行遅れであり、今の流行は高麗茶碗や新作の楽茶碗などで、形や大きさが良ければ茶の湯の道具になると記している（「惣別茶碗之事、唐茶碗ハ捨リタル也。当世ハ高麗茶碗・今焼茶碗・瀬戸茶碗以下迄。ナリ、比サヘ能ク候ヘハ数寄道具ニ候也」）。茶人たちの目は、中国渡来の唐物ではなく、朝鮮半島渡来の高麗物や、日本製の和物に向けられ、それまで唐物の模倣にすぎなかった和物の茶道具は創作の時代を迎える。宗二も利休も没した後の慶長年間には、美濃、伊賀、唐津など各地の窯場で多様な造形の茶陶が生まれることとなった。

堺の茶会

戦国期の茶会の様子について具体的に教えてくれるのが、『天王寺屋会記』や『松屋会記』などの茶会記である。『天王寺屋会記』は、堺の豪商である天王寺屋の津田宗達・宗及・宗凡が三代にわたって記したもので、天文十七年（一五四八）から元和二年（一六一六）までの約七〇年間の記録が残る。招かれた茶会を記録した他会記と、自らの茶会を記録した自会記があり、年月日、亭主名、客名、使用道具を列挙するのを基本として、特記事項が記される場合もある。他会記には、拝見した道具の詳しい説明や、出された料理の献立が掲載されることもある。

天王寺屋という屋号が示すように、津田家の出自は天王寺であった可能性が高く、平野とも関係が深かったようである。『天王寺屋会記』には、平野の住人の名前がしばしば現れる。博多の商人たちや、大坂本願寺坊官の下間氏、三好・織田・豊臣政権の武将たちなども登場し、同書からは津田家の交流関係をはじめ、様々な情報を読み取ることができる。茶会以外の政治上重要な会合についても記録されており、津田家の大座敷では、三好長逸・宗謂・康長ら一行約一五〇人の会合や（宗及自会記、永禄十一年二月二十六日条）、本国寺（現在の本圀寺）の変後の信長の上司衆一〇〇人への対応（宗及自会記、永禄十二年二月十一日条）も行われた。

以下に、『天王寺屋会記』に記された津田家の茶会をいくつか見てみたい。

天文二十年十一月七日、宗達は、客として阿波公方足利義維・義栄父子の側近の畠山維広（安枕斎）と上原加賀守、阿波三好家の当主である三好実休とその家臣とみられる岩井、そして実休の弟十河一存を迎えて茶会を開いた。

また、その四日後にも、三好長慶の被官の松山重治や石成友通らを迎えて茶会を開いている。

同（天文二十年）十一月十七日朝　人数　畠山式部将殿　上原加賀　三好豊前守殿　岩井　十河民部大夫殿
一床　船子絵　懸テ　文琳　四方盆ニ
一タイス　平釜　桶　かうし　杓立
一タイス上ニ　台天目
一小タナニ　香炉　香箱　長盆ニ
茶　別儀無上　薄茶　別義ソヽリ

同十一月廿一日朝　人数　松山新介　岩成力介　中西　宗好
一ゐるり　平釜
一タイス　桶　かうし　杓立
一床　かたつき　天目　袋ニ入テ　貝台ニ　但　長盆ニ
茶　無上
其後、豊州細々御出候、丸絵も御めにかけ候、
つり物を進之候、

宗達は畠山維広らを迎えるために、台子（「タイス」）・台天目・唐絵・唐物による格式の高い道具組を用意している。床の間には、中国の画僧である牧谿（もっけい）の「船子絵」の掛軸を掛け、唐物の茶入である「文琳」を盆にのせて飾った。二つとも『清玩名物記』等の名物記に載るもので、名物の茶道具が茶会で使用された様子が分かる。四日後の会は、台子を用いているが、釜は囲炉裏（「ゐるり」）に懸けており、少しくだけた感がある。宗達と客

人たちとの関係性によるのであろう。

武将たちの宗達訪問は、政治的な目的のために堺の協力を得ようとしていたことを示唆する。しかし、十一月十七日の茶会は、茶の湯を好んだことで知られる実休の最初の茶会の記録であり、二十一日の会の後には、実休がその後もたびたび津田家を訪れ、宗達は「丸絵」を見せたり、釣釜を献上したりしたことが追記される。実休が宗達の茶会や茶道具を喜び、二人の間に茶の湯を目的とする交流が始まったことを示す記録と言えるだろう。

もう一つ、堺衆同士が日常的に茶の湯を楽しんでいたことが分かる茶会の例も挙げておきたい。宗及の自会記より、三好長慶の葬礼が六月に河内の真観寺（八尾市）で行われた永禄九年、大晦日の茶会である。

同（永禄九年）十二月卅日朝　宗易　宗仲　新五郎　後ニとうワん

炉ニつり物　始ニ　後ニ平釜　持出て　つりかへ候　此釜　始而

一床　細口　梅　宗易生られ候　宗仲庭ヨリ切テ被来候

　右会之半ニ雪ふり候

　香十種ハかりきゝ候　常之香炉にて

水指　土物　亀のふた水下　カウライ茶碗

客はそれぞれ年内の仕事を終えて津田家に集まったのだろうか。「とうワん（塩屋等安か）」は遅れて参加している。銭屋（ぜにや）宗仲が庭の梅を切って持参し、宗易（利休）がそれを細口の花入に生けて床の間に飾るなど、気軽な雰囲気が感じられる。利休の生け花のセンスは周りに認められていたのだろう。この時、利休は四五歳の壮年である。茶道具は、初めに炉に懸けられていた釣釜に替え、初使用の平釜が披露されたのが注目されるくらいで、名物は用いられていない。会の半ばで雪が降り始め、皆で香を一〇種ばかり聞いたという。茶・花・香が堺の町衆の生活に溶け込んでいた様子が分かる茶会の記録である。

2　連　歌

法楽連歌

連歌は、町衆の文化交流の場として、茶の湯よりも古い歴史を持つ。複数人が集まって、五七五の長句と七七の短句を別人が詠み、それを繰り返して長く繋げていくもので、新古今集時代の歌人たちが歌会の後の余興として楽しんだのが流行の始まりという。南北朝時代には、準勅撰の連歌集『菟玖波集』が出されて社会的にも高い地位を獲得し、その一方で、各地では地域住民によって神仏の法楽として寺社に連歌が奉納されるなど、天皇から庶民に至るまで都鄙を問わず広く行われた。

とくに、菅原道真をまつる神社では連歌会が多く興行された。菅原道真は文学の神として尊崇されたが、室町時代には連歌の神ともみなされたためである。京都の北野天満宮では、明徳二年（一三九一）の足利義満による一万句興行をはじめ、「聖廟法楽」と称する大規模な法楽連歌が頻繁に催され、十五世紀前半には連歌専用の会所が設けられて奉行が置かれるようになった。歴代奉行には、宗砌（そうぜい）・宗祇・兼載（けんさい）ら名だたる連歌師が将軍によって任命されている。

大坂周辺では、中島（天満）に鎮座する大阪天満宮が連歌の拠点となった（高島 一九八九）。大阪天満宮での連歌は、文明十年（一四七八）二月二十五日の道真忌日に法楽として月次連歌が催されたのを初出とし（『大乗院寺社雑事記』）、以降、諸書に法楽連歌の記載がみられる。大永八年には、連歌会所および専任の連歌師の存在が確認できる（『再昌草』大永八年三月二十一日条「中島天神会所坊主夢想歌置句首」）。

堺天神とも呼ばれる菅原神社（堺市堺区）にも十六世紀には連歌所が存在したことが、「天正二年堺天神図」（堺市立中央図書館所蔵。昭和初年頃の縮小模写）により確認できる。同社の神宮寺である常楽寺には、連歌を嗜んだ社僧、盛誉（せいよ）・盛存・宗真らがいた。

ほかにも、たとえば住吉明神への奉納の例（「於白洲亭何人百韻」文明十八年二月六日興行）や、四天王寺における連歌会の例（「於天王寺花下三十六句」永正・大永年間）なども知られ、それらの連歌懐紙の写本が大阪天満宮に所蔵されている。

また、平野の杭全神社（江戸時代以前は牛頭天王社、あるいは熊野三所権現などと称された）には、宝永五年に再建された連歌所が現存する。同社に連歌所がいつ頃から存在したのか不明であるが、十六世紀の平野の豪商、成安家の北勘解由法仙やその息子の道是は連歌田を寄進しており（村田 一九九三）、その頃には存在したものと推測される。

なお、寺社の法楽連歌の費用は、各地に存在した免田から捻出されたようである。堺市西区の浜寺船尾町にも「連歌田」という字名が残り、この地にかつてあった大雄寺（浜の寺）における法楽連歌の名残の可能性が指摘されている（島津 一九五七）。

三好長慶の千句連歌

摂津の西宮も連歌が盛んな土地柄であったようで、西宮神社や円福寺・西蓮寺・東禅坊などの寺社に、武士や町人らによって連歌を奉納する講として「西宮千句中」が組織され、その費用を賄うための田地が存在したことが知られている。天文八年（一五三九）、西宮の北方の越水城に一八歳の三好長慶が入城したが、その翌年には長慶も「千句田」を三か寺に寄進しており、長慶の連歌愛好は西宮での経験がその下地にあるのではないかという指摘がある（天野 二〇一五b）。

長慶は連歌を好んだことで知られ、二一歳の時の連歌会をはじめとして、三〇余りの会に参加した記録が残る。そのうち三つが千句連歌の会である。連歌は、百句連ねる百韻を基本とするが、千句連歌は百韻を一〇回行うもので、本来は神仏への奉納を目的とする法楽のために行うものであった。長慶の三つの千句連歌が神仏に奉納されたという記録は残らないが、それに匹敵する大きな意図を持って興行されたと考えられる。

最初の千句連歌は、江口の戦いの二年後、天文二十年（一五五一）六月に興行された。興行場所が不明であるため、この千句連歌の三つ物（各百韻の発句・脇句・第三句のみを記録したもの）の写本を最初に紹介した鶴崎裕雄によって「天文三好千句」と仮称されている（鶴崎 二〇〇二）。

次がその五年後の弘治二年七月、父元長の二十五回忌法要を堺の顕本寺で行った一カ月後に、松永久秀を亭主として瀧山城（神戸市中央区）を会場に興行された瀧山千句である。

最後がそのまた五年後で、足利義輝が京都の三好義興邸に御成した二カ月後の永禄四年五月、飯盛城（大東市、四條畷市）で興行された飯盛千句である。

これらの千句連歌の興行は、長慶の勢力拡大と時期的に符合することが指摘されている（鶴崎　一九八九）。瀧山千句の発句、飯盛千句の発句には、次のように、摂津国の名所、五畿内（山城・大和・摂津・河内・和泉）の名所が詠み込まれており、連衆によって長慶の領国支配が言祝がれたことが分かる。

瀧山千句（群馬大学総合情報メディアセンター図書館所蔵『うた』所収「瀧山千句　三つ物」より）

第一　難波津の言の葉おほふ霞哉　　長慶　　難波（大阪市西成区）
第二　すみよしといふ名にめてよ帰る雁　　宗養　　住吉（大阪市住吉区）
第三　花そちる山には春や水無瀬川　　為清　　水無瀬川（島本町）
第四　ぬきとめぬ玉江の波か飛蛍　　辻三　玄哉　　玉江（高槻市）
第五　湊川夕塩こえて夏もなし　　芦屋神主　範与　　湊川（神戸市兵庫区）
第六　みしやいつ今朝初島の霧間哉　　兵庫久遠寺　快玉　　初島（尼崎市）
第七　氷しや須磨の月こそ夜の海　　正秀　　須磨（神戸市須磨区）
第八　鹿の音や生田の沖の山颪　　元理　　生田（神戸市中央区）
第九　舎りせよ浦は蘆の屋初時雨　　等恵　　芦屋（芦屋市）
第十　布引のはたはり広し雪の瀧　　松弾久代　宗養　　布引（神戸市中央区）

飯盛千句（大阪天満宮所蔵『飯守(ママ)千句』『連歌七巻』より）

第一　汲みわすれくみしる月や岩清水　　長慶　　岩清水（京都府八幡市）

第二　木間もる月影幾重氷室山　宗養　氷室山（京都市北区）
第三　春日野のとふ火や蛍夕月夜　為清　春日野（奈良市）
第四　茂る木に月やこもりくの初せ風　元理　初瀬（奈良県桜井市）
第五　夏の夜の月や水尾行天河　玄哉　天野川（交野市）
第六　月残るかた野や行ゑ郭公　直識（盛）　交野（交野市）
第七　在明や花も待らん五月山　淳世　五月山（池田市）
第八　影涼し月や堀江の玉柏　紹巴　堀江（大阪市西区）
第九　月出て夏やしの田の森の露　快玉　信太（和泉市）
第十　こぬ秋や月にふけ井の奥津風　一舟　深日（岬町）

連衆は松永久秀のような長慶の被官に限らず、多様な身分の人々であったことが注目される。瀧山千句には、長慶の連歌の師である谷宗養（たにそうよう）をはじめとし、飯尾為清（細川信良の奉行人）や池田正秀（池田長正の重臣）といった武士たちが参加するほか、芦屋神社の範与や久遠寺の快玉ら地元の寺社の関係者たち、堺の阿弥陀堂の僧である等恵（とうえ）、京都と堺に商売上の拠点があった商人の辻玄哉の名も見える。飯盛千句の連衆は総勢一八人であり、瀧山千句にも参加した谷宗養・飯尾為清・快玉・辻玄哉のほか、長慶の弟の安宅冬康（一舟）や、長慶の奉行人の長松軒淳世、後に秀吉に仕えた連歌師、里村紹巴も参加している。

飯盛千句の発句には、畿内の名所だけでなく夏の月も詠み込まれており、風雅で高度な言葉遊びが行われている。これらの千句連歌は、政治色が強いとはいえ、発句に題をとることで機知が求められるなど、一座に創作や鑑賞の楽しみが共有されていたように思われる。

長慶・冬康兄弟と連歌師たち　長慶の連歌会を文学的な面で指導したのが、谷宗養ら連歌師たちである。連歌師が職業的に自立したのは応仁・文明の乱以降のことであり、宗祇が始まりとされる。連歌師は、招きに応じて各地に旅し、連歌の教授にあたるとともに、連歌会では一座の進行役を務めた。

瀧山千句に参加した池田正秀ら池田氏が本拠とした池田や、等恵が住んだ堺は、かつて歌人・連歌師の牡丹花肖柏が移住した場所である。公家の中院通淳の子として生まれた肖柏は、宗祇の弟子となって連歌の道で名を成し、十五世紀末に京都から池田に移住、さらに永正十五年には堺に移って晩年の一〇年間を堺で過ごした。

肖柏は両地で弟子を育て、とくに堺では「堺伝受」と称する「古今伝受」を行ったことが知られている。「堺伝受」については、和歌における一子相伝の「古今伝受」とは異なり、連歌を志す大勢の人々に対し、古今和歌集を教材として文法などの基礎教養を伝受するものだったことが明らかにされている（小高 二〇一七）。肖柏が伝受を行った弟子やその流れにある人々は、連歌好士というにとどまらず、「連歌師」と呼ばれたようである。江戸時代に編纂された人名録『顕伝明名録』や『明翰抄』には「堺の連歌師」として多くの名前が挙がり、その中には瀧山千句に参加した等恵や、若い頃の長慶と連歌の席を共にした河内屋宗訊（そうじん）の名も見える。

河内屋宗訊は堺の商人とみられる。天文十一年（一五四二）六月十一日、摂津の榎並（大阪市城東区）において榎並城主の三好政長（宗三）が催した連歌会に、二一歳の長慶とともに参加している。またその八年後の天文十九年六月十七日、長慶の主催により開かれた連歌会にも参加している。この長慶主催の会の連衆は、長慶、宗訊、そして当時一流の連歌師寿慶の三人だけであった。二〇代の長慶は、宗訊から連歌を学ぶと同時に、堺の政治・経済に関する情報を得ていたのかもしれない。

冬康も、兄と同様、宗訊や等恵と連歌を通じて交流した。冬康は自筆の連歌句集（宮内庁書陵部所蔵『冬康連歌集』）を残しており、連歌を始めた二〇歳から二九歳までの作を集めたものであると奥書に記している。句に付された詞書の中には、「訊公張行千句第一に」（宗訊主催の千句連歌における第一百韻の発句に）、「宗訊忌日に」（宗訊没後、その忌日に）など、年長の宗訊と冬康の交流の様子がうかがわれるものや、「等恵法師の庵にて、冬枯を」、「旅宿を等恵法師とふらひきたりて、別おしみ侍りて、両吟し侍しとき」など、冬康が等恵の庵を訪れたり、逆に等恵が冬康の旅宿を訪れたりなど、冬康と等恵の親しさを伝えるものがある。

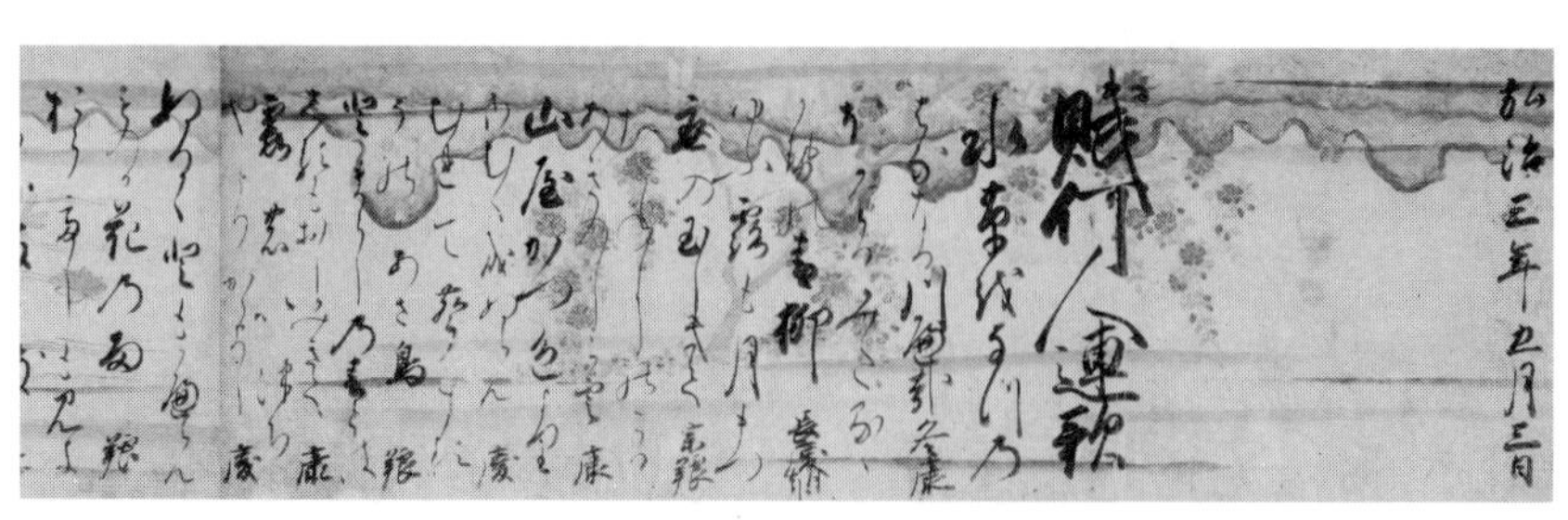

図9－2　「冬康・長慶・宗養賦何人連歌百韻」（弘治三年五月三日興行）部分
（天理大学附属天理図書館所蔵）

百韻の連歌は、通常、一〇人前後の連衆によって詠み継がれるが、長慶の連歌作品は宗養ら連歌師との両吟や三吟が多いことが指摘されている（奥田 一九七二）。長慶は、連歌会で人々と交流し、情報を得るのもさることながら、句作への没頭を好んだのではないだろうか。

弘治三年（一五五七）五月三日、長慶は、冬康と宗養を連衆とし、ごく親しい三人で連歌会を催した。尼崎を会場としたため「尼崎三吟」とも称され、名吟として知られる。美しい料紙に清書された「尼崎三吟」の一巻が天理大学附属天理図書館に所蔵され、その巻末に付された古筆了佐の寛永九年（一六三二）の極書は、宗養による筆跡と鑑定している（図9－2）。

3　絵　画

狩野派

戦国期の絵画といえば、武将の居城を彩った障壁画がまずイメージされるだろう。当時の障壁画の多くは、狩野（かのう）家当主を棟梁とする狩野派の絵師たちによって描かれた。

狩野派の絵画は、もともと中国の絵画を範とした水墨表現を主とするもので、日本の伝統的絵画である「やまと絵」に対し、「漢画（かんが）」と称される。狩野派の祖、狩野正信（まさのぶ）は官位を得て幕府の御用絵師となり、足利義政の御所に瀟湘八景（しょうしょうはっけい）の障子絵を描くなどの仕事をした。息子の元信（もとのぶ）は、やはり御用絵師の地位にはあったが、幕府の衰退を背景として、旧来の特権階級だけでなく町衆など幅広い層の注文も受けるようになり、堺や大坂も活動の場とした。

永正十二年（一五一五）三月、堺南荘・北荘の商人たちが三十六歌仙図の扁額（へんがく）を厳島神社に奉納した。実物は失われ、『厳島絵馬鑑』（天保三年刊）の記載によるが、扁額の裏面には「為堺南北諸商人祈也」「山崎宗鑑筆」「元信画之」とあったようで、和歌は山崎宗鑑（やまざきそうかん）、絵は狩野元信の筆になるものであった。また、厳島神社に現存し、『厳島絵馬鑑』にも掲載される扁額一対は、堺の住人綾井定友（「泉州堺住人綾井九郎左衛門尉定友」）によって天文二十一年（一五五二）三月に奉納されたもので、牛若丸と弁慶が描かれている。「狩野」と読める墨書があり、当時七十代の元信が率いた狩野派の作とみられる。

元信は六〇代から七〇代にかけて、大坂本願寺で大きな仕事に携わった。本願寺第一〇代の宗主である証如の日記『証如上人日記（天文日記）』によると、元信は天文八年から同二十二年までの一五年間、ほぼ毎年のように弟子や息子を連れて大坂本願寺を訪れており、滞在期間は一か月ほどの年もあれば、三か月や四か月に及ぶ年もあった。仕事内容は不明であるが、仕事日数や報酬の記録から、おそらくこの時期に大坂本願寺で新築された阿弥陀堂、寝殿、綱所、亭、御上などの殿舎の障壁画を制作し、総額四〇〇貫ほどの報酬を得たものと考えられている（辻 一九九四）。この大坂本願寺での仕事について、辻惟雄は大徳寺に伝わる元信の自筆書状（雲叔宗慶宛、年未詳二月二十六日付）に、木沢長政への取りなしを頼む一文（「次に木沢殿上洛に候、先度之儀、御取合頼入存候」）があることに注目し、元信が大坂本願寺との縁故を得るため、証如と親しかった木沢長政に接近を試みた可能性を指摘している。権力の慌ただしい交代のなかで、狩野派が勢力を伸ばすことができたのは、画力もさることながら、元信の交渉力に負うところが大きいのかもしれない。

元信が大坂本願寺の仕事を終えた天文二十二年当時、孫の永徳は一一歳であった。後に、永徳を中心として狩野派一門の絵師たちは、三好長慶の菩提所の聚光院の障壁画をはじめ、織田信長や羽柴秀吉ら天下人たちの仕事を請け負い、安土城・大坂城・聚楽第などの障壁画を制作した。

土佐派

狩野派に対し、土佐（とさ）派は室町時代のやまと絵を代表する画派である。土佐派の絵師たちの棟梁である土佐家当主は、代々、官位を得て宮廷絵所預の職に就き、宮廷や貴族、将軍家などから絵に関する仕事の

図9－3　土佐光吉筆　源氏物語図色紙「須磨」（堺市博物館所蔵）

注文を受けていた。

応仁・文明の乱以降、土佐家当主の光信（みつのぶ）やその息子の光茂（みつもち）は、寺社復興の動きのなかで縁起絵巻を多数制作した。しかし、美しい絵巻の制作の影で、土佐家は所領経営に苦しんでおり、絵所領とみられる大芋荘（おくも）（兵庫県丹波篠山市）などの土佐家の所領では、押領や年貢未進が頻発していた（松尾 二〇一三）。

光茂の息子の光元（みつもと）は、新たな所領として九条家の領地であった和泉の上神谷（にわだに）（堺市南区）を得た。しかしこの所領も安定せず、三好義継らとの争いがあった。「土佐家文書」（東京国立博物館所蔵）所収の光元や光茂の書状からは、光元が織田信長に願い出て所領安堵の朱印状を手に入れ、その礼金の調達に苦心したことや、さらには信長に仕官して永禄十二年（一五六九）八月に戦死したことが分かる。

光元の戦死によって、土佐家は転機を迎えることになった。土佐家の所領や粉本（ふんぽん）（手本や下絵など）は、光茂の弟子とも息子とも伝えられる光吉（みつよし）（玄二・源弐、号：久翌）が譲り受け、光元の遺児の養育や、門人のことも光吉に託された（永禄十二年十月二十二日付「土佐光茂譲状御写」宮内庁東山御文庫所蔵）。

光吉は土佐派の活動拠点を京都から堺に移し、堺において商人や武将らを相手にその肖像画などを制作した。足利義輝や三好義継、今井宗久らの肖像画下絵が「土佐派絵画資料」（京都市立芸術大学芸術資料館所蔵）の中に残る。

肖像画のほか、光吉の工房は「源氏絵」を主力商品としていたようである。源氏物語五十四帖の名場面を色紙などの小画面に細密に描いた作が数多く残り（図9－3）、当時の公家が各帖の本文抜粋を揮毫した色紙とセットで伝わる作もある。源氏絵が求められた背景には、連歌において源氏物語の学習が重視されたことがあるのかもしれない。

光吉が堺に活動拠点を移した理由は定かではなく、京都の本家筋の人々を憚ったとも、光元の遺領を守るためにその近くの堺に住んだとも、光茂の頃からの縁を頼ったとも考えられる。

ここでは、「光茂の頃からの縁」について掘り下げてみたい。堺の宝樹寺（ほうじゅじ）（永禄元年創建。昭和二十年の堺大空襲で罹災後に廃絶。浄土宗）の「宝樹寺記録（抄録）」（堺市立中央図書館所蔵。『堺市史』編纂時の筆写）には、次のようにある。

土佐家　土佐光吉ハ父光茂ノ意志ヲ受ケ続キ菩提所護持ノ念ニ心ヲ注キ堂塔伽藍ニ一大修繕ヲ加ヘテ昔日の盛大ヲ極ムルニ至リシガ不幸ニモ慶長十八年五月五日遂ニ永眠セラル、歳七十五歳、其法名ハ圓照院一光久翌居士ト号ス、同境内墓地ニ葬ムル

土佐家は光茂の頃から堺の宝樹寺を菩提所とし、光吉は父光茂の志を受け継いで堂塔伽藍を修復したという。『堺市史』（昭和五年刊）には、同寺に光吉とその子孫の位牌があったことが記録される。位牌は現存しないが、光吉の位牌の拓本が東京大学史料編纂所に保管されている。

また、光茂は堺の連歌師たちから絵の注文を受けていたふしがある。大廣寺（だいこうじ）（池田市）には、「光茂」の印が捺された牡丹花肖柏の肖像画が所蔵されるが、その賛文から同作の発注者が肖柏弟子の堺の連歌師、河内屋宗訊であることが分かる。賛文は、春林宗俶（しゅんりんそうしゅく）が天文二十年の肖柏二十五回忌に記したものである。

これと顔が同じでポーズの異なる牡丹花肖柏像が東京国立博物館に所蔵される（図9－4）。絵師の印等は無いが、常庵（じょうあん）

図9－4　牡丹花肖柏像（賛：常庵龍崇大永七年）
（東京国立博物館所蔵／Image: TNM Image Archives）

龍崇（りゅうそう）による賛文があり、肖柏没年の大永七年（一五二七）に肖柏門の堺の連歌師重吟が制作したものと分かる。

当時の肖像画の描き方からすると、一つの可能性として、光茂が描いた肖柏の「紙形」（顔の写生）が、肖柏門の堺の連歌師の間で流用されたことが考えられる。当時の肖像画は、紙形をもとに、その人にふさわしい衣装を付けた体部が描き加えられて完成したが、年忌法要などのため、年を経て複数回、同じ紙形を使って肖像画が制作されることもあった。

ところで、次の光茂宛の赤松晴政感状（かんじょう）（京都大学文学研究図書館所蔵「土佐家文書写」所収）は、戦死した光元だけでなく、光茂の身近にも戦の危機があったことを伝えている。

（包紙上書）「土佐刑部大夫殿　晴政」

爰許長々逗留辛
労候、殊旧冬不慮当
城夜討之刻堅固覚
悟誠以無比類候、祝着候
為其染篇候、恐々謹言
　五月三日　晴政（花押）
　　土佐刑部太輔殿

光茂の長期間の逗留をねぎらうとともに、城が夜襲された折には「堅固の覚悟」を示したことを称賛する内容である。年は記されていないが、「旧冬」とあるので、天文十九年（一五五〇）十一月二十一日、三好長慶が京都の中尾城（京都市左京区）に足利義輝を攻め、近江の堅田（滋賀県大津市）へ追いやった時のことかと思われる。この時、中尾城には光茂もおり、義輝に随って堅田に移ったのだろう。翌年五月三日にこの感状が発給されたと考えられる。

絵師でありながら戦に向かう光茂のこのような姿勢が、およそ二〇年後の光元の戦死に繋がったのかもしれない。なお、京都大学文学研究図書館所蔵「土佐家文書写」は、明治四十四年（一九一一）二月、当時、土佐家にあった文書を影写したものであり、現在は東京国立博物館に所蔵される「土佐家文書」にはない書状の写しが何通か含まれる。赤松晴政感状はそのうちの一通である。

光元の死から半世紀余りの時を経た寛永十一年（一六三四）、堺の川端町に住居していた光吉息子の光則は、ようやく京都に戻った。さらに承応三年（一六五四）、光則息子の光起が絵所預に復帰し、以降、近代に至るまで光起の子孫が絵所預職に就くことになった。土佐家は堺で命脈を保ち、堺で近世のやまと絵が始まったと言える。

長谷川等伯

長谷川等伯は、十六世紀後半に新しく台頭し、秀吉に重用された漢画系の絵師であり、「松林図屏風」（東京国立博物館所蔵）の作者としてよく知られる。

等伯は、天文八年（一五三九）に能登の七尾（石川県七尾市）に生まれ、若い頃は同地で日蓮法華宗関連の仏画などを制作していたが、宗派のネットワークを頼って京都に移住し、元亀三年（一五七二）には本法寺のために「日堯上人像」を描いている。その後、大徳寺三門の壁画制作に従事した天正十七年（一五八九）まで、三〇代から四〇代にかけての十数年間、等伯の足跡は不明であり、堺に滞在したこともあったとみられる。

本法寺十世住持の日通は、等伯と親しく、等伯の語ったことを箇条書きにまとめた冊子『等伯画説』（文禄元年頃成立。本法寺所蔵）を残した。日通は堺の豪商、油屋伊達氏の出身である。同書には堺の町衆がしばしば登場する。たとえば堺の水落宗恵は雪がふる枯木に小鳥二羽がうずくまる様子を描いた梁楷の絵を見て「しづかな絵」と評し、それを聴いた等伯は「面白いほめ方である」と感嘆したという話が記される。同書が伝える等伯の言葉からは、等伯が堺衆の所持した中国絵画や彼らの鑑賞態度に多くを学んだことが分かる。

絵屋

人々が集住した場所では、歴史に名を残した絵師たちだけでなく、在地の絵師たちが様々な需要に応じて絵を描いていた。

大坂本願寺には、内部にも絵師的役割を受け持ったとみられる「少輔」という人物がいたことが指摘されている

（辻　一九九四）。

堺には、絵屋の屋号を持つ宗与という人物が大小路町南側に住んでおり、『天王寺屋会記』に永禄六年（一五六三）から天正七年（一五七九）にかけて複数回登場する。絵屋宗与が絵を描いて売っていたのか、絵を売っていただけなのか、詳しい仕事内容は不明であるが、堺で絵に関わる商売をしていたのだろう。

絵屋の屋号を持つ人々は大坂や京都にもおり、屛風絵や扇絵のほか、短冊や色紙の下絵・建築の装飾・回灯籠の絵や彩色・貝の絵・操人形の製作などに携わっていたことが、天正から寛永年間にかけての記録に残る（『言経卿記』『時慶卿記』『御湯殿上日記』）。絵屋という職業は、町衆が台頭した室町末期頃に成立し、需要が増加していくと、仕事内容が細分化し、呼称が色紙短冊所や絵草紙屋などに変化したと考えられる（山根　一九六三）。

絵屋の仕事の一つとして挙げられる短冊や色紙の下絵は、金銀泥で花鳥などが装飾として描かれるものであるが、短冊や色紙だけでなく、連歌を記すための懐紙にも描かれた。先に紹介した天理大学附属天理図書館所蔵の尼崎三吟の懐紙には、青と紫の打曇紙に金銀泥で枝垂れ桜や流水などが描かれている（図9－2）。

このような下絵は、十六世紀前期には土佐派も手がけていたことが知られる（『言継卿記』大永七年八月二十三日条「土佐申候短冊下絵出来候了」、『公頼公記』大永八年二月二十九日条「打曇三枚ニ下絵土佐ニ申遣草花乱タル所也」）。連歌の流行などによって下絵の需要も増え、絵屋でも下絵が制作されるようになったのだろう。

4　歌　謡

早　歌　絵師の狩野元信は「舞」も得意だったようで、天文十八年（一五四九）十一月五日の夜、大坂本願寺の向座敷で「舞」を披露している（『私心記』同日条「夜、向座敷ニ舞アリ、狩野法眼舞也」）。

戦国時代に能と並んで流行した芸能に幸若舞（こうわかまい）があり、「曲舞」、「舞々」あるいはたんに「舞」とも称された。元信の「舞」も、幸若舞であったのかもしれない。幸若舞は、拍子に合わせて、長い物語を舞いながら語ってゆくもので、白拍子の流れを汲む芸能とされる。この芸能に長じた越前の幸若大夫（嘉吉元年に初めて記録上に現れる人物）に因んで幸若舞と呼ばれた。

織田信長が幸若舞を好んだことはよく知られるが、太田牛一『信長公記』には、信長が小歌も好んだことが記されている。小歌は小歌節という曲節に合わせて歌われた短い歌謡である。

室町時代には様々な歌謡が流行したが、その中でも早歌は、儀式祝宴を飾る武士の式楽的存在として、幕府を中心に三管領四職の家やその被官たちにこれをよくする人が多かったという（外村久江・外村南都子　一九九三）。早歌は、そもそも鎌倉時代に東国の武士たちによって歌い出された長篇歌謡で、招福攘災の祈りを込めて歌われるものであった。戦国期においても、歌謡集『閑吟集』（永正十五年成立）の序文によると、将軍の遊宴ではまず早歌が披露された。小歌などはその後に口ずさまれたようである（「大樹遊宴、早歌了低々唱」）。永禄三年（一五六〇）頃の作といわれる『伊勢貞助雑記』の記述からは、将軍御成の時には必ず早歌が歌われたことが分かる（「御成の時、草歌（早歌）うたい申事は、式三献の後、御さかな参て御盃時、かならず被申候」）。

三好長慶の重臣として知られる松山重治は、この早歌を得意とした人物として知られる。『太閤記』巻第十八に松山重治（新助）の逸話が記されるが、早歌だけでなく小鼓や尺八も上手で、酒を愛し、楽しい人柄であったので、敵味方を問わず堺での酒宴には必ず呼び出されたという。長慶に取り立てられる前は本願寺の番士であったとのことであり、大坂本願寺で元信が舞を披露した場には、重治もいたのかもしれない。

隆達節

早歌や小歌などの歌謡をベースとして、堺の町衆、高三隆達が新しく節付けし、歌い広めたのが、「隆達節」「隆達小歌」などといわれる歌謡である。隆達は大永七年（一五二七）、高三家に生まれ、慶長十六年（一六一一）に八五歳で亡くなった。衣笠一閑『堺鑑』（貞享元年刊）によると、もとは僧侶として堺の顕本寺内に住んだが、還俗して高三家で薬種を商ったという。

隆達節は文禄から慶長にかけて流行し、短詩形の恋の歌などが五百首あまり伝わる（小野　一九九七）。伴奏には、扇拍子（閉じた扇で手のひらを打って拍子を取る）や一節切（尺八の一種）が用いられた。三味線は当時渡来したばかり

図9－5　歌蒔絵香箱（寛永十八年二月吉日銘）（堺市博物館所蔵）

であり、隆達が用いたかどうか不明である。しかし、隆達節の歌詞には、三味線を伴奏に用いた近世小唄調の音数律を持つものもあることが指摘されており、隆達節は中世歌謡の最後に位置すると同時に、近世歌謡の出発点と捉えられている（小野 二〇一九）。

隆達が没して三〇年が過ぎた寛永十八年（一六四一）二月、「歌蒔絵香箱（うたまきえこうばこ）」（堺市博物館所蔵。図9－5）が制作された。十種香の道具を入れるための箱であり、蓋の裏には二つの紋と紀年銘があるため婚礼調度と思われる。この香箱の側面には、隆達節として知られる歌「三草山より出づる柴人　荷負ひ来ぬればこれも薫物」（「荷負ひ」と「匂ひ」を掛けている）が蒔絵で表わされている。歌に続いて「太政大臣太閤秀吉公御時代　慶長元年之比　小歌也」とある。この香箱の注文主は、香箱を見るたび、隆達節が流行した秀吉の時代を思い出したのだろう。流行歌が世相とリンクして思い出されるのは今も昔も同じではないだろうか。

❖　❖　❖

戦国期の茶の湯・連歌・絵画・歌謡について見てきたが、京都の近隣にあって豊かな経済力を誇った摂河泉の都市、なかでも堺は、京都発の文化が展開した重要な舞台となった。とくに茶の湯は、名物の茶道具が堺に集まったのを契機として、思想的に深化する方向に向かった。狩野派や土佐派の絵師たちは、堺や大坂に活動の場を広げることで工房の経営を維持し、時流に合った絵画を制作した。堺の町衆は、新興の武将たちとともに茶会や連歌会を楽しみ、狩野派や土佐派の絵画を享受し、香や歌謡にも親しんだ。いずれの文化活動も、権力の交代や戦乱が身近にあり、生命の危機とも隣り合わせの状況で行われ、交遊・鑑賞・創造の喜びと政治・経済上の思惑とが複雑に絡み合うものであった。

（宇野千代子）

第十章　摂河泉の城郭の構造とその背景

本章では、大阪府下の戦国・織豊期城郭の歴史や構造に触れ、その特徴を概観する。なお、摂津に属する兵庫県南東部の城郭についても部分的に取り上げることにする。

1　大阪府下における中世城郭の分布

大阪府教育委員会の調べによると、大阪府管下の摂津国内で一五一、河内国内で一八〇もの城郭があったという（大阪府教委編 二〇〇八・二〇一七・二〇二二）。これを踏まえ、『日本城郭全集』『日本城郭大系』『図解　近畿の城郭』をもとにデータを補訂したところ、表10－1のようになった。その数は、三か国合わせて六〇〇以上にのぼるが、兵庫県・京都府・滋賀県の分布調査ではそれぞれ一〇〇〇を超える城郭跡が報告されており、近畿地方では取り立てて多くはない。

この表からは、郡ごとに城郭数に偏りがみてとれる。参考までに、元禄国絵図に記載の村数を郡ごとに示したところ、村数と城郭の数は相関関係にないことが分かる。つまり、集落レベルで城郭を築く地域もあれば、そうでない地域もあるということである。これをもとに、城館の位置を可能な限りプロットしたのが図10－1である。表10－1と図10－1を対照させると、分布の粗密はより顕著に表れる。

摂津では、有馬郡が最も多く、能勢・川辺両郡がそれに続く。有馬郡は、赤松氏一門の有馬氏が実質的な守護権を行使し（今谷 一九八六、小林 二〇〇二）、摂津国内では特殊な地域である。有馬氏は荒木村重に滅ぼされ、村重の

表10－1　摂津・河内・和泉の城館数

〈摂津国〉

郡	城郭	村数
島上	21	79
島下	34	131
豊島	17	102
能勢	42	40
有馬	68	108
八部	26	51
菟原	4	63
武庫	9	67
川辺	40	67
西成	22	220
東成	6	121
住吉	7	54
計	296	1103

〈河内国〉

郡	城郭	村数
茨田	7	82
交野	26	44
讃良	15	33
河内	11	27
若江	8	53
高安	3	14
渋川	2	31
大県	1	11
志紀	2	21
丹北	18	44
丹南	18	43
八上	7	15
古市	10	16
安宿部	1	5
石川	78	50
錦部	28	53
計	235	542

〈和泉国〉

郡	城郭	村数
大鳥	19	98
泉	26	91
南	40	74
日根	35	101
計	120	364

注：村数は，元禄15年（1702）の国絵図（国立公文書館所蔵）に記載のもの。
出所：筆者作成。

小姓出身で荒木姓を与えられた重堅が三田城（三田市）に入った。能勢郡には多田院御家人や村落上層の侍衆がおり、小規模な城郭が集中している（中西 一九九七）。逆に、菟原・武庫・東成・住吉の各郡は城郭が少ない。大阪湾岸では、兵庫津（神戸市兵庫区）・西宮（西宮市）・尼崎（尼崎市）・渡辺津（大阪市中央区）などの都市の発達が認められるが、築城は概して低調であった。

河内では、全体として南部に城郭が多く、なかでも石川郡が突出している。石川郡では、楠木正成や南朝方が築いたという城郭跡が数多く伝わるが、その当否は厳密に検証しなければならない。とはいえ、南河内に城郭が多い事実は動かない。河内

図10－1　大阪府内の城館分布（明治期の20万分の１図に加筆）

守護となった畠山氏は、伝統的に守護の力が強かった南河内を掌握して古市（羽曳野市）に守護所を置き、十五世紀中頃に若江（東大阪市）へ守護所を分立させた。若江一帯は付け替え前の大和川流域にあたり、水運が発達し、権門の利害が集中する地域であった（小谷 二〇〇三）。こうした地域性の違いが、城郭分布に表れているとみる余地もあろう。

和泉では、郡ごとの差異は小さく、むしろ沿岸部に城郭が集中する傾向が認められる。これは、摂津とは対照的である。和泉の場合、山間部に集落が少なく、人口比の差が城郭分布に反映されている可能性が考えられる。その結果として、隣接する紀伊や河内との境目には城郭はあまり築かれなかった。これは、河内と大和・山城との境界とは異なる状況である。ただし、堺（堺市堺区）の周辺に城郭が少ないことは注目される。戦国期の堺が町衆の自治により運営され、周囲に環濠をめぐらしたことはよく知られているが、そうした都市的な発展が地域支配の拠点となる築城を許さなかったのかもしれない。

以上のように、城郭の分布を読み解くと、それぞれの地域性や歴史の歩みが浮かび上がってくる。このことを踏まえて、各国の主要城郭の特徴を次節以降でみることにしよう。

2　摂津の主要城郭

細川氏・三好氏の拠点形成

摂津国守護を務めた細川氏は、幕政の中心にあり、戦国期にも在京を基本とした。明応の政変を引き起こした細川政元はしばしば茨木（茨木市）に滞在しており、茨木は摂津国の守護所と位置づけられている（今谷 一九八六）。茨木は、細川氏の有力家臣の一人であった茨木氏の本拠であり、その居館があったと推定されている（中村 二〇一九）。茨木は、高槻や富田、吹田などの地域拠点へのアクセスが良く、交通路との関係を重視して守護所が置かれたと考えられている（中西 二〇一九）。

細川高国は、阿波に没落した澄元の襲来に備えて、芥川城（高槻市）と越水城（西宮市）を築いた。芥川城では、永正十三年（一五一六）正月に能勢頼則が主催する連歌が催され、能勢郡に基盤をもつ能勢氏の在城が確認できる。越水城は、武庫郡の瓦林政頼が築城を担当した。越水の集落を囲う惣構えを築き、西宮の町場と一体的な空間を形成したと評価されている（天野 二〇一五ａ）。

高国を滅ぼした細川晴元は、天文二年（一五三三）から同五年にかけて芥川に在城し、広域の支配拠点としている。配下の三好長慶は天文八年に越水へ入城し、摂津の下郡（豊島・川辺・武庫・菟原・八部）の支配にあたった。天文十八年の江口の戦いで長慶は晴元を追いやり、同二十二年には晴元方の芥河常信（孫十郎）が籠もる芥川城を攻め落とす。この時、三好方は城の東方に位置する帯仕山（おびしやま）に付城（つけじろ）を築いた。土塁と堀などの遺構が現存し、織豊期より前の付城の事例として貴重である。

こうして長慶の居城となった芥川城には、三好一族に加え、有力家臣やその家族も暮らしたことが史料上確認できる。城内では文書発給や裁判などが行われ、芥川城は三好氏の政庁として機能した。長慶は永禄三年（一五六〇）、家督を息子の義興に譲り、自らは飯盛城へ居を移す。義興は永禄六年に城内で病没するが、以後も三好長逸らの在城が確認できる。しかし、永禄十一年、上洛を遂げた足利義昭が一時在城し、芥川城は和田惟政の管轄下に置かれる。

芥川城の遺構は、標高約一八三メートルの三好山を中心として、東西約五〇〇メートル、南北約四〇〇の範囲に及ぶ（図10－2、カバー裏左）。大きく三つの曲輪群からなるが、それぞれ独立性が高い。ただし、西曲輪群の曲輪⑲と中央曲輪群の曲輪⑲の直上にほぼ同じ標高で堀切（ほりきり）が設けられており、全体を統一的な発想で防御しようとする意識も垣間見える。

西曲輪群では発掘調査が行われ、曲輪①で礎石建物、曲輪③で塼列建物（せんれつたてもの）の遺構が検出された。塼列建物は、都市域では蔵などの貯蔵施設に用いるのが一般的だが、城郭では櫓のような防御施設を指す可能性もあるという。これらは大規模な火災の後に造成されており、記録にみえる弘治元年（一五五五）の火災との関連が指摘されている（高槻市編 二〇二一）。

芥川城では、部分的に石垣の使用が確認できる。特に、中央曲輪群の曲輪㉘前面の石垣は大ぶりの石材を用い、

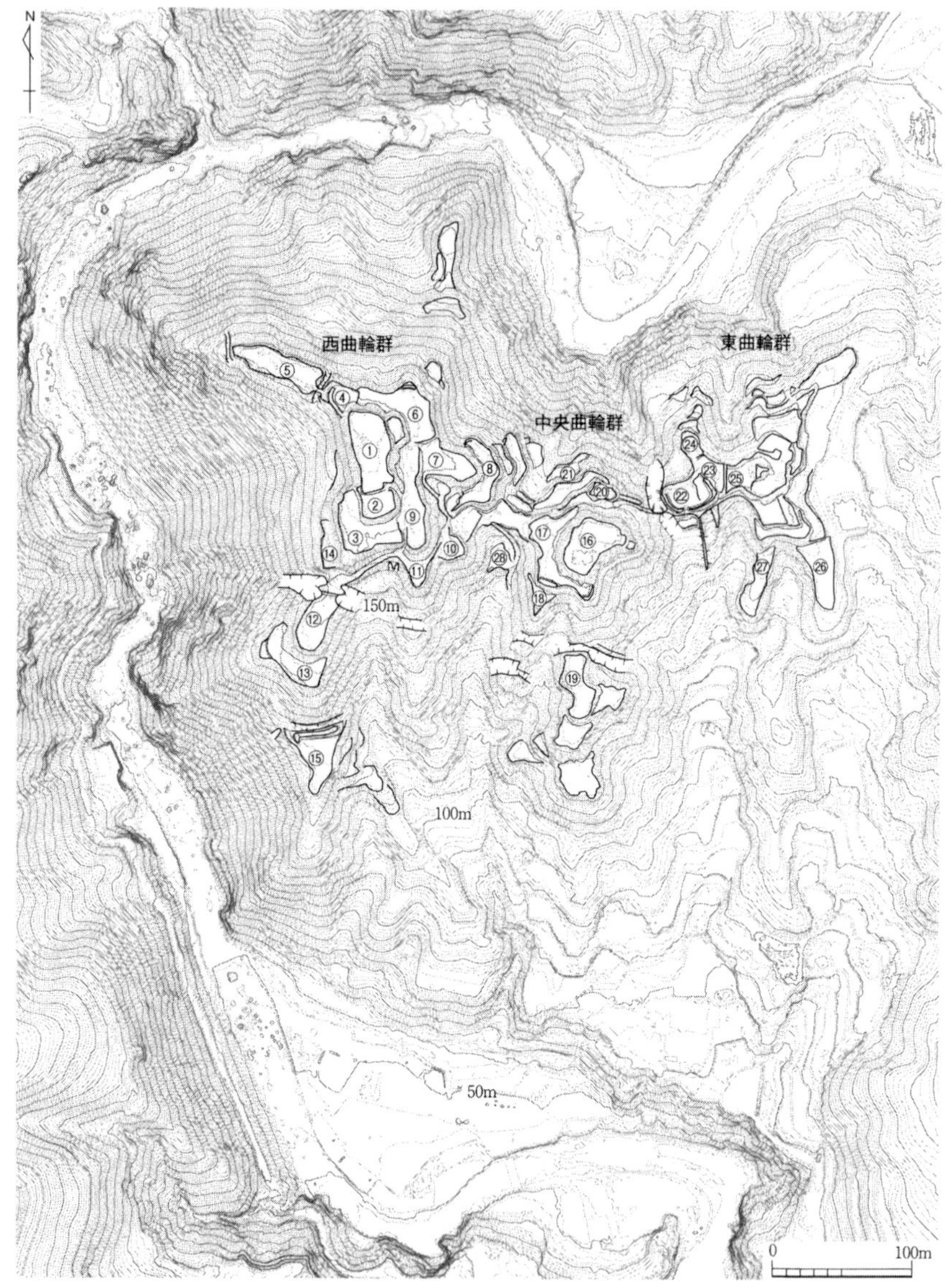

図10－2　芥川城遺構図（高槻市 2021）

登城する人々への視覚的効果を狙ったものと思われる。土塁の使用は限定的だが、曲輪④のように鍵の手状にして登城路に屈曲を設ける事例もあり、技術的には注目される。曲輪㉒は土塁囲みで、南斜面に竪土塁を設けている。

芥川城は、登城路が想定される南側斜面は傾斜が緩やかで、一見すると防御性に乏しいように見受けられる。しかし、芥川に浸食された北面・西面は急崖で、人を寄せ付けない。細川氏が当地に城を構えた理由の一つに、こうした地形の要害性を挙げることができよう。

国人・土豪の居城

細川氏の摂津支配が、在地勢力に多分に依拠したものであったことは前述した。ここでは、国人や土豪の城に触れ、上位権力や地域社会との関わりについてみておく。

池田氏は、北摂山間部の炭の集散地とみられる池田に拠点を構え、地域経済や交通に多大な影響を及ぼした。三好氏に服属後は一族として遇され、独自の文書発給により権利を付与したり、家臣団を整備したりするなど、摂津を代表する地域権力へと成長を遂げた（天野 二〇一五ａ）。

池田城（池田市）は、五月山（さつきやま）より南に派生する段丘上に位置し、西下の集落とは約二〇メートルの比高差がある。主郭は分厚い土塁を備え、北東部が突出し、虎口（こぐち）に対して横矢（よこや）がかかる構造となっている。この主郭の形状に対応する形で、南東方向に外郭が形成され、おおむね四重の堀がめぐる。さらに、絵図や地形から、西下の町場を囲う惣構えが想定されている。このように城下町を惣構で完全に囲郭する構造は、堺や寺内町を強く意識しており、畿内で培われた都市形成のプランとみなされている（仁木 二〇〇三）。一方、城の外郭が町とは反対方向に展開することから、惣構えを猪名川の氾濫に備えた堤の痕跡とみる見解もある（中西 二〇一五）。

池田城は永禄十一年（一五六八）、上洛を遂げた織田信長に攻められる。この時、織田勢は五月山に在陣し、外構えを破って町を放火しており、立地上の弱点が露呈する形となった。こうして池田氏は信長・義昭政権の傘下に入るが、三好三人衆方に与する勢力もいて家中の分裂が生じ、家臣の荒木村重に取って代わられた。

伊丹氏は、六波羅探題の両使を務めるなど、鎌倉末期には有力な御家人であった。室町期には細川氏の家臣となるが、十六世紀前半、細川家の内紛に巻き込まれ、居城の伊丹城は二度にわたり落城している。十六世紀中頃には三好氏との関係を深めるが、後に上洛した信長・義昭の政権のもとで摂津支配の一角を担う。しかし、天正二年（一五七四）に村重に攻められ、没落する。村重は伊丹城を有岡城と改名し、自身の居城とした。

伊丹城と城下町（伊丹市）は、猪名川と武庫川に画される伊丹台地上に営まれた。当地は、亀岡や有馬へと抜ける道が交差し、約一キロ北方を西国街道が横断する交通の要衝であった。主郭の東半は近代の鉄道敷設（現在のJR伊丹駅）により消滅し、残存した西部が史跡公園となっている。土塁裾の石垣が整備・公開され、礎石建物や井戸跡が平面表示されているが、これらは村重段階の遺構である。出土した瓦が池田城で使用されていたものと同文であることから、池田城から搬入された可能性が指摘されている。また、主郭を取り巻く土塁が伊丹氏段階に構築され、礎石建物や塼列建物も同時期にあったことが判明している（伊丹市立博物館編 二〇二〇）。

村重は、城下町の周囲に総延長四・五キロにも及ぶ惣構えを築いた。惣構えは自然の段丘崖を利用し、一部に土塁と堀を設けていた。城下北端の岸之砦跡（現在の猪名野神社）では、残存する土塁を今もみることができる。村重は天正六年に信長から離反して有岡城に籠もるが、その際には惣構えの攻防が焦点の一つとなっている。一年余りに及ぶ籠城の末、村重は尼崎城へ移る。有岡城は織田方により陥落し、村重の妻子や近親者らは処刑された。

摂津北端の能勢郡では、多田院御家人の由緒をもつ領主や村落上層の侍衆により、数多くの城郭が築かれた。このうち最大の規模を誇る山辺（やまべ）城（能勢町）は、大町氏の城と伝わる。標高四三三メートルの鷹爪（たかつめ）山上に位置し、中心部は随所に石垣を構築しているが、土塁や堀などの防御施設はなく、単純な構造である。一方、東尾根上の出曲輪は土塁囲みで、前方に空堀を設けている。こうした構造の違いを時期差とみる余地もあるが、縁辺部に防御性の高い曲輪を配置し、敵の進攻に備えたとみることもできる。

野間氏の居城とされる野間城（能勢町）は、詰城（つめじろ）と居館がセットで残るいわゆる根小屋（ねごや）式城郭である。詰城は最高所の曲輪の縁辺に櫓台状の土塁を配置し、背後の尾根筋に堀切を連続して設けており、背面の防御に余念がない。居館は周囲に土塁をめぐらし、庭園とみられる石組みの遺構が残る。詰城と居館の間には防御施設はなく、両者の一体性がうかがえる。

能勢郡は、細川氏が丹波方面から摂津国の平野部へと進出する際の足がかりとなり、しばしば軍勢の移動がみられる。郡内の小規模城郭は、一義的には在地領主の軍事的・政治的な拠点であるが、こうした大規模な軍事行動とも無縁ではなかった（中西 二〇〇二）。実際に、細川・三好権力の居城である芥川城と能勢郡との間の山間部には、安威砦や佐保栗栖山砦（ともに茨木市）など技巧的な縄張りをもつ山城がみられ、戦乱の激しさを物語ってくれる。

織豊期の築城

織田政権は畿内において、既存の拠点城館を利用しつつ、段階的に取捨選択を加えていったことが知られている（中西 二〇〇八）。高槻城は入江氏の居城であったが、入江氏は上洛後の信長に殺害され、後に芥川城から和田惟政が入部する。惟政の戦死後に家督を継いだ惟長は、元亀四年（一五七三）、家臣の高山飛騨守・右近父子に城を追われる。この時、惟長は「天主」に籠もったとあり、和田氏段階に天守の存在が確認できる。高山氏段階の遺構として、幅二四メートルの堀とキリシタン墓地が検出されており、宣教師の記録も勘案して惣構え構造の城下町が推定されている（中西 二〇一五）。

もともと池田氏の家臣であった中川清秀は、元亀二年に荒木村重と結んで和田惟政を白井河原の戦いに破り、後に茨木城へ入る。村重が信長から離反すると、清秀は高山右近と同様に織田方に降った。清秀は天正十一年（一五八三）、賤ヶ岳の戦いで戦死し、同十三年以降は豊臣方の代官が茨木城に置かれた。大坂冬の陣の直前に片桐且元が入城し、元和三年（一六一七）に廃城となる。

織豊期以降の茨木城は、歴史地理学的な考察により、惣構えを伴う複郭の平地城館として復元されている。東堀が想定されていた湿地からは、障子や欄間などの木製建具が良好な状態で検出された。なお、茨木神社の東門は、茨木城搦手門の遺構と伝わる（中村編 二〇〇七）。

信長から摂津国西部を与えられた池田恒興は、天正九年に兵庫城（神戸市兵庫区）を築く。これは、織田政権下での新規の築城であり、大阪湾岸有数の港である兵庫津を直接掌握することにその狙いがあった。村重方の抵抗の拠点であった花熊城（神戸市中央区）を破却し、その資材を利用して築城が行われた。恒興は天正十一年に移封となり、城は政権の直轄下に置かれる。大坂城の落城後、兵庫津は尼崎藩領に編入され、後に幕府直轄となって勤番

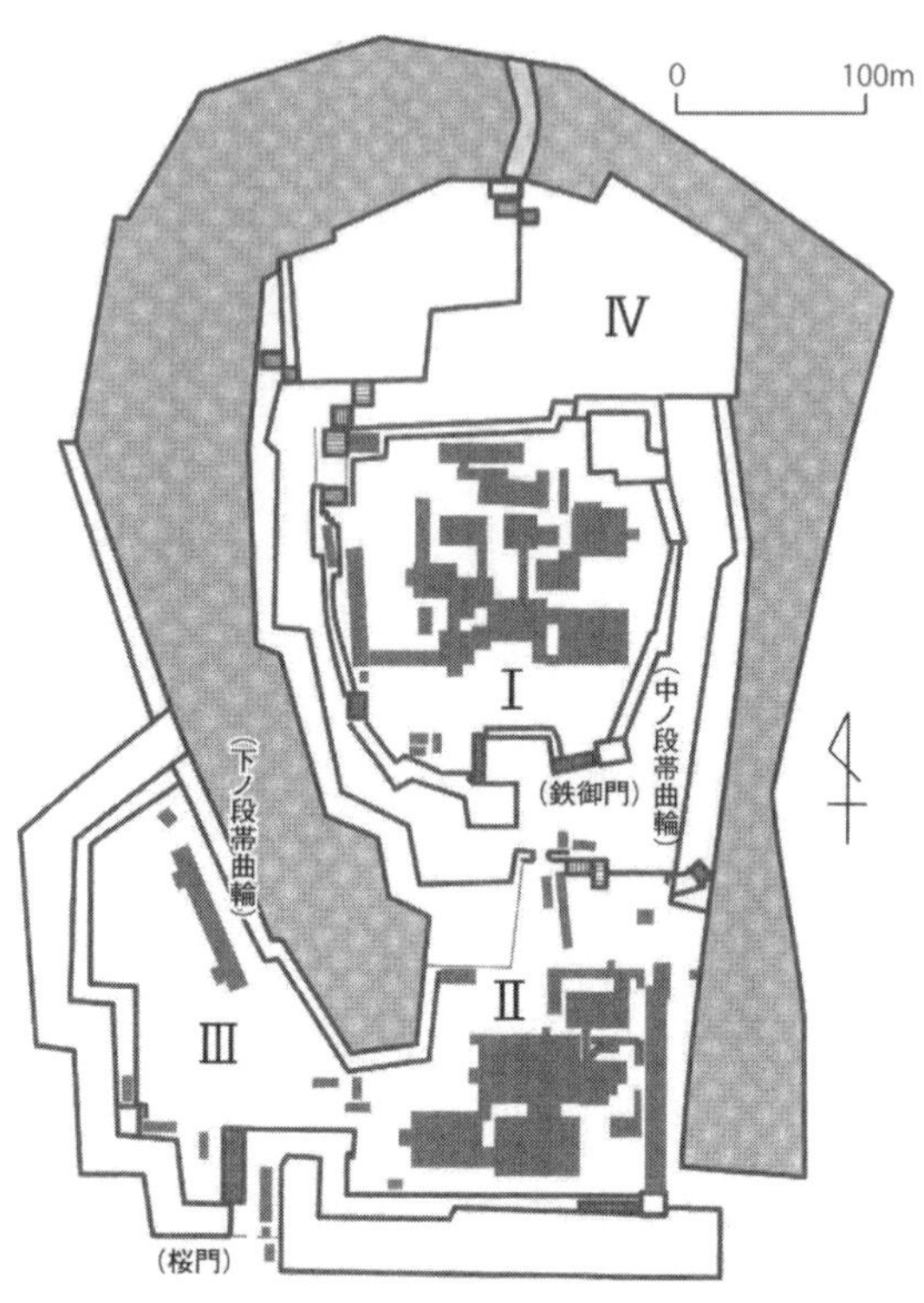

図10－3　豊臣時代大坂城図トレース（中井監修 2019）

所が置かれた。

近年の発掘調査で、跡地から石垣が検出された。石垣は、五輪塔の地輪のような石材をふんだんに用いており、織田末期の技術水準を示す貴重な遺構である。花熊城跡の一帯でも過去に石造物が数多く出土しており、村重が築城に用いた可能性が指摘されている（天野 二〇一三）。石垣は、絵図にみえる尼崎藩の陣屋の輪郭と一致することから、陣屋が城の縄張りを踏襲していると考えられる。絵図からは、方形単郭で、虎口前面に小曲輪を設けた姿がみてとれる。この小曲輪は、織田段階の変則的な枡形と評価されている（中井 二〇二二）。

信長と熾烈な戦いを続けた本願寺の宗主顕如は、天正八年に大坂を退去し、本願寺の跡地には織田方の番城が取り立てられた。天正十年の本能寺の変で信長・信忠父子が討たれると、明智光秀との関係を疑われた織田信澄が大坂城にて織田信孝・丹羽長秀らに攻め滅ぼされた。清須会議を経て、大坂城には池田恒興が入部するが、天正十一年の賤ヶ岳の戦いの後に羽柴秀吉が入り、城の整備を進める。生馬山麓や六甲山麓などから石材を集め、本丸の石垣を築き、天守を構えた。天正十四年から十六年にかけて、聚楽第普請と並行して二の丸造営を行った。文禄三年（一五九四）には、伏見城普請とともに、大坂城と城下町を囲う惣構えの構築を命じる。慶長三年（一五九八）から五年の工事では、城西の船場に城下町を整備して町人らを移住させ、惣構え内に大名たちの屋敷を建設させた。

大坂の陣後、江戸幕府は城跡に大規模な盛り土を施し、大坂城を再築した。そのため、豊臣期大坂城の遺構は地中に埋もれており、普段はみることはできない。城の中枢の構造は、江戸幕府の大工頭をつとめた中井家の絵図などからうかがうことができる（図10-3）。Ⅰには奥御殿が建ち、北東隅に天守があった。Ⅱには表御殿、Ⅲには米蔵が置かれていた。Ⅳは山里丸で、北側に極楽橋が架かっていた。Ⅰ・Ⅱ・Ⅳを囲う堀は水堀で、Ⅱ・Ⅲ前方の堀は空堀であった。鉄御門と桜門は外桝形の虎口であった。この絵図の描写は、過去の断片的な発掘調査に加えて、ボーリング調査・スウェーデン式サウンディング調査により、ほぼ実態を反映していることが確認されている（大阪市立大学豊臣期大坂研究会編 二〇一五）。

大坂城は、信長の安土城とは異なり平地にあるため、防御性の強化には大がかりな土木工事を要した。平地にあって大規模な堀を掘削し、石垣を多用した大坂城は、近世の平地城郭の始祖として位置づけられている（中井 二〇二一）。また、縄張りに直線的な要素が多数見受けられることから、秀吉が前代以来の政庁にみられる方形プランを強く意識したとも考えられている（中西 二〇一五）。一方、検出された石垣の技法に差があることなどから、本願寺の遺構をベースに普請がなされたとする見解もある（中村 二〇一八、同 二〇一九）。

3　河内の主要城郭

畠山氏の築城

畠山氏が守護所を置いた古市は、東高野街道と竹内街道が交差する交通の要衝である。文明十一年（一四七九）、畠山義就は古市の北に位置する誉田（羽曳野市）に館を新造した。館の周辺には、家臣団の屋敷やゆかりの寺院が立ち並んでいた。

明応二年（一四九三）、足利義稙が畠山政長とともに畠山義豊を河内に攻めた際、高屋城（羽曳野市）の名がみえる。この頃の高屋城は、誉田の館に対する詰城であったが、十六世紀に入ると居城としての性格を強めていく。城内には家臣の屋敷が数多く立ち並び、家臣の家族たちも暮らしていた。また、シンボル的な寺院の存在も確認できる。

永禄三年（一五六〇）、高屋城は河内を制圧した三好方の手に落ちるが、同十一年には上洛を遂げた足利義昭・織田信長の後ろ盾を得て畠山秋高が入城する。秋高は天正元年（一五七三）に家臣の遊佐信教に暗殺され、高屋城には三好康長が入った。天正三年、高屋城は織田方に攻められ、康長は降伏した。

高屋城は、標高約五〇メートルを最高所とする丘陵上にあり、誉田からは一キロほど南方に位置する。東高野街道が城内を通り、交通路の掌握を意図した構造となっている。高屋築山古墳（伝安閑天皇陵）を城域に取り込み、その南方に巨大な曲輪が二つ連なる構造である。内側の曲輪からは礎石建物や塼列建物、園地などが検出され、守護や家臣たちの屋敷地と想定されている。外側の曲輪では規模の小さい掘立柱建物や耕作に伴う畝跡が確認され、内側の曲輪の居住者との階層差がうかがえる。

高屋城は、自然の高低差を活かしつつ、土塁や堀を大規模にめぐらすことにより防御性を高めている。土塁は随所に折れを伴い、部分的に幅が広く櫓台状となっている。対織田戦への備えとして改修が施されたと考えられるが（中西 二〇一五）、三好康長の織田方への帰順後も城は存続したのではないかという見解もある（仁木・福島編 二〇一五）。

畠山氏は河内と紀伊の守護であったため、両国を股にかけた軍事行動を展開し、そのなかで南河内の城を利用している。長禄四年（一四六〇）、畠山義就は足利義政の勘気を蒙って河内に下国する。義就は嶽山（富田林市）に籠城するとともに、周辺の村々に要害を築いて幕府軍に相対した（小谷 二〇一四b）。

嶽山（標高約二七八メートル）の山頂部が城跡に比定されているが、城郭の遺構は確認できない。一方、尾根続きの金胎寺（こんたいじ）城（標高約二九六メートル）には、曲輪や堀切などの遺構が明瞭に残る。堀切がたんに尾根筋を遮断するだけでなく、城域や防御ラインを設定する位置に構えられていることから、戦国末期に改修された可能性が指摘されている（中西 二〇一五）。金胎寺城は、嶽山合戦時に義就方の拠点の一つとして使用され、大永四年（一五二四）には畠山稙長方の城としてみえる。

嶽山落城後、大和や紀伊に逼塞していた義就は、文正元年（一四六六）に千早城（千早赤阪村）の間を通って河内へ入部した。千早城は、元弘の変後に楠木正成が鎌倉幕府軍と戦闘を繰り広げたことで有名である。上赤阪城跡（楠木城跡）・赤阪城跡（千早赤阪村）とともに、正成ゆかりの遺構として国の史跡に指定されている。金剛山麓の標高六六六メートル地点を中心として、東西約四〇〇メートル・南北約三〇〇メートルの範囲に曲輪が展開する。空堀や土塁などの防御施設ははっきりせず、切岸を防御の中心とする単純な構造である。

一方、上赤阪城には、明らかに戦国期の改修が認められる。二つの峰に設けられた曲輪群は相互に独立的だが、横堀と堀切を組み合わせた防御ラインをほぼ同じ標高で形成しており、一体的な防御の仕組みがみてとれる。発掘調査では、十四世紀から十六世紀にかけての遺物が出土し、南北朝期から戦国期まで城が機能したことが明らかになった。尾根続きの猫路山城も長い堀切を用いて防御ラインを形成しており、上赤阪城との類似性が指摘できる。南北朝期の楠木方の城の一部は、戦国期に畠山氏が関わる軍事行動のなかで利用され、改修が施されたのだろう。

三好氏の築城

飯盛城（大東市、四條畷市。カバー裏右）は、三好長慶の最後の居城である。飯盛城は、畠山氏の家臣であり、後に細川氏に仕えた木沢長政が十六世紀前半に築いた。長政は信貴山（奈良県平群町）・二上山（奈良県香芝市）・笠置（京都府笠置町）にも城を築いており、従来の守護支配の枠組みでは捉えきれなかった国境域の軍事力確保を目指していたと考えられている（馬部 二〇一八）。長政の死後、飯盛城には交野郡出身の安見宗房が入った。永禄三年（一五六〇）、長慶は交渉によって宗房を退去させ、飯盛城を自らの手中におさめた。

城内には長慶だけでなく、家臣やその家族も暮らしていた。長慶は城内で連歌を行っており、それに見合った会所や座敷が存在したと考えられる。また、訴訟裁定の場としても機能しており、三好氏の政庁としての位置づけがうかがえる。長慶はキリスト教布教に理解を示し、永禄七年には城内で家臣たちが集団で受洗している。

長慶は永禄七年に飯盛城で亡くなる。その死は秘匿され、遺骸は城内の御体塚郭に仮埋葬されたという伝承がある。長慶の跡を継いだ義継は、永禄十一年から翌年頃に若江（東大阪市）に拠点を移し、飯盛城はその役割を終えた。

城の遺構は、標高約三一四メートルの飯盛山を中心として、南北に細長く展開する。城域は東西約七〇〇メートル・南北約四〇〇メートルに及び、大阪府下では最大の山城である（図10－4）。Ⅷ郭は城内で最もまとまった面積をもち、山上での居住の中心とみられる。Ⅸ郭は登城路沿いに土塁を構え、斜面下に畝状空堀群を築き、城内で最も防御性の高い曲輪である。Ⅰ郭以北は自然の地形を大きく改変せず、各曲輪の面積はそれほど大きくない。Ⅴ郭は御体塚郭と伝承され、中央部に岩盤の露頭がみられる。曲輪内では塼列建物が検出され、台付の灯明皿が出土した。台付の灯明皿は春日大社の神事に用いられる「ごんぱい」に類似し、その宗教的性格が注目されている。

城域内では、八〇か所以上もの石垣が確認されている。山内で豊富に産出される花崗岩を用い、採石に矢穴を用いない。平滑面を表に出す野面積みで、間詰石は少ない。二段にわけて石垣を築くケースが多々みられ、高石垣の構築が技術的に困難であったことが分かる。石垣の勾配は垂直に近く、コーナーはきれいな算木積みにならない。こうした様相は、永禄期以前の技術的な特徴を示しているとみられる（大東市教委・四條畷市教委 二〇二〇）。近年、信長の安土城に先行する石垣に注目が集まっているが、そのなかでも飯盛城は突出した事例と言えるだろう。

若江城は、十五世紀中頃に畠山氏が守護所とし、十六世紀後半に三好方の拠点となる。天正元年（一五七三）、義継は京都を追われた足利義昭を一時若江城へ匿うが、信長に内通する多羅尾綱知・野間康久・池田教正らに裏切られ、自害する。多羅尾らは信長から若江城を預り、若江三人衆と呼ばれた。この間、キリシタンであった池田教正により布教が推進され、若江には教会が建設された。天正八年、大坂本願寺との戦闘が終息すると、若江城は廃城となり、三人衆は八尾城へ移った。

若江城の主郭は、東西約一三〇メートル・南北約一五〇メートルの方形をなし、周囲に水堀をめぐらしていた。内堀の肩からは逆茂木が検出された。主郭の西部では大量の瓦や壁の下地が出土し、多門櫓のような構造が推定されている。瓦は大坂本願寺や私部城（交野市）と同笵のものが出土している。主郭内では石垣も検出されている。主郭南西の堀上には土橋がかかり、前方に堀を伴う小規模な曲輪が付属する。これは馬出のような機能が想定さ

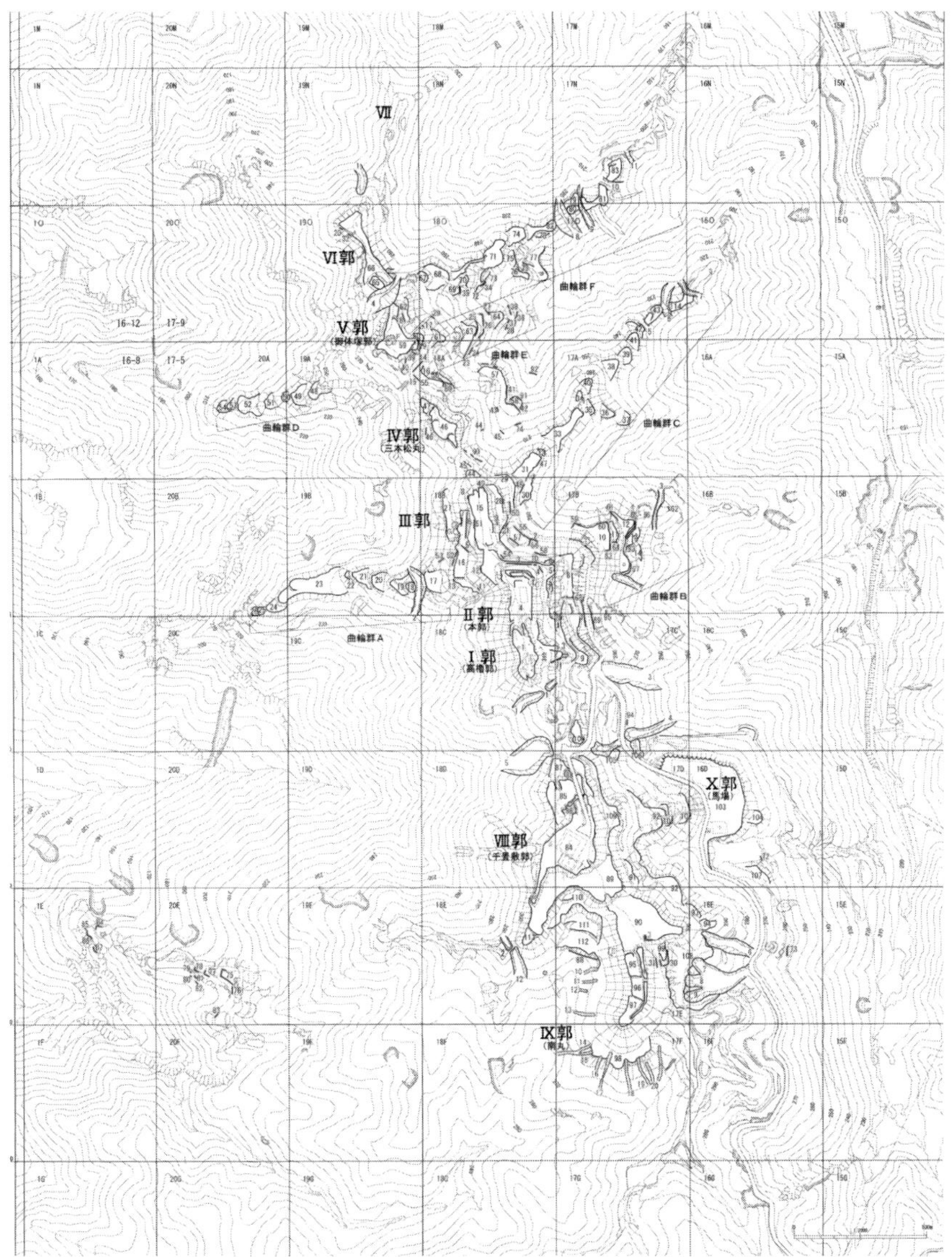

図10－4　飯盛城遺構現況図（大東市教育委員会・四條畷市教育委員会 2020）

れるが、城内への通路から直接アプローチできず、外部への出撃ができないことから、馬出とすることに慎重な見方もある。なお、主郭外側では複数の溝が検出されており、惣構の可能性も指摘されているが、復元案の確定には至っていない。城周辺の小字「大臼」「クルス」は、当地でのキリスト教の普及の名残とみられる。

若江城は、織豊系城郭の特徴とされる石垣・瓦・礎石建物を備えており（中井 二〇二一）、最末期に織田方の城であったことも明らかである。一方で、三好義継から若江三人衆への権力移行の過程は連続的に把握でき、考古学的にも三好期と織田期の峻別は困難である。中西裕樹は、山城から平城へという城郭史上の転換が一五七〇年代前後の畿内で先行したとし、飯盛から若江への移動をその一つと捉えている（中西 二〇一七）。そのようにみるならば、若江城の構造や技術面での先進性についても、織田政権の影響を過度に強調する必要はないだろう。

織豊期の戦乱と築城

上洛直後の織田信長は、三好三人衆らの軍勢と畿内で戦った。元亀元年（一五七〇）、三人衆は野田・福島（大阪市福島区）に城を構え、織田方に味方する勢力がこれを包囲する。その際の織田方の城の一つに、安見右近の交野城がみえる。安見右近は、前出の安見宗房の一族とみられ、もともと星田（交野市）に拠点を構えていた。交野城は、現在は私部城（交野市）の名で広く親しまれている。南北朝期に安見氏が築いたとする系譜は近世の偽作であることが判明し、安見右近が織田権力下に入ることで初めて築城されたと考えられている（馬部 二〇一九）。

右近は、松永久秀の配下にあった。元亀二年、信長への離反を決めた久秀に同意しなかったとして、右近は奈良で切腹させられる。翌年、久秀は私部城の周囲に相城（付城）を築き、本格的に攻撃した。私部南遺跡では、十六世紀頃の薬研堀の遺構がみつかっており、付城の痕跡ではないかと考えられている。右近の後継者である安見新七郎は果敢に防戦し、織田勢の援軍も得て松永勢を退けた。

私部城は、集落に接する平地にありながら、免除川に伴う低湿地が北側に広がり、容易に敵を寄せ付けない。この低湿地に繋げる形で堀を掘削し、本郭以下の曲輪を防御している。曲輪の配置は並立的であり、本郭が他の曲輪に対して格別優位な位置にあるわけではない。一メートル以上の盛り土が確認された箇所もあり、堀の掘削土を利用して曲輪の形を整えていたことが分かる。

城の中心部では、瓦が数多く検出されている。瓦は北河内だけでなく、摂津や大和などの技術的な系譜が認められ、大坂本願寺や若江城と同氾のものも含まれる。城内に瓦葺きの建物があったことは明らかだが、それは畿内での瓦製作の延長線上に位置づけられ、信長の影響を想定しなくてもいい（交野市教委 二〇一五）。

南河内の烏帽子形城（河内長野市）は、戦国期に畠山方の城としてみえ、豊臣期に至るまで長期にわたり使用が確認できる。織田権力下では、伊地知文大夫ら三名の領主により統治され、城下には三〇〇人ものキリシタンがいたという。天正九年（一五八一）の高野攻めでは、当城に基盤を置く集団が織田方として参戦している。天正十二年には、岸和田城主中村一氏により改修が行われた。これは、翌年の羽柴秀吉による紀州攻めへの備えとされてきたが、小牧・長久手の戦いに際して高野山などの反秀吉方が河内に出動しており、直接的にはそれに対応する動きと捉えられている（小谷 二〇一七）。

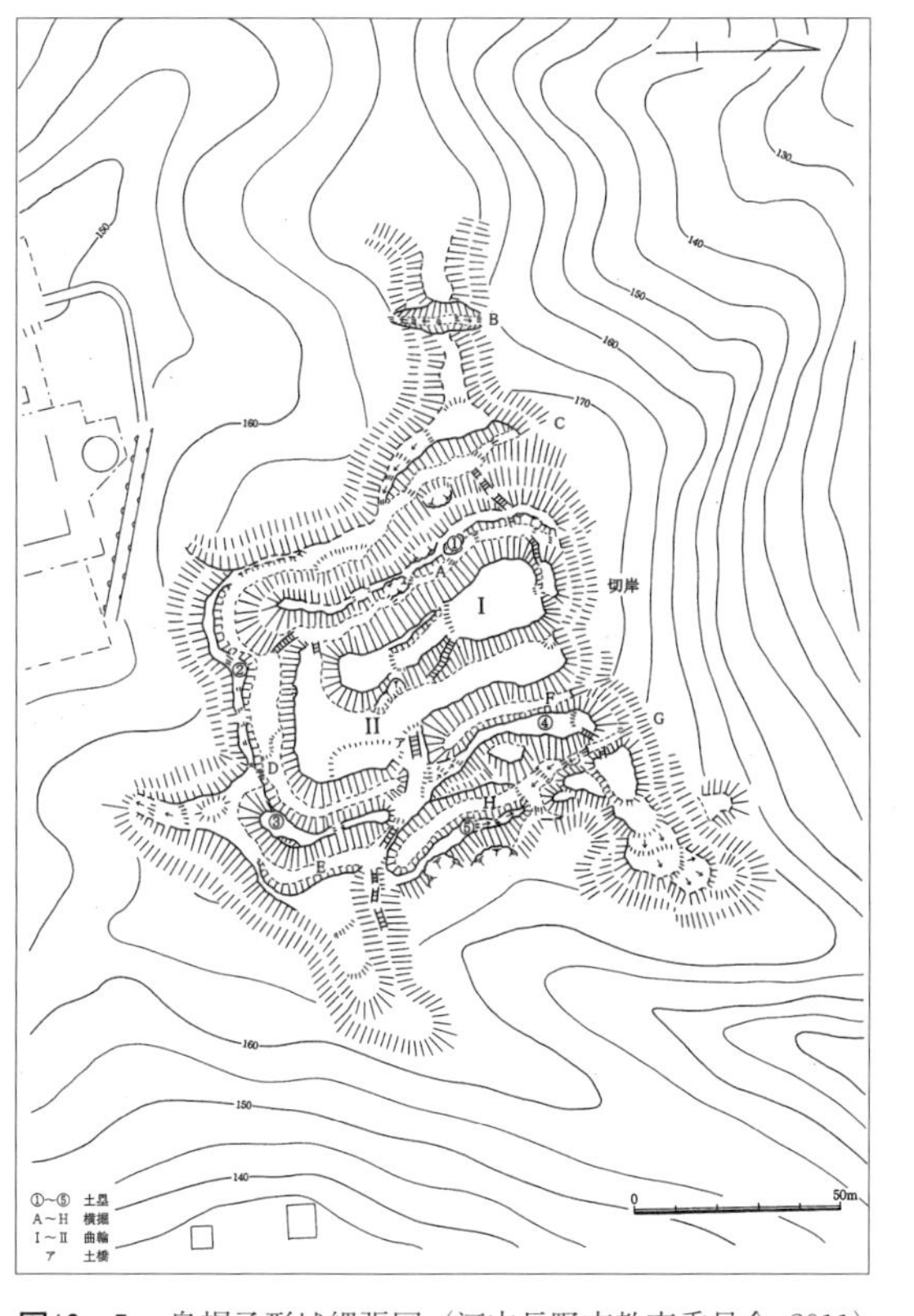

図10－5　烏帽子形城縄張図（河内長野市教育委員会 2011）

烏帽子形城は、現河内長野市街を見下ろす標高約一八一メートルの山上に築かれた（図10－5）。最高所のⅠは狭く、Ⅱの防御壁とみなすこともできる。発掘調査で、瓦葺きの礎石建物が二棟検出されており、多門櫓のような機能が想定されている。Ⅰ・Ⅱの外側を横堀が二重にめぐっている。土塁④と横堀Fは一六世紀後半に造成されたことが確認されており（河内長野市教委 二〇一二）、中村一氏による改修との関連性が注目される。Ⅱ東方の横堀上には土橋を設け、城道を設定している。この道は直進できない格好となっており、防御面での工夫は見受けられるものの、定型的な枡形虎口とはなっていない。現状の縄張りからは織豊政権の影響はそれほどうかがえず、戦国期における在地の山城の性格を色濃く残している。

4　和泉の主要城郭

戦国期の築城

南北朝期以降、和泉国の守護所は堺にあった。堺では、戦国期に町衆が自治を行い、都市の周囲に環濠をめぐらした。環濠内に大規模な城館があったとは考えにくく、武家権力は寺院などを間借りして暮らしていたのだろう。大仙陵古墳（伝仁徳天皇陵）西方の大仙遺跡では、方一町四方以上の居館遺構が検出されており、十五世紀における守護支配との関連が指摘されている。だが、行政・司法等の機能を勘案すると、日常的な居所は堺の町中にあったとみられる（仁木・福島編 二〇一五）。

十五世紀以降の和泉では、細川氏庶流が上守護家・下守護家を構成し、両守護による支配体制をとった。和泉の南部は紀伊と境を接しており、畠山氏や根来寺（和歌山県岩出市）の侵攻をたびたび受けた。和泉守護細川氏と紀伊勢との戦いについては、九条政基が日根荘に下向した際に記した『政基公旅引付』から具体的に知ることができる。そこでは、荘民たちが両勢力に翻弄されつつも、自らの生命や財産を守るためにたくましく、したたかに生きる姿が描かれている。

日根荘内の土丸・雨山城（泉佐野市、熊取町）は、東西約六〇〇メートル・南北約三〇〇メートルの範囲に遺構が展開する。標高約三一二メートルの雨山一帯の曲輪群は切岸を防御の中心とし、堀切や竪堀が部分的に設けられている。標高約二八七メートルの城ノ山一帯が土丸城と呼ばれている。武者隠しの土塁をもち、北側と西側に堀切を

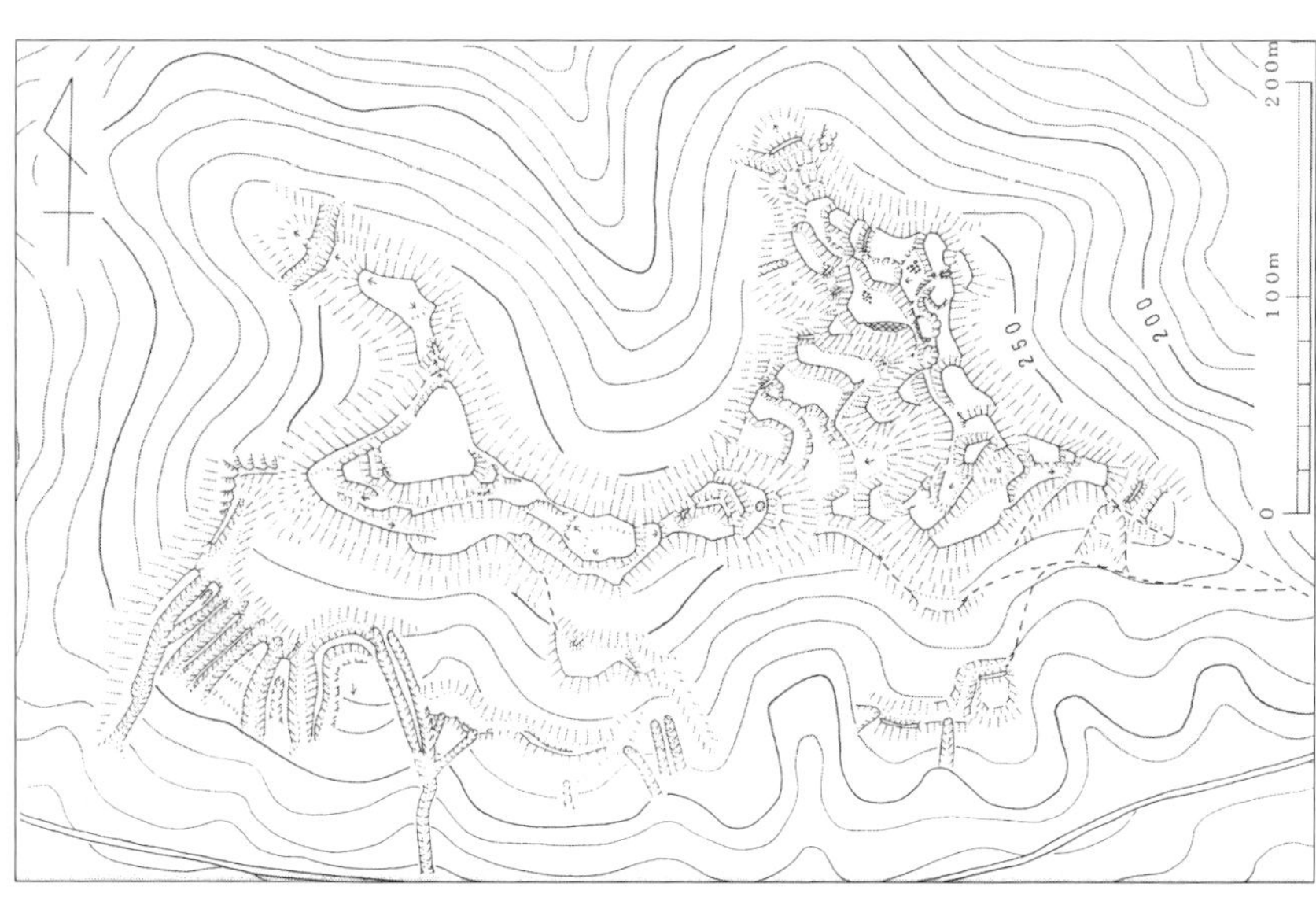

図10－6　根福寺城縄張図（中井均監修，城郭談話会編 2014）

設けている。両峰の間の谷筋には、人工的な削平地や平坦面がいくつかみられ、先行する宗教施設との関わりが注目される。

土丸・雨山城は、南北朝期には使用が確認でき、織田権力下でも要害構築が命じられたことが判明し、長期にわたる使用が想定される。戦国期の状況は判然としないが、眺望がきわめて良好であることから、根来寺などの勢力が和泉に進出する際の足がかりとなったのではないかと推定されている（泉佐野市教委・熊取町教委編 二〇一二）。

十六世紀には守護代の松浦氏が台頭し、地域権力として成長を遂げた。松浦守は、南郡の山間部に野田山城を築く。野田山城は後に根来寺の手に落ち、天文十二年（一五四三）に根福寺城と改名された。根福寺城（貝塚市）は、紀伊国と水間寺方面を結ぶ水間道を押さえる標高約二八三メートルの山上に位置する。水間道は、根来寺が紀伊に進出する際の最短ルートであり、河内方面への進出にも有用であった。

根福寺城は、大きく二つのピークからなる（図10－6）。東峰の曲輪群は、一部に石垣を伴い、瓦の散布が認められる。曲輪は総じて小さく、尾根上だけでなく谷筋にも展開する。こうした特徴から、東峰は寺院としての性格が濃厚であり、城名となった根福寺との関連が注目される。ただし、曲輪群の縁辺には堀切が設けられており、最終的に城域に組み込まれたことは明らかである。これに対して、西峰の曲輪は一つ一つの面積が大きい。また、南斜面下には畝状空堀群が設けられている。個々の竪堀は、人がすっぽり埋まるほどの深さがあり、畿内では有数の規模を誇る。畝状空堀群は、和泉国内には類例がないが、紀伊では二〇例以上確認されている（佐藤純一 二〇二二）。根来寺改修に伴う遺構とみられるが、その技法や知識がどのように伝播したのかははっきりしない。

十六世紀中頃以降、和泉国支配の中心となるのが岸和田である。岸和田では、国人の岸和田氏が勢力を誇っていた。現岸和田城の東方に岸和田古城という城跡があり、岸和田氏の当初の城館と考えられている。近世の絵図によると、岸和田古城は三つの曲輪を堀で囲う構造で、武士の居館が城塞化を遂げていった姿と捉えられる。岸和田氏は、十六世紀前半頃に岸和田古城から岸和田城へと居城を移す。これは、近世に紀州街道として整備される湾岸の街道筋と、古城川河口の湊の掌握を意図したものと考えられる。

岸和田氏は十六世紀中頃には松浦氏に従属し、岸和田城は松浦氏の居城となる。松浦氏は三好氏との関係を深め、永禄三年（一五六〇）頃に三好長慶の弟十河一存が岸和田城に入った。松浦氏は、三好権力の保護のもとで和泉支配にあたった（大澤・仁木編 二〇〇八）。

永禄五年、畠山・根来勢と三好方が久米田で激突し、三好実休が討ち死にする。久米田貝吹山古墳（岸和田市）は墳丘裾に薬研堀をめぐらしており、陣城として改修されたことが分かる。永禄九年から同十一年にかけて、家原（えばら）城（堺市西区）が松永久秀方の城としてみえ、三好三人衆との間で戦闘が起きている。家原城は絵図によると、馬出状の小曲輪を主郭の前方に二か所配しており、織豊期以前の畿内で虎口の発達が認められる事例である。

織豊期の築城

岸和田城の松浦氏は、上洛した織田信長に従属するが、やがてその地位は重臣の寺田氏に取って代わられる。寺田氏は、新興の沼間氏とともに織田権力下で和泉の統治にあたった。沼間氏の綾（あや）井（い）城（高石市）は、一辺が五〇メートルを超える方形の居館で、周囲に土塁と堀をめぐらしていた。

天正五年（一五七七）、信長は本願寺方を支援していた雑賀衆を征伐するため、紀伊に進軍する。紀伊との国境域に構えられた高野山城・医王寺山城・長尾城（岬町）は、小規模で単郭ながら土塁や横堀で防御ラインを形成しており、織田方の陣城の可能性が指摘されている（中西 二〇一五）。

雑賀攻めを終えると、信長は佐野城（泉佐野市）を築き、一族の織田信張と根来寺杉之坊を配置した。天正九年、織田信張は蜂屋頼隆とともに岸和田城に入り、岸和田城は和泉一国の拠点城郭となる。岸和田は根来寺の勢力圏から外れており、戦国期の地域権力の本城としての実績もあったことから、政権により一国統治の拠点に取り立てられたのだろう（大澤・仁木編 二〇〇八）。

天正十二年（一五八四）、根来寺・雑賀衆ら紀州勢は、小牧・長久手の戦いに出陣した羽柴秀吉の虚を突いて、大坂方面に進軍するが、岸和田城の中村一氏に撃退された。一揆方の鳥羽・中村・積善寺の各城は落城し、畠中・沢の両城の中村方に押さえられた。現在の岸和田市から貝塚市域において、紀州勢が城を築いていた様子がうかがえる。なお、この合戦の様子を一氏は「天主」から眺めたとあり、中村段階の岸和田城に天守の存在が確認できる。

翌年、秀吉は大軍を率いて紀伊に攻め入る。羽柴勢は千石堀城を攻め、城内の根来寺衆を討ち果たしたが、味方に多くの犠牲が出た。「百姓持タル城」であった畠中城は自焼没落し、根来方の積善寺城と雑賀衆の沢城は講和により落城となる。こうして和泉国南部の諸城を攻略した秀吉は、紀伊では大きな抵抗を受けず、一揆の残党が潜む太田城（和歌山市）を水攻めにして戦争を終結させた。

和泉南部で最も激しい戦闘が行われた千石堀城（貝塚市）は、標高約六〇メートルの台地上に横堀を二重にめぐらしている。曲輪面の造成はほとんどなされておらず、臨時的な築城であることがうかがえる。虎口部分で横堀が食い違い状となる点は烏帽子形城と似ており、この時期の南近畿における築城技術の特色を示しているとみられる（中西 二〇一五）。

天正十三年、秀吉は畿内近国を中心に大規模な国替えを実施し、中村一氏は近江国甲賀郡へ転封となる。岸和田城は桑山重晴・木下家定らの城番を経て、秀吉の一族である小出秀政が城主となった。秀政は、岸和田城の大手を東方から北方へと移す。これにより、段丘下に形成されていた町場が城と直結し、城下町として位置づけられた（大澤・仁木編 二〇〇八）。以後、城主は松井松平氏・岡部氏と移り変わり、岸和田城は近世を通じて和泉国の支配拠点として存続していった。

（新谷和之）

参考文献

青木滋一『奈良県気象災害史』(養徳社、一九五六年)

赤井達郎校注「等伯画説」(林屋辰三郎校注『日本思想体系二十三　古代中世芸術論』岩波書店、一九七三年)

阿部匡伯「十河一存」(天野忠幸編『戦国武将列伝八　畿内編下』戎光祥出版、二〇二三年)

天野忠幸「中世・近世の兵庫――港と城の歴史」(『ヒストリア』二四〇、二〇一三年)

天野忠幸『三好長慶――諸人之を仰ぐこと北斗泰山』(ミネルヴァ書房、二〇一四年)

天野忠幸『増補版　戦国期三好政権の研究』(清文堂出版、二〇一五年a)

天野忠幸「三好長慶と山城の文化」(仁木宏・中井均・中西裕樹・NPO法人摂河泉地域文化研究所編『飯盛山城と三好長慶』戎光祥出版、二〇一五年b)

天野忠幸「戦国野間氏の興亡」(『地域研究いたみ』四五、二〇一六年)

天野忠幸「三好氏の本拠地としての河内」(小谷利明・弓倉弘年編『南近畿の戦国時代――躍動する武士・寺社・民衆』(戎光祥出版、二〇一七年)

天野忠幸「大坂の陣と尼崎」(『地域史研究』一一六、二〇一七年)

天野忠幸『松永久秀と下剋上――室町の身分秩序を覆す』(平凡社、二〇一八年)

天野忠幸「応仁の乱と尼崎」(『地域史研究』一一七、二〇一八年)

天野忠幸「応仁の乱における尼崎の戦い」(『地域史研究』一一八、二〇一九年)

天野忠幸「細川高国および典厩家と尼崎城」(『地域史研究』一一九、二〇一九年)

天野忠幸『列島の戦国史四　室町幕府分裂と畿内近国の胎動』(吉川弘文館、二〇二〇年)

天野忠幸『三好一族――戦国最初の「天下人」』(中央公論新社、二〇二一年)

天野忠幸「戦国時代の深野池と新開池のおもてなし」(『くさか史風』八、二〇二一年)

天野忠幸「尼崎で起こりかけた宗論」(『地域史研究』一二〇、二〇二一年)

天野忠幸「三好之長・元長」(天野忠幸編『戦国武将列伝七　畿内編上』戎光祥出版、二〇二二年)

天野忠幸「三好長慶」（天野忠幸編『戦国武将列伝八　畿内編下』戎光祥出版、二〇二三年）
天野忠幸「三好義興・義継」（天野忠幸編『戦国武将列伝八　畿内編下』戎光祥出版、二〇二三年）
天野忠幸「三好長逸・生長」（天野忠幸編『戦国武将列伝八　畿内編下』戎光祥出版、二〇二三年）
天野忠幸「石成友通」（天野忠幸編『戦国武将列伝八　畿内編下』戎光祥出版、二〇二三年）
天野忠幸「松山重治」（天野忠幸編『戦国武将列伝八　畿内編下』戎光祥出版、二〇二三年）
安藤弥「顕如の前半生」（金龍静・木越祐馨編『顕如』宮帯出版社、二〇一六年）
池上裕子『織田信長』（吉川弘文館、二〇一二年）
石川美咲「大坂本願寺・寺内町」（中井均監修、城郭談話会編『【図解】近畿の城郭Ｖ』戎光祥出版、二〇一八年）
泉佐野市教育委員会・熊取町教育委員会編『土丸・雨山城跡――日根荘遺跡関連調査報告書』（二〇一二年）
伊丹市立博物館編『伊丹城（有岡城）跡――主郭部の発掘調査を中心として』（二〇二〇年）
伊藤幸司『中世日本の外交と禅宗』（吉川弘文館、二〇〇二年）
今谷明『室町幕府解体過程の研究』（岩波書店、一九八五年）
今谷明『守護領国支配機構の研究』（法政大学出版局、一九八六年）
今谷明『戦国三好一族』（新人物往来社、一九八五年。二〇〇七年に洋泉社から再刊）
今谷明『言継卿記』（そしえて、一九八〇年。二〇〇二年に講談社学術文庫『戦国時代の貴族――『言継卿記』が描く京都』として再版）
岩本潤一「下間頼秀・頼盛」（天野忠幸編『戦国武将列伝七　畿内編上』戎光祥出版、二〇二二年）
岩本潤一「「御牢人」九条稙通の復権」（『戦国史研究』八五、二〇二三年）
塩谷菊美『石山合戦を読み直す』（法藏館、二〇二一年）
大阪市立大学豊臣期大坂研究会編『秀吉と大坂――城と城下町』（和泉書院、二〇一五年）
大阪府教育委員会編『南河内における中世城館の調査』（二〇〇八年）
大阪府教育委員会編『北・中河内における中世城館の調査』（二〇一七年）
大阪府教育委員会編『摂津における中世城館の調査』（二〇二二年）
大阪府立狭山池博物館編『近世を拓いた土木技術』（大阪府立狭山池博物館、二〇〇四年）

大澤研一「泉州のなかの貝塚願泉寺」（『貝塚願泉寺と泉州堺』堺市博物館、二〇〇七年）
大澤研一『戦国・織豊期大坂の都市史的研究』（思文閣出版、二〇一九年）
大澤研一・仁木宏編『岸和田古城から城下町へ――中世・近世の岸和田』（和泉書院、二〇〇八年）
大田壮一郎「一条政房の福原荘下向と大内氏の摂津侵攻」（前田雅之編『画期としての室町――政事・宗教・古典学』勉誠出版、二〇一八年）
大類伸監修『日本城郭全集　九』（人物往来社、一九六七年）
大類伸監修『日本城郭全集　十』（人物往来社、一九六七年）
大藪海『列島の戦国史二　応仁・文明の乱と明応の政変』（吉川弘文館、二〇二一年）
岡田謙一「細川晴国」（天野忠幸編『戦国武将列伝七　畿内編上』戎光祥出版、二〇二二年）
岡田謙一「細川元常」（天野忠幸編『戦国武将列伝七　畿内編上』戎光祥出版、二〇二二年）
岡本真『戦国期日本の対明関係――遣明船と大名・禅僧・商人』（吉川弘文館、二〇二二年）
小川雄「「二重公儀」の実像」（渡邊大門編『江戸幕府の誕生』文学通信、二〇二二年）
小川雄「安宅冬康」（天野忠幸編『戦国武将列伝八　畿内編下』戎光祥出版、二〇二三年）
奥田勲「三好長慶――その連歌史的素描」（秋山虔編『中世文学の研究』東京大学出版会、一九七二年）
小髙道子「堺伝受における『古今和歌集』講釈――中庄新川家蔵　古今和歌集聞書（仮題）をめぐって」（『中京大学文学会論叢』三（『中京国文学』三六）二〇一七年）
小野恭靖『「隆達節歌謡」の基礎的研究』（笠間書院、一九九七年）
小野恭靖『室町小歌――戦国人の青春のメロディー』（笠間書院、二〇一九年）
片山正彦「大坂冬の陣における堤防の役割」（『交通史研究』九三、二〇一八年）
柏原市立歴史資料館編『亀の瀬の歴史』（柏原市立歴史資料館、二〇一五年）
交野市教育委員会『私部城跡発掘調査報告』（二〇一五年）
金子拓『織田信長〈天下人〉の実像』（講談社、二〇一四年）
川口成人「畠山義就と畠山政長の抗争」（渡邊大門編『諍いだらけの室町時代――戦国へ至る権力者たちの興亡』柏書房、二〇二一年）

川口成人「戦国期の細川一門「五条殿」」（『戦国史研究』八五、二〇二三年）
川島佳弘「十河一存」（平井上総編『戦国武将列伝十　四国編』戎光祥出版、二〇二三年）
河内長野市教育委員会『烏帽子形城跡総合調査報告書』（二〇一一年）
神田千里『戦国時代の自力と秩序』（吉川弘文館、二〇一三年）
鍛代敏雄『戦国期の石清水と本願寺――都市と交通の視座』（法藏館、二〇〇八年）
木下昌規『足利義晴と畿内動乱――分裂した将軍家』（戎光祥出版、二〇二〇年）
木下昌規編『足利義輝』（戎光祥出版、二〇一八年）
木村茂光「戦国期日根荘の四季と祭礼」（小山靖憲・平雅行編『荘園に生きる人々――日根野と泉佐野の歴史』和泉書院、一九九五年）
金龍静・木越祐馨編『顕如――信長も恐れた「本願寺」宗主の実像』（宮帯出版社、二〇一六年）
久留島典子『日本の歴史一三　一揆と戦国大名』（講談社、二〇〇一年）
黒田基樹『羽柴を名乗った人々』（ＫＡＤＯＫＡＷＡ、二〇一六年）
黒田基樹『羽柴家滅亡――茶々と片桐且元の懊悩』（平凡社、二〇一七年）
黒田基樹『戦国「おんな家長」の群像』（笠間書院、二〇二一年）
小出英詞「天文二十二年八月十一日住吉大社所蔵『伊豫國宇和郡一圓漁初穂致受納之由緒』」（『大阪の歴史』七五、二〇一〇年）
神津朝夫『千利休の「わび」とはなにか』（角川学芸出版、二〇〇五年）
國學院大學博物館編『土御門家がみた宇宙』（國學院大學博物館、二〇二三年）
小久保嘉紀『室町・戦国期儀礼秩序の研究』（臨川書店、二〇二一年）
呉座勇一『応仁の乱――戦国時代を生んだ大乱』（中央公論新社、二〇一六年）
小谷利明『畿内戦国期守護と地域社会』（清文堂出版、二〇〇三年）
小谷利明「畿内戦国期守護と室町幕府」（『日本史研究』五一〇、二〇〇五年）
小谷利明「河内の戦国争乱」（『大阪狭山市史』一、二〇一四年ａ）
小谷利明「河内嶽山合戦の構造」（萩原三雄・中井均編『中世城館の考古学』高志書院、二〇一四年ｂ）
小谷利明「織豊期の南近畿の寺社と在地勢力」（小谷利明・弓倉弘年編『南近畿の戦国時代』（戎光祥出版、二〇一七年）

小谷利明「畠山義就と女房衆」(『八尾市立歴史民俗資料館研究紀要』三一、二〇二〇年)
小谷利明「畠山尚順」(天野忠幸編『戦国武将列伝七　畿内編上』戎光祥出版、二〇二二年)
小谷利明「畠山稙長」(天野忠幸編『戦国武将列伝七　畿内編上』戎光祥出版、二〇二二年)
小谷利明「遊佐長教」(天野忠幸編『戦国武将列伝八　畿内編下』戎光祥出版、二〇二三年)
児玉幸多・坪井清足監修『日本城郭大系　十二　大阪・兵庫』(新人物往来社、一九八一年)
小西瑞恵『日本中世の民衆・都市・農村』(思文閣出版、二〇一七年)
小林基伸「有馬郡守護について」(『大手前大学人文科学部論集』二、二〇〇一年)
財団法人東大阪市文化財協会『若江遺跡第38次発掘調査報告』(一九九三年)
斎藤慎一「戦国城館の構造と聖地」(中世学研究会編『城と聖地――信仰の場の政治性』高志書院、二〇二〇年)
堺市地域文化遺産活性化実行委員会編『住吉祭・神輿渡御と堺』(堺市地域文化遺産活性化実行委員会、二〇一七年)
堺市博物館編『土佐光吉――戦国の世を生きたやまと絵師』(堺市博物館、二〇一八年)
堺市博物館編『堺と武将――三好一族の足跡』(堺市博物館、二〇二二年)
堺市博物館編『都市の祈り　住吉祭と堺』(堺市博物館、二〇二三年)
酒井紀美『日本中世の在地社会』(吉川弘文館、一九九九年)
桜井英治『日本の歴史十二　室町人の精神』(講談社、二〇〇一年)
佐島顕子「文禄役講和の裏側」(山本博文・堀新・曽根勇二編『偽りの秀吉像を打ち壊す』柏書房、二〇一三年)
佐島顕子「老いた秀吉の誇大妄想が、朝鮮出兵を引き起こしたのか」(渡邊大門編『戦国史の俗説を覆す』柏書房、二〇一六年)
佐藤純一「紀伊における畝状空堀群の特質と展開」(『和歌山城郭研究』二一、二〇二二年)
佐藤稜介「斎藤基速」(天野忠幸編『戦国武将列伝七　畿内編上』戎光祥出版、二〇二二年)
寒川旭『秀吉を襲った大地震――地震考古学で戦国史を読む』(平凡社、二〇一〇年)
柴裕之『織田信長』(平凡社、二〇二〇年)
渋谷一成「豊臣秀吉と堺の代官について」(堺市博物館編『豊臣秀吉と堺』二〇二一年)
島津忠夫「千句連歌の興行とその変遷」(『連歌俳諧研究』一五、一九五七年)
嶋中佳輝「織田信長と和泉松浦氏の動向」(『十六世紀史論叢』一六、二〇二二年)

嶋中佳輝「多羅尾綱知」（天野忠幸編『戦国武将列伝八　畿内編下』戎光祥出版、二〇二三年a）
嶋中佳輝「三好宗渭」（天野忠幸編『戦国武将列伝八　畿内編下』戎光祥出版、二〇二三年b）
嶋中佳輝「三好長慶入城前の芥川城と摂津上郡支配」（『十六世紀史論叢』一八、二〇二三年c）
下川雅弘「畠山義就」（関幸彦編『侠の歴史　日本編上』清水書院、二〇二〇年）
ジョアン・ロドリーゲス著、江馬務・佐野泰彦・土井忠生・濱口乃二雄訳『大航海時代叢書IX　日本教会史　上』（岩波書店、一九六七年）
末柄豊「『後鑑』所載「南都一乗院文書」について」（『興福寺旧蔵史料の所在調査・目録作成および研究』科学研究費補助金調査報告書、二〇〇二年）
末柄豊「応仁・文明の乱」（『岩波講座日本歴史八　中世三』岩波書店、二〇一四年）
末柄豊「『不問物語』をめぐって」（『年報三田中世史研究』一五、二〇〇八年）
曽根勇二『片桐且元』（吉川弘文館、二〇〇一年）
大東市教育委員会・四條畷市教育委員会『飯盛城跡総合調査報告書』（二〇二〇年）
髙島幸次「解説　江戸時代以前の大阪天満宮」（大阪天満宮史編纂会編『大阪天満宮所蔵古文書目録』大阪天満宮、一九八九年）
高槻市編『芥川城跡――総合調査報告書』（二〇二一年）
田中健二「中世の讃岐国人香西氏についての研究」（『香川大学教育学部研究報告』七、二〇二二年）
田中信司「江口合戦」（黒嶋敏編『戦国合戦〈大敗〉の歴史学』山川出版社、二〇一九年）
田中信司「松永久秀」（天野忠幸編『戦国武将列伝八　畿内編下』戎光祥出版、二〇二三年）
田中仙堂『千利休――「天下一」の茶人』（宮帯出版社、二〇一九年）
谷端昭夫編『茶書古典集成六　利休の茶書』（淡交社、二〇二二年）
田村正孝「中世における和泉五社の展開」（『史敏』五、二〇〇八年）
辻惟雄『戦国時代狩野派の研究――狩野元信を中心として』（吉川弘文館、一九九四年）
筒井紘一編『茶道学大系　第十巻　茶の古典』（淡交社、二〇〇一年）
鶴崎裕雄『戦国の権力と寄合の文芸』（和泉書院、一九八八年）
鶴崎裕雄「「瀧山千句」と三好長慶」（『中世文学』三四、一九八九年）

鶴崎裕雄「新出連歌資料「(仮題)天文三好千句三つ物」(『國文學』八三・八四、二〇〇二年)
徳川美術館編『名物――由緒正しき宝物』(徳川美術館、二〇二二年)
外村久江・外村南都子校注『早歌全詞集』(三弥井書店、一九九三年)
鳥津亮二『小西行長――「抹殺」されたキリシタン大名の実像』(八木書店、二〇一〇年)
中井均「信長の城と秀吉の城」(仁木宏・松尾信裕編『信長の城下町』高志書院、二〇〇八年)
中井均「守護・戦国大名の居城と聖地」(中世学研究会編『城と聖地――信仰の場の政治性』高志書院、二〇二〇年)
中井均『織田・豊臣城郭の構造と展開　上』(戎光祥出版、二〇二一年)
中井均『織田・豊臣城郭の構造と展開　下』(戎光祥出版、二〇二二年)
中井均監修・城郭談話会編『図解　近畿の城郭I~V』(戎光祥出版、二〇一四~一八年)
中井均監修・城郭談話会編『文献・考古・縄張りから探る近畿の城郭』(戎光祥出版、二〇一九年)
永島福太郎編『影印本　天王寺屋会記』(淡交社、一九八九年)
中平景介「安宅冬康・神太郎・神五郎」(平井上総編『戦国武将列伝十　四国編』戎光祥出版、二〇二三年)
中西裕樹「摂津国能勢郡西郷・東郷における中世城館構成――築城主体の性格と「小規模城館」」(『中世城郭研究』一一、一九九七年)
中西裕樹「戦国期における地域の城館と守護公権――摂津国、河内国の事例から」(村田修三編『新視点　中世城郭研究論集』新人物往来社、二〇〇二年)
中西裕樹「畿内の都市と信長の城下町」(仁木宏・松尾信裕編『信長の城下町』高志書院、二〇〇八年)
中西裕樹『大阪府中世城館事典』(戎光祥出版、二〇一五年)
中西裕樹「山城から平城へ――一五七〇年代前後の畿内と城郭」(小谷利明・弓倉弘年編『南近畿の戦国時代――躍動する武士・寺社・民衆』戎光祥出版、二〇一七年)
中西裕樹『戦国摂津の下克上――高山右近と中川清秀』(戎光祥出版、二〇一九年)
中西裕樹「池田貞正・信正・長正」(天野忠幸編『戦国武将列伝七　畿内編上』戎光祥出版、二〇二二年)
中西裕樹「薬師寺元一」(天野忠幸編『戦国武将列伝七　畿内編上』戎光祥出版、二〇二二年)
中村駿介「近世有馬温泉町の空間構造」(『日本建築学会計画系論集』七八〇、二〇二一年)

中村博司編『よみがえる茨木城』（清文堂、二〇〇七年）
中村博司『大坂城全史――歴史と構造の謎を解く』（ちくま新書、二〇一八年）
中村博司『豊臣政権の形成過程と大坂城』（和泉書院、二〇一九年）
仁木宏「寺内町における寺院と都市民」（浄土真宗教学研究所・本願寺史料研究所編『講座蓮如』三、平凡社、一九九七年）
仁木宏「寺内町と城下町――戦国時代の都市の発展」（有光有學編『日本の時代子史一二　戦国の地域国家』吉川弘文館、二〇〇三年）
仁木宏「権力論・都市論から見る「大坂」」（『ヒストリア』二六〇、二〇一七年）
仁木宏・福島克彦編『近畿の名城を歩く　大阪・兵庫・和歌山編』（吉川弘文館、二〇一五年）
日本史史料研究会監修・平野明夫編『室町幕府全将軍・管領列伝』（星海社、二〇一八年）
野田泰三「戦国・織豊時代の摂津市域」（『新修摂津市史』一、二〇二一年）
橋本素子・三笠景子編『茶の湯の歴史を問い直す――創られた伝説から真実へ』（筑摩書房、二〇二二年）
畑和良「河内守護代遊佐順盛の没年」（『戦国史研究』八六、二〇二三年）
馬部隆弘『戦国期細川権力の研究』（吉川弘文館、二〇一八年）
馬部隆弘『由緒・偽文書と地域社会――北河内を中心に』（勉誠出版、二〇一九年）
馬部隆弘「赤沢朝経の河内下郡支配」（『戦国史研究』八一、二〇二一年）
馬部隆弘「細川氏綱・藤賢・勝国」（天野忠幸編『戦国武将列伝八　畿内編下』戎光祥出版、二〇二三年）
浜口誠至「赤沢朝経・長経」（天野忠幸編『戦国武将列伝七　畿内編上』戎光祥出版、二〇二二年）
浜口誠至「上原元秀」（天野忠幸編『戦国武将列伝七　畿内編上』戎光祥出版、二〇二二年）
浜口誠至「細川高国」（天野忠幸編『戦国武将列伝七　畿内編上』戎光祥出版、二〇二二年）
樋口大祐『「乱世」のエクリチュール――転形期の人と文化』（森話社、二〇〇九年）
平井上総編『戦国武将列伝九　四国編』（戎光祥出版、二〇二三年）
廣田浩治「文明の和泉国一揆と国人・惣国」（小谷利明・弓倉弘年編『南近畿の戦国時代』（戎光祥出版、二〇一七年）
廣田浩治「杉坊明算・照算」（天野忠幸編『戦国武将列伝七　畿内編上』戎光祥出版、二〇二二年）
廣田浩治「松浦守」（天野忠幸編『戦国武将列伝七　畿内編上』戎光祥出版、二〇二二年）

福岡市民図書館編『伊丹家資料展』（福岡市民図書館、一九八六年）
福島克彦『戦争の日本史一一　畿内・近国の戦国合戦』（吉川弘文館、二〇〇九年）
福田千鶴『豊臣秀頼』（吉川弘文館、二〇一四年）
藤田達生『日本中・近世移行期の地域構造』（校倉書房、二〇〇〇年）
藤田達生『日本近世国家成立史の研究』（校倉書房、二〇〇一年）
藤田達生『天下一統――信長と秀吉が成し遂げた「革命」』（中央公論新社、二〇一四年）
藤田達生『本能寺の変』（講談社、二〇一九年）
藤本誉博「室町後期から織田権力期における堺の都市構造の変容」（『国立歴史民俗博物館研究報告』二〇四、二〇一七年）
藤本史子「伊丹城（有岡城）跡主郭部調査の再検討」（『地域研究いたみ』四六、二〇一七年）
古野貢『中世後期細川氏の権力構造』（吉川弘文館、二〇〇八年）
古野貢「細川政元」（天野忠幸編『戦国武将列伝七　畿内編上』戎光祥出版、二〇二二年）
古野貢「細川澄元」（天野忠幸編『戦国武将列伝七　畿内編上』戎光祥出版、二〇二二年）
古野貢「細川晴元」（天野忠幸編『戦国武将列伝八　畿内編下』戎光祥出版、二〇二三年）
古野貢「細川信良」（天野忠幸編『戦国武将列伝八　畿内編下』戎光祥出版、二〇二三年）
本願寺史料研究所編『増補改訂　本願寺史　第一巻』（本願寺出版社、二〇一〇年）
本多健一「戦国・安土桃山期の大坂・堺における都市祭礼」（『芸能史研究』二三七、二〇二二年）
松尾芳樹「中世土佐家の所領」（『京都市立芸術大学芸術資料館年報』二三、二〇一三年）
松岡祐也「『言経卿記』に見る文禄五年伏見地震での震災対応」（『歴史地震』二一、二〇〇六年）
松田毅一監訳『十六・七世紀イエズス会日本報告集　第Ⅱ期第二巻』（同朋舎出版、一九九六年）
水野嶺『戦国末期の足利将軍権力』（吉川弘文館、二〇二〇年）
三橋健「フロイス『日本史』に見る住吉大明神とその祭礼」（『神道と日本文化』二、二〇〇四年）
宮島新一『宮廷画壇史の研究』（至文堂、一九九六年）
村井祐樹『六角定頼――武門の棟梁、天下を平定す』（ミネルヴァ書房、二〇一九年）
村田修三編『図説　中世城郭事典』（新人物往来社、一九八七年）

村田隆志「平野郷の歴史――坂上と七名家」（杭全神社編『平野法楽連歌――過去と現在』和泉書院、一九九三年）
森脇崇文「篠原長房」（平井上総編『戦国武将列伝十　四国編』戎光祥出版、二〇二三年）
森脇崇文「三好康長」（平井上総編『戦国武将列伝十　四国編』戎光祥出版、二〇二三年）
森脇崇文「三好実休」（天野忠幸編『戦国武将列伝八　畿内編下』戎光祥出版、二〇二三年）
矢内一磨『一休派の結衆と史的展開の研究』（思文閣出版、二〇一〇年）
矢内一磨『中世・近世堺地域史料の研究』（和泉書院、二〇一七年）
矢野環「『茶道具之記』（岩瀬文庫蔵）――天正名物記&秀吉名物記」（『文化情報学』三巻一号、二〇〇八年a）
矢野環『名物茶入の物語――伝来がわかる、歴史がみえる』（淡交社、二〇〇八年b）
山下真理子「木沢長政」（天野忠幸編『戦国武将列伝七　畿内編上』戎光祥出版、二〇二二年）
山下真理子「三好政長」（天野忠幸編『戦国武将列伝七　畿内編上』戎光祥出版、二〇二二年）
山田哲也「『唐物凡数』（同志社大学総合情報センター所蔵）―孤本名物記―その解題と翻刻」（『文化情報学』四巻一号、二〇〇九年）
山田哲也編『茶書古典集成3　宗及茶湯日記［天王寺屋会記］他会記』（淡交社、二〇二二年）
山田哲也編『茶書古典集成4　宗及茶湯日記［天王寺屋会記］自会記』（淡交社、二〇二三年）
山田徹「摂津国中島と河内国十七ヶ所・八ヶ所」（『ヒストリア』二三八、二〇一三年）
山田康弘『足利義稙――戦国に生きた不屈の大将軍』（戎光祥出版、二〇一六年）
山田康弘『足利義輝・義昭――天下諸侍、御主に候』（ミネルヴァ書房、二〇一九年）
山根有三「絵屋について」（『美術史』四八、一九六三年）
弓倉弘年『中世後期畿内近国守護の研究』（清文堂出版、二〇〇六年）
弓倉弘年「河内王国の問題点」（小谷利明・弓倉弘年編『南近畿の戦国時代』（戎光祥出版、二〇一七年）
弓倉弘年「畠山義英・義堯」（天野忠幸編『戦国武将列伝七　畿内編上』戎光祥出版、二〇二二年）
弓倉弘年「畠山高政・秋高」（天野忠幸編『戦国武将列伝八　畿内編下』戎光祥出版、二〇二三年）
弓倉弘年「安見宗房」（天野忠幸編『戦国武将列伝八　畿内編下』戎光祥出版、二〇二三年）
吉田豊「堺中世の会合と自由」（『堺市博物館報』一七、一九九八年）

あとがき

戦国時代の前後である室町時代と江戸時代の社会は、ある程度戦乱が抑止された平和で安定的な社会であった。それを支えていたのは、家柄と職が結び付いた身分制である。室町時代では、細川氏の惣領家が摂津や丹波、畠山氏の惣領家が河内や紀伊の守護になるなど、特定の家柄の者が代々その職を世襲していたが、そうした家格秩序が当然のものとして存在していた。

そのため、戦国時代の前半における摂河泉の戦争の主な原因は、守護家および将軍家の家督争いであった。応仁・文明の乱、明応の政変、永正の錯乱を経て、細川・畠山の両管領家に加え、足利将軍家の分裂が固定化していき、それは守護代や有力国人の家にも波及し、さらには惣領家と庶流家の争いを激化させた。こうした争いの中から、摂津では三好長慶、河内では遊佐長教、和泉では松浦守が台頭し、足利義輝を京都から追い落とした。

そして、長慶と義輝による戦いと和睦の中で、足利・細川・畠山の三家の家督争いが止揚されると、戦国時代の後半の摂河泉の戦争は、守護権など支配の由緒がない他国への侵攻という新たな段階へ移行した。また、義輝が陪臣の長慶を侮っている間に、長慶は足利将軍家を擁立せず、自らの力で首都の静謐を実現し、外交や改元など将軍にしかできないはずの専権事項を次々と代行したことで、足利将軍家の絶対性は否定され、その存在は相対化されていく。室町幕府を克服する動きは、摂河泉に芽生えていた。

こうした動向を下支えしていたのは、身分上昇を望む人々の思念であった。足利義政の家督安堵が二転三転するのに翻弄された畠山義就は、母が商家の出身で身分が低く、家中の掌握に苦心したが、その武勇によって、幕府を前提とせず、京都に至近の河内を独自に支配した。その義就を支えた大和国人の越智家栄は、応仁・文明の乱の最中に、家柄の壁を越えて、和泉守護となった。

細川政元の軍事力となったのは、鷹匠出身の赤沢宗益や徳政一揆を主導した三好之長で、特に宗益は堺南荘や河内十七箇所といった富裕な荘園の代官職を得るだけでなく、山城南部から大和、河内半国を勢力下に置いた。畠山氏奉行人の出自である木沢長政は、飯盛城や信貴山城を新たに築き、大和の守護、河内と山城の守護代として公認される。三好長慶や遊佐長教を支えたのは、松永久秀や安見宗房といった父親の名も分からない土豪層であった。彼らは独自の城や領地、被官を持たなかったが、自身の才覚と主君の信頼により出世していく。特に久秀は主君の長慶と共に将軍義輝と同じ官位に叙任されると、天皇家に由来する桐御紋や塗輿の使用が許され、後奈良天皇の相婿にもなり、大和国主となった。宗房も飯盛城主となって、一時は河内と大和を勢力下に収めると、遊佐姓を許され、やがて将軍直臣へと身分を上昇させた。伝統的な国人を没落させ、摂津統一を果たしたのも、一代で台頭した荒木村重である。

摂河泉の戦争では、東国のように細やかな軍役の賦課体系は構築されなかったが、農繁期であっても、数日で何万もの大軍の動員が可能であった。大都市が密集して存在し、分厚い日雇層が存在していたこともあるが、身分上昇の大きな機会であったこともある。松永久秀に仕えた中間（ちゅうげん）（身分の低い奉公人）の源八は手柄を挙げると、侍身分に取り立てられ、川辺の名字を与えられた。このような身分上昇の気運は、各階層に広がっていた。室町時代には異端視されていた浄土真宗の本願寺顕如が、顕密仏教の頂点である門跡になるなど、宗教界にも及んだ。また、堺では池永（湯川）氏や三宅氏らに代わり、津田氏や今井氏、伊達氏が会合衆に名を連ねるなど、経済界にも見られる。その背景には、侍衆や庄屋に率いられる村落共同体の形成や、荘園を持たない戦国仏教の発展、そして、遣明船貿易からポルトガルやイエズス会などによる来航船貿易へという東アジアの変化などがあった。

こうした社会の動向を象徴的に示すのが、慶應義塾が所蔵する『天文版論語』の初印本である。堺の有徳人阿佐井野家が清原宣賢より提供を受け出版したものであるが、その巻末によると、宣賢の孫の枝賢が楠正種兄弟に教授した後、法華宗の妙覚寺に伝わったという。その正種の兄弟と考えられる楠正虎は松永久秀を通じて、足利将軍によって朝敵とされてきた先祖の正成の名誉回復を果たし、久秀に奉行人として仕えた。そして、久秀のブレーンで、キリシタンに改宗した枝賢に学び、後に織田信長の右筆となった。経済・文化・学問・宗教・政治は繋がっており、時代を変革するテクノクラートを育てたのである。

畿内というと古い政治体制が残存し、保守的で守旧的な地域とイメージされやすいが、それは実像とかけ離れている。足利将軍家や室町幕府に代わる中央政権の形成に向けた動向は、他の地域よりもむしろ早い。また、戦国時代の畿内の風潮を象徴する言葉として下剋上があるが、それは実力のある下位の者が虚名のみの上位の者を乗っ取るといったものに矮小化すべきではなく、根源的なものとしては、家柄や身分といった秩序への挑戦であった。

そして、室町幕府を完全に克服し、新しい秩序を明確に提示したのが羽柴秀吉であった。秀吉は父が織田家に足軽として仕えた村の有力百姓から、武家で初めて関白になると、長い戦乱の中で社会的地位を上昇させた有力大名に、新しく創設された豊臣姓を下賜して、それにふさわしい官職に就け、豊臣関白家を頂点とする秩序の中に位置づけた。さらに、千利休や津田宗及といった豪商を政権のブレーンに登用し、堺商人の出自でキリシタンの小西行長を大名に取り立てるなど、武士以外の階層にもその影響は及んだ。

長慶は、身分としては低い執権が主催した鎌倉幕府とは異なり、公卿でもある将軍が最終段階まで主導した室町幕府をどのように克服するかという問題を日本史上初めて提起し、秀吉はそれに答えを出した。しかし、二人の思い描いた摂河泉のあり方は大きく異なる。

長慶は居城である芥川や飯盛に、城下町を形成しようとしなかった。その代わり、自治都市の堺や平野に代官を置き、浄土真宗寺内町に経済特権を付与すると、都市共同体を主導する法華宗寺院や檀那を保護し、キリスト教の布教を公認した。それは政治・経済・宗教といった機能を、多様な都市で役割分担する、多極的領国経営と言えるものであった。

それに対し、秀吉は本願寺が築き上げた大坂寺内町に目を付けた。大坂は信長との一〇年に及ぶ戦争を戦い抜くことで、摂河泉の都市に対して求心性を増し、城と呼べる要害性も十分に示すまでに至っていた。秀吉は大坂に京都より禁裏と五山を移す遷都を計画したが、それが失敗すると、大坂城の南に平野の住民を移転させ、四天王寺門前町、そして堺へと市街地を接続させようとした。また、本願寺やキリスト教の教会を城下町に移すなど、摂河泉の発展の諸要素を大坂に一極集中させる。その上で、伴天連追放令を出し、本願寺を京都に移して、その町場を奪い取った。公家より官職を奪い取った武家が寺家（宗教）にも超越し、社会の頂点に君臨する様相を、大坂で可視化したのである。

摂河泉は日本列島の最先端である首都京都と激動の東アジアの影響を受け、長足の発展を遂げた。発展には様々な可能性があり、三好長慶は多極分散型を志向し、羽柴秀吉は一極集中型を企図する。そして、慶長伏見地震や大坂の陣からの復興を経る中で、大坂は巨大化し卓越した地位を築いて、日本経済の中核的機能を担っていくことになる。

なお、本書は「法律文化社 歴墾舎（れきこんしゃ）」の新レーベル「歴墾ビブリオ」の第一巻目となる。このレーベルは、法律や政治など社会科学系の書籍を長年刊行してきた実績をもつ法律文化社が、新たに日本史分野に本格的に参入することになり、立ち上げられた。尽力された同社編集部の田引勝二氏に感謝申し上げる。
歴史の大地を切り拓き、沃野を耕しつつ新たな題材を発掘し、論点を社会に提示する書籍づくりを目指している。

令和六年（二〇二四）四月十五日

天野忠幸

関係年表

和暦	西暦	関係事項	一般事項
文安 五	一四四八	**11月**畠山持国が畠山持富に代わり、畠山義就を後継者とする。	
六	一四四九		**4月**足利義政が将軍に就任する。
享徳 三	一四五四	**4月**畠山持国・畠山義就が畠山政久を追放する。**8月**持国が隠居し、義就が伊賀に没落する。**12月**義就が足利義政に赦免される。	**12月**享徳の乱が始まる。
四	一四五五	**3月**畠山持国が死去する。	
長禄 三	一四五九	**7月**畠山政久が死去し、政長が跡を継ぐ。	
四	一四六〇	**9月**畠山政長が足利義政より家督を認められる。**10月**畠山義就が嶽山城に籠城する。	
寛正 四	一四六三	**4月**嶽山城が落城し、畠山義就が紀伊に没落する。	
五	一四六四	**11月**畠山政長が管領に就任する。	**12月**足利義視が還俗する。
文正 元	一四六六	**9月**畠山義就が金胎寺城・烏帽子形城・嶽山城を攻略する。**12月**義就が上洛する。	**9月**文正の政変が起こる。
二	一四六七	**正月**畠山義就が足利義政に赦免される。	**正月**上御霊社の戦い。
応仁 元		**7月**大内政弘が兵庫津に渡海する。**8月**政弘が尼崎を焼き討ちにする。	**5月**応仁・文明の乱が始まる。
二	一四六八		**11月**足利義視が西軍に加わる。

年号	西暦	事項	一般事項
文明 元	一四六九	**10月**山名是豊が兵庫津を攻略し、一条政房が殺害される。	
二	一四七〇	**7月**越智家栄が和泉守護になる。**8月**家栄が若江城・誉田城を攻め敗れる。	
四	一四七二	**3月**細川勝元が細川政元を後継者とする。	**8月**山名宗全が山名政豊に家督を譲る。
五	一四七三	**5月**細川勝元が死去する。**10月**和泉国一揆が兵粮米を賦課する。**12月**大内政弘が尼崎や大物を攻略する。	**12月**足利義尚が将軍に就任する。
七	一四七五	**8月**台風が近畿を襲う。	
九	一四七七	**10月**畠山義就が河内を平定する。**12月**畠山政長が管領に就任する。	**9月**応仁・文明の乱が終わる。
十	一四七八		**4月**畠山政長が山城守護となる。
十一	一四七九	**閏9月**摂津国人が一揆を結ぶ。**10月**畠山義就が誉田屋形を造営し移住する。	
十二	一四八〇	**正月**畠山義就が越智氏や古市氏を誉田屋形に招く。	
十四	一四八二	**3月**細川政元・畠山政長が河内・摂津に出陣する。**7月**政元と畠山義就が和睦する。	**11月**享徳の乱が終わる。
十五	一四八三	**4月**堺の池永宣阿が死去する。**8月**畠山義就が淀川や大和川の堤を切って水攻めをする。**9月**義就が犬田城を攻略する。	
十七	一四八五	**3月**細川元有・細川基経が和泉国一揆から堺を奪還する。	**12月**山城国一揆が起こる。
十八	一四八六	**3月**畠山義就が足利義政・義尚より赦免される。	**7月**太田道灌が暗殺される。
長享 三	一四八九		**3月**足利義尚が近江で死去する。
延徳 二	一四九〇	**12月**畠山義就が死去する。細川政元が芥川に下向し荘園を押領する。	**正月**足利義政が死去する。**7月**足利義稙が将軍に就任する。

	四	一四九二	**5月**河内で土一揆が起こる。	
明応	二	一四九三	**2月**足利義稙・畠山政長が正覚寺に陣取る。**閏4月**政長が自害し、義稙が捕えられる。	**4月**細川政元・日野富子が京都で足利義澄を擁立する。**8月**山城国一揆が解体する。
	三	一四九四		**12月**足利義澄が将軍に就任する。
	五	一四九六	**9月**本願寺蓮如が大坂御坊を造営する。	
	六	一四九七	**6月**畠山義豊の有力内衆である遊佐氏と誉田氏が橘島の用水争論で対立する。**11月**高屋城で義豊が畠山尚順に敗れる。	
	八	一四九九	**正月**河内十七箇所の戦いで畠山義豊が敗死する。	
	九	一五〇〇	**9月**細川元有と細川基経が畠山尚順に敗れ神於寺で自害する。	**3月**足利義稙が山口に移る。
文亀	元	一五〇一	**3月**九条政基が日根荘に下向する。	
	三	一五〇三	**5月**薬師寺元一が細川澄元を細川政元の養子にしようとする。	
永正	元	一五〇四	**9月**薬師寺元一が細川政元より離反するが淀城で敗死する。**12月**畠山尚順と畠山義英が和睦する。九条政基が日根荘より上洛する。	
	三	一五〇六	**正月**赤沢宗益が高屋城と誉田城を攻略する。	**4月**細川澄元が阿波より上洛する。
	四	一五〇七	**6月**細川政元が細川澄之に暗殺される。**8月**細川高国が澄之を討ち、細川澄元が家督を継ぐ。**12月**畠山尚順と畠山義英の和睦が敗れる。	
	五	一五〇八	**4月**細川高国が細川澄元を近江に追放し、堺に渡海した足利義稙や大内義興と結ぶ。	**7月**足利義稙が将軍に再任する。

六	一五〇九		**6月**如意嶽の戦いで、細川高国・大内義興が三好之長を破る。
七	一五一〇	**8月**地震により寺社の倒壊が相次ぐ。	**2月**近江で足利義澄が細川高国を破る。
八	一五一一		**8月**船岡山の戦いで細川高国が細川澄元を破る。
九	一五一二	**10月**四天王寺が金堂本尊を修復する勧進を行う。	
十三	一五一六	**正月**芥川城・越水城が完成し、能勢頼則が連歌会を催す。**11月**四天王寺が石鳥居を再建する。	
十六	一五一九	**2月**尼崎城が築かれる。**12月**細川澄元・三好之長が阿波より兵庫津へ渡海する。	
十七	一五二〇	**2月**細川澄元・三好之長が越水城や池田城を攻略する。**5月**畠山稙長が高屋城を畠山義英から奪還する。**6月**細川澄元が死去する。	**5月**三好之長が細川高国に敗れ敗死する。
十八	一五二一	**3月**足利義稙が淡路に出奔する。	
大永元		**10月**畠山尚順と畠山義英が和睦し、義稙が堺へ渡海する。	**12月**足利義晴が将軍に就任する。
二	一五二二		**8月**畠山尚順が淡路で死去する。
三	一五二三		**4月**足利義稙が阿波で死去する。
四	一五二四	**4月**三条西実隆が摂津・和泉を経て高野山に参詣する。**10月**菱木の戦いで細川元常・畠山義堯が細川晴宣を破る。**12月**河内で畠山稙長が畠山義英を破る。	
五	一五二五	**4月**細川高国が細川稙国に家督を譲る。**10月**稙国が死去する。**12月**高国が法華経を書写して恩智神社に奉納する。	
六	一五二六	**7月**堺北荘を領する香西元盛が細川高国に自害させられる。	**10月**波多野元清・柳本賢治が細川高国か

年号	西暦	事項
		12月阿波衆が堺に渡海する。
七	一五二七	**3月**足利義維・細川晴元・三好元長が阿波より堺に渡海する。**7月**に義維が在堺のまま左馬頭となる。
享禄元	一五二八	**11月**柳本賢治が畠山稙長を高屋城より追う。**12月**温泉寺が焼失する。
二	一五二九	**5月**松浦守が久米田池をめぐる用水相論を裁許する。**8月**三好元長が阿波に帰る。
三	一五三〇	**2月**松浦守が日根野村の宮内氏に麹室の買得を安堵する。**9月**細川高国が播磨より摂津に攻め入り神呪寺に陣取る。**12月**木沢長政が飯盛城より上洛する。
四	一五三一	**2月**三好元長が阿波より堺に渡海する。細川高国が伊丹城を攻略する。**6月**大物崩れで細川高国が自害する。**8月**畠山義堯が木沢長政の飯盛城を攻める。
五	一五三二	**6月**天文の一向一揆により、畠山義堯が誉田城で、三好元長が堺顕本寺で自害する。足利義維が捕えられる。
天文元		**8月**法華一揆が起こり、証如が山科より大坂へ逃れる。一向一揆と細川晴元が戦い始める。**10月**義維が淡路・阿波へ出奔する。
二	一五三三	**2月**細川晴元が一向一揆に敗れ、淡路に逃れる。**6月**本願寺証如と細川晴元が和睦する。
三	一五三四	**5月**本願寺証如と細川晴元の和睦が破れる。**7月**一向一揆と遊佐長教・木沢長政の戦いで八尾や萱振の寺内が焼かれる。

ら離反する。

四	一五三五	**6月**本願寺が大坂で大敗する。**12月**本願寺と細川晴元が和睦する。	
五	一五三六	**6月**木沢長政が信貴山城を居城とする。**7月**中島で木沢長政が下間頼盛を破る。**8月**細川晴国が天王寺で自害する。	**7月**延暦寺と六角定頼が京都の法華宗寺院を焼き討ちにする。
七	一五三八	**7月**細川晴元が大坂本願寺の諸公事を免除する。	
八	一五三九	**6月**三好長慶が細川晴元に対して挙兵する。**8月**三好長慶が越水城に入城する。	
九	一五四〇	**2月**細川氏綱が挙兵する。	
十	一五四一	**9月**三好長慶・三好宗三・池田信正が塩川国満・伊丹親興と戦う。**10月**木沢長政が国村や親興に味方して挙兵する。	**6月**武田信玄が父信虎を追放する。
十一	一五四二	**正月**近畿地方で地震が起こる。**3月**太平寺の戦いで遊佐長教が木沢長政を討つ。	**8月**斎藤道三が土岐頼芸を追放する。
十二	一五四三	**3月**畠山稙長に擁立された細川氏綱が槇尾山で挙兵する。	
十三	一五四四	**8月**遊佐長教が畠山稙長の姪と結婚する。	
十四	一五四五	**5月**畠山稙長が死去する。	
十五	一五四六	**12月**畠山政国が惣領名代となる。	**12月**足利義輝が近江で将軍に就任する。
十六	一五四七	**7月**舎利寺の戦いで三好長慶が細川氏綱・遊佐長教・畠山政国を破る。	**6月**武田信玄が甲州法度之次第を定める。
十七	一五四八	**5月**池田信正が細川晴元により自害させられる。**8月**三好長慶が三好宗三・宗渭の誅罰を要求し挙兵する。**12月**長慶と遊佐長教が同盟する。	**12月**上杉謙信が兄晴景を追放する。
十八	一五四九	**5月**三好長慶が遊佐長教の養女と結婚する。**6月**江口の戦いで、三好長慶・遊佐長教が細川晴元・三好宗三を破る。	**7月**ザビエルが鹿児島に来る。

十九	一五五〇	**9月**松浦守が堺の環濠に籠って細川元常・根来寺と戦う。**12月**細川氏綱が闕郡に徳政令を発布する。**3月**三好長慶が伊丹親興と和睦する。**8月**有馬村秀が教行寺に名塩と木之元を寄進し免税特権を与える。	**2月**大友宗麟が家督を継ぐ。**5月**足利義晴が近江で死去する。**7月**毛利元就が井上一族を殺害し家臣から連署起請文を徴する。
二十	一五五一	**3月**三好長慶暗殺未遂事件が二度起こる。**4月**本願寺証如が新開池を遊覧する。**5月**遊佐長教が暗殺される。住吉大社神主の津守国順が死去し相論が起こる。**6月**天文三好千句が催される。	**正月**ザビエルが上洛する。**9月**大内義隆が陶晴賢に背かれ自害する。
二十一	一五五二	**正月**三好長慶が足利義輝と和睦する。**2月**安見宗房が飯盛城で萱振賢継を討つ。**5月**池田長正・芥河常信が三好長慶に背く。**9月**畠山高政が家督を継ぐ。**12月**松永久秀が杭全神社神主の坂上氏に領地を与える。	**3月**織田信長が家督を継ぐ。
二十二	一五五三	**8月**三好長慶が足利義輝を京都より追放し芥川城を居城とする。**10月**三好長慶が足利義維に阿波より上洛を促すが断られる。	
二十三	一五五四	**8月**本願寺証如が死去する。	**3月**武田信玄・今川義元・北条氏康が同盟する。
二十四 弘治 元	一五五五	**正月**芥川城で火事が続発する。**7月**松永久秀が六角氏に足利義輝には天罰が下ったと伝える。**11月**三好長慶が六角氏に足利義維・義栄を擁立しないと伝える。	**10月**厳島の戦いで毛利元就が陶晴賢を破る。

二	一五五六	**3月**三好長慶が尼崎本興寺に寺内特権を認める。**6月**長慶が父元長の二十五回忌法要を堺顕本寺で行う。**7月**松永久秀が滝山城で長慶をもてなし瀧山千句を催す。長慶や後奈良天皇が明使を謁見する。	**4月**一色義龍が斎藤道三を討つ。
三	一五五七	**7月**平野の年寄衆が代官の本庄加賀守を忌避する。**8月**台風が近畿を襲う。	**4月**毛利元就が大内義長を討つ。**9月**後奈良天皇が死去する。
永禄元	一五五八	**11月**三好長慶が足利義輝と和睦する。**11月**畠山高政が堺に出奔する。	**2月**正親町天皇が足利義輝を無視して改元する。
二	一五五九	**6月**三好長慶が河内・大和に出陣し安見宗房と戦う。**8月**畠山高政が高屋城に復帰する。**11月**正親町天皇が楠正虎を勅免する。**12月**本願寺顕如が門跡となる。	**2月**織田信長が上洛する。北条氏康が「小田原衆所領役帳」を定める。**8月**ガスパル・ヴィレラが上京する。
三	一五六〇	**3月**安見宗房が富田林に「大坂並」の寺内特権を与える。**7月**三好長慶・三好実休と畠山高政・安見宗房が戦う。**11月**長慶が飯盛城を、実休が高屋城を居城とする。	**5月**桶狭間の戦いで織田信長が今川義元を討つ。**6月**長宗我部元親が家督を継ぐ。
四	一五六一	**3月**三好長慶が足利義輝より桐御紋を免許される。**4月**細川晴元が三好長慶に降り普門寺に入る。**5月**長慶が飯盛千句を催す。	**3月**上杉謙信が北条氏康を小田原城に囲む。**9月**川中島の戦いで武田信玄が上杉謙信が争う。
五	一五六二	**3月**久米田の戦いで畠山高政・根来寺が三好実休を破る。**5月**教興寺の戦いで三好長慶・三好義興が畠山高政・根来寺を破る。	
六	一五六三	**3月**細川晴元が死去する。**8月**三好義興が死去する。**12月**細川氏綱が死去する。	**秋頃**三河で一向一揆が起こる。
七	一五六四	**3月**松永久秀が正親町天皇に甲子改元を執奏する。**6月**三	

年号	西暦	事項	
		好長慶が飯盛城でキリスト教の布教を公認する。**7月**長慶が死去する。**8月**法華宗の諸寺が永禄の規約を結ぶ。	
八	一五六五	**5月**三好義継が足利義輝を討つ。**6月**畠山秋高が上杉謙信に義輝の弔い合戦を呼び掛ける。**11月**三好三人衆と松永久秀の戦いが始まる。	
九	一五六六	**6月**三好義継が真観寺で長慶の葬礼を行う。**9月**足利義栄が阿波より渡海し越水城に入る。	
十	一五六七	**2月**三好義継が松永久秀と結ぶ。	**10月**松永久秀と三好三人衆の戦いで東大寺大仏殿が延焼する。
十一	一五六八	**2月**足利義栄が富田で将軍に就任する。**9月**足利義栄が死去する。**10月**足利義昭と織田信長が芥川城に入城する。	**10月**足利義昭が将軍に就任する。
元亀元	一五七〇	**4月**三好三人衆が和泉に渡海する。**7月**池田勝正が一族・年寄に追放される。**9月**野田・福島の戦いで本願寺顕如が足利義昭・織田信長を破る。**12月**三好三人衆・顕如・朝倉義景と義昭・信長が和睦する。	**6月**姉川の戦いで織田信長が浅井長政を破る。
二	一五七一	**5月**三好義継・松永久秀が足利義昭と手を切り、三好長逸と結ぶ。**8月**郡山の戦いで和田惟政が敗死する。	**9月**織田信長が延暦寺を焼き討ちする。
三	一五七二	**4月**三好義継が淡路安宅氏に軍勢を催促する。	**12月**三方ヶ原の戦いで武田信玄が徳川家康を破る。
四	一五七三	**3月**三好義継が足利義昭と結ぶ。荒木村重らが織田信長に味方する。**6月**畠山秋高が遊佐信教に暗殺される。**7月**足利義昭が槇島城を退去し若江城に移る。	**2月**足利義昭が挙兵する。**4月**武田信玄が死去する。
天正元		**11月**義昭が堺ついで紀伊に移る。若江城の戦いで義継が敗	**8月**織田信長が朝倉義景を討つ。

		死する。	
二	一五七四	**4月**本願寺顕如・三好康長・草部盛政が挙兵し、織田信長と戦う。**8月**堺の三好義堅が武田勝頼と結ぶ。**11月**荒木村重が伊丹城を攻略する。	
三	一五七五	**4月**三好康長が織田信長に降る。**4月**島津家久が伊勢参詣の途中に摂津に立ち寄る。**6月**家久が薩摩へ帰国に際し摂津に立ち寄る。**9月**千利休が信長に鉄炮玉を贈る。**10月**本願寺顕如と信長が和睦する。	**5月**長篠の戦いで織田信長が武田勝頼を破る。**11月**信長が権大納言・右近衛大将に就任する。
四	一五七六	**5月**天王寺の戦いで原田直政が敗死する。四天王寺が焼失する。**7月**木津川口の戦いで毛利方の村上水軍が織田方の和泉水軍を破る。	**3月**足利義昭が鞆に下向し毛利輝元と結ぶ。
五	一五七七	**8月**松永久秀・久通が大坂から信貴山城に移り、織田信長から離反する。	**3月**織田信長が雑賀を攻める。**10月**信貴山城の戦いで松永久秀・久通が敗死する。
六	一五七八	**5月**平野の年寄衆が下代の平井四郎兵衛の更迭を訴える。**10月**荒木村重・小寺政職が足利義昭・本願寺顕如と結び、織田信長から離反する。**11月**第二次木津川口の戦いで織田方の九鬼水軍が毛利方の村上水軍を破る。	**2月**別所長治が織田信長から離反する。**5月**御館の乱が起こる。
七	一五七九	**11月**織田信長が有岡城を攻略する。	**8月**明智光秀が八上城を攻略する。
八	一五八〇	**閏3月**本願寺顕如と織田信長が和睦する。**4月**本願寺顕如が大坂を退去し雑賀に移る。**8月**池田恒興が尼崎城・花熊城が攻略し、荒木村重が備後に退去する。本願寺教如が大坂を退去する。佐久間信盛が追放される。年末頃、若江三人衆が八尾城に移る。	**正月**羽柴秀吉が三木城を攻略する。

九	一五八一	**2月**ヴァリニャーニが堺に赴く際、兵庫津の関所破りをして取り締まられる。**8月**田原レイマンのキリシタン墓碑が作られる。	**2月**織田信長が京都馬揃を行う。
十	一五八二	**6月**山崎の戦いで三好信孝・羽柴秀吉が明智光秀を破る。	**3月**織田信忠が武田勝頼を滅ぼす。**6月**本能寺の変で明智光秀が織田信長を討つ。
十一	一五八三	**3月**賤ヶ岳の戦いで中川清秀が討死する。**5月**羽柴秀吉が池田恒興に代わり大坂城に入る。**7月**本願寺顕如が雑賀から貝塚に移る。**8月**大坂城の築城が始まる。	
十二	一五八四	**3月**中村一氏が岸和田城で雑賀衆・根来衆らを迎え撃つ。	**4月**長久手の戦いで羽柴秀次が徳川家康に敗れる。**11月**羽柴秀吉と織田信雄が和睦する。
十三	一五八五	**2月**織田信雄が大坂城に参上する。**3月**羽柴秀吉が和泉・紀伊を平定する。**4月**大坂城天守が完成する。秀吉が貝塚の本願寺顕如に中島に移るよう命じる。**7月**秀吉が関白に就任する。**11月**近畿・中部地方で地震が発生する。	**8月**羽柴秀吉が長宗我部元親・佐々成政を降す。
十四	一五八六	**4月**大友宗麟が大坂城に赴く。**12月**羽柴秀吉が太政大臣に任官し、豊臣姓を下賜される。	**11月**正親町天皇が譲位し、後陽成天皇が践祚・即位する。
十五	一五八七	**6月**羽柴秀吉が伴天連追放令を発布する。高山右近が改易される。**12月**足利義昭が大坂城に参上する。	**5月**羽柴秀吉が島津義久を降す。
十六	一五八八	**閏5月**小西行長が肥後南部の大名となる。	**4月**後陽成天皇が聚楽第に行幸する。
十七	一五八九	**2月**大坂天満の本願寺寺内で牢人隠匿事件が起こる。	
十八	一五九〇	**4月**山上宗二が羽柴秀吉の命令で自害する。	**7月**羽柴秀吉が北条氏政・氏直を降す。
十九	一五九一	**2月**千利休が羽柴秀吉の命令で自害する。**12月**羽柴秀吉が	**正月**羽柴秀長が死去する。**9月**羽柴秀次

		羽柴秀次に関白を譲与する。	が九条政実の乱を平定する。
二十	一五九二	**4月**小西行長が文禄の役で先鋒を務める。**11月**本願寺顕如が死去する。	
文禄 二	一五九三		**閏9月**羽柴秀吉が伏見城を居城とする。
三	一五九四	**8月**検地条目が制定され、摂津・河内・和泉で惣国検地が行われる。**12月**小西行長の被官内藤ジョアンが北京で万暦帝と交渉する。	
四	一五九五	**6月**淀川左岸の堤防が決壊する。	**7月**羽柴秀次が高野山で自害する。
五	一五九六	**閏7月**慶長伏見地震が起こる。**9月**羽柴秀吉が大坂城で明使と対面し日本国王となる。	
慶長 二	一五九七	**2月**小西行長が慶長の役で先鋒を務める。**8月**足利義昭が大坂で死去する。	
三	一五九八	**5月**伏見にある北国・東国の大名屋敷を大坂に移し、船場を開発する。**8月**羽柴秀吉が伏見城で死去する。	
四	一五九九	**正月**羽柴秀頼が伏見城より大坂城に移る。	
五	一六〇〇	**6月**徳川家康が上杉景勝を討つため大坂城を出陣する。**9月**家康が大坂城西の丸に入る。	**9月**関ヶ原の戦いで徳川家康が宇喜多秀家や石田三成を破る。
八	一六〇三	**4月**羽柴秀頼が内大臣になる。	**2月**徳川家康が伏見城で将軍に就任する。
九	一六〇四	**5月**糸割符制度が導入され、堺商人が参画する。	
十	一六〇五	**4月**羽柴秀頼が右大臣になる。	**4月**徳川秀忠が伏見城で将軍に就任する。
十二	一六〇七	**4月**江戸へ向かう朝鮮副使の慶暹が摂津に立ち寄る。	
十六	一六一一	**3月**羽柴秀頼が二条城で徳川家康と会見する。**11月**高三隆達が死去する。	**3月**後陽成天皇が譲位し、後水尾天皇が践祚する。

十九	一六一四	**7月**方広寺鐘銘事件が起こる。**10月**大坂冬の陣が始まる。 **12月**大坂冬の陣が終わる。	
二十	一六一五	**4月**大坂夏の陣が始まる。**5月**大坂夏の陣で羽柴秀頼・浅井茶々が大坂城で自害する。	**正月**高山右近がマニラで死去する。
元和　二	一六一六		**4月**徳川家康が死去する。
寛永　三	一六二六	**12月**小堀政一が藤堂高虎に、大坂城は徳川秀忠か徳川家光の居城になると伝える。	

人名索引

あ 行

か　行

さ　行

た　行

な　行

は　行

や　行

ら　行

わ　行

事項索引

あ　行

か　行

さ 行

た　行

な　行

は　行

ま　行

や　行

ら　行

わ　行

執筆者紹介（＊は編者）

＊天野忠幸（あまの・ただゆき）　**はしがき，第１～８章，あとがき，関係年表**

1976年　兵庫県生まれ。
2007年　大阪市立大学大学院文学研究科後期博士課程修了。博士（文学）。
現　在　天理大学人文学部教授。
著　作　『増補版　戦国期三好政権の研究』清文堂出版，2015年。
　　　　『松永久秀と下剋上――室町の身分秩序を覆す』平凡社，2018年。
　　　　『三好一族――戦国最初の「天下人」』中央公論新社，2021年。

宇野千代子（うの・ちよこ）　**第９章**

1969年　大阪府生まれ。
1998年　大阪大学大学院文学研究科博士前期課程修了。
現　在　堺市博物館学芸係長。
著　作　「武野紹鷗の書状――「紹鷗茄子」付属玄哉宛書状を中心に」戸田勝久先生喜寿記念論集刊行会編『武野紹鷗――わびの創造』思文閣出版，2009年。

新谷和之（しんや・かずゆき）　**第10章**

1985年　和歌山県生まれ。
2014年　大阪市立大学大学院文学研究科後期博士課程単位取得退学。博士（文学）。
現　在　近畿大学文芸学部准教授。
著　作　『戦国期六角氏権力と地域社会』思文閣出版，2018年。
　　　　『図説 六角氏と観音寺城――“巨大山城”が語る激動の中世』戎光祥出版，2023年。
　　　　『近江六角氏（中世西国武士の研究３）』編著，戎光祥出版，2015年。

戦国時代の地域史①

摂津・河内・和泉の戦国史
――管領家の分裂と天下人の誕生

2024年6月5日　初版第1刷発行

編著者　天野忠幸（あまの ただゆき）

発行者　畑　　光

発行所　株式会社 法律文化社

〒603-8053
京都市北区上賀茂岩ヶ垣内町71
電話 075(791)7131　FAX 075(721)8400
https://www.hou-bun.com/

印刷：中村印刷㈱／製本：㈱吉田三誠堂製本所
装幀：白沢　正

ISBN978-4-589-04326-9

「歴墾(れきこん)ビブリオ」発刊に際して

法律文化社は、1946年の創業以来、法律や政治など社会科学分野の学術書を刊行してきました。このたび、その経験と蓄積を生かし、日本史の編集部門「歴墾舎（れきこんしゃ）」を発足させ、「歴墾ビブリオ」というレーベルで本づくりを始めます。

明治期に始まった実証主義を基盤とする歴史学は、約150年間にわたり膨大な成果を積み上げてきました。史実は絶えず更新され、私たち日本人の歴史観に少なからぬ影響を与えてきました。先人たちの営みを知ることで自らのルーツや地域のアイデンティティを知り、果てしない歴史探索の世界に多くの人々は夢中になっています。そうした熱い思いに応えるため、良質な歴史書は今後さらに求められるでしょう。

歴墾舎は、歴史の大地を切り拓き、沃野を耕しつつ新たな題材を発掘し、論点を社会に提示することを目的として出版活動を行ってまいります。さらには、多くの読者が広大な歴史の時空を行き交う旅の一助となることを願っています。

2024年５月　　法律文化社 歴墾舎